三新丛书

胡维革
金海峰／主编

金海峰／著

儒传

儒家文化新讲

CONFUCIANISM

New Interpretation of
Confucian Culture

吉林出版集团股份有限公司

图书在版编目（CIP）数据

儒传：儒家文化新讲/金海峰著. — 长春：吉林
出版集团股份有限公司, 2025.4. — (三新丛书/胡维
革, 金海峰主编). — ISBN 978-7-5731-6505-3

Ⅰ. B222.05

中国国家版本馆CIP数据核字第2025C8L909号

儒传——儒家文化新讲

RUZHUAN——RUJIA WENHUA XINJIANG

著　　者	金海峰	
总 策 划	韩志国	
策划编辑	齐　琳	
责任编辑	曲珊珊	
封面设计	王秋萍	
开　　本	710mm×1000mm　1/16	
字　　数	252千字	
印　　张	18.5	
版　　次	2025年4月第1版	
印　　次	2025年4月第1次印刷	

出　　版　吉林出版集团股份有限公司

发　　行　北京吉版图书有限责任公司

地　　址　北京市西城区椿树园15-18号底商A222
　　　　　邮编：100052

电　　话　总编办：010-63109269
　　　　　发行部：010-63106240

印　　刷　三河市良远印务有限公司

ISBN 978-7-5731-6505-3　　　　　　定价：68.00元

旧意翻成新格调

——"三新丛书"初析

在知识爆炸，写手蜂起、传媒遍布，书籍汗牛充栋的当下，在中国历史、文史典籍、历史人物已千百次被论及、被介绍、被炒作的今天，再要在这方面做文章、出成果，若无"旧意翻成新格调"的好手段，怕是难于一搏的。因此，当胡维革、金海峰二位学者主编，有众多学人、专家参与撰述的"三新丛书"达于我的案头时，即勾起我欲一探究竟的好奇："三"又如何？"新"在哪里？待稍加披阅，竟难以释手。此丛书果然有博人眼球的新意。

一

是书由《儒传——儒家文化新讲》《观澜——中国历史名人新评》和《文脉——中国古典文学新解》组成，故名"三新丛书"。各书都直冲中国人熟知的题材和目标而去，颇有点"虽千万人吾往矣"的豪气。但这种架构本身自有深意，它通过这三部书的指向，几乎涵盖了中国数千年历史上值得注意、可圈可点的人物、史实、典章、典籍，很有些宏大叙事的格局和眼光。这套丛书中，《儒传——儒家文化新讲》（以下称《儒传》）显然是重头戏，因为它和盘托出的是儒家文化，儒家文化的代表人物正是孔子。孔子何许人？他是被国内外学术界、思想界尊为数千年来影响世界历史的百名文化巨人之一。正像古希腊文明是整个西方文明的源头一样，孔子所代表的儒家文化也是中华文化的根脉，它如一张细腻坚韧而又无远弗届的精神之网，笼罩了中国数千年文明史的方方面面。孔子之后的历史名人也好，《论语》之后的古典文学也罢，大都与孔子及儒家文化有着内在的千丝万缕的联系。看一看《儒传》目录列出的22个小题所指陈的内容，古往今来哪一个中国人能与它完全切割？所以，要真正了解这些历史人物的人生轨迹、内心世界、道德文章、行事方式，要理解那些文学典籍的思想诉求、人物塑造、文化内涵、人文精神，往往都需要我们回到孔子，回到儒家文化。正因为《儒传》一书，于这套丛书有挈领之用，所以，"三新丛书"在某种意义上构成了一个系列，构成了一部中国简史，一部中国文化、文学简史。看看《观澜——中国历史名人新评》（以下称《观澜》），从孔子、老子、墨子、庄子到屈原、司马迁，从王羲之、顾恺之到陶渊明，从李白、杜甫到苏东坡、辛弃疾，从玄奘、李时珍到徐光启、詹天佑，从王安石、林则徐到胡雪岩、梁启超，列出了历史上政治、军事、经济、思想、宗教、文学等各个领域的代表性人物，并加以品评，我们放眼望去，漫漫历史长路上烟尘弥漫，让人油然而兴"不尽英雄滚滚来"之浩叹。而这些人物，其精神世界里几乎都有儒家文化的因子。再翻翻《文脉——中国古典文学新解》（以下称《文脉》），所列名篇虽只30之数，但是从《诗经》《离骚》到《论语》到《山海经》，从四大古典名著到唐诗、宋词，再到《窦娥冤》《牡丹亭》，加之《赵氏孤儿》《长生殿》，直到《老残游记》，中国文学史上那些里程碑式的巨作，在文学史上具有节点意义的奇书，不论诗歌、小说、戏剧，都有所例举，发独到之见。由此观之，"三新丛书"在体例上、内容选择上、各部分衔接架构上，确实是下了一番排兵布阵之苦心的。

二

实事求是地讲，这套"三新丛书"并没有尝试建构新的理论体系，也没打算提出惊世骇俗的新观点、新见解，但是，这并不意味着此书甘于平淡、平庸、平常。正如金海峰先生在《儒传》的自序中所言："这里的'新讲'，并非意味着全新的观点，惊人的发现或是创新的理论。而是一个在中华传统文化面前，如同初登讲台的教师，新开设的一门课程。"这也就点明了这套"三新丛书"等于是在以往各种高头讲章之后新开的一个课目。就凭敢开新课目，也就足以证明其敢于创新的胆识。其次，"正因是新开讲座，其中难免存在诸多不成熟的观点、挂一漏万的知识、自以为是的心得、缺乏逻辑的思索，以及无知无畏的武断。"这自然是过谦之词，"当然，或许也存在着些许大师们不屑顾及的拾遗，如同在专家扫荡过的旧物市场中'捡漏儿'，又似秋天田野收割之后去'溜土豆儿'。"在他人不屑、不及、遗漏之处发掘出创见来，这是丛书又一"新意"。这套丛书十多位作者皆无"高冷"之态，他们的新说、新见、新讲，如清泉过石，在不经意间于字里行间渗泻出来。金海峰在《儒传》之"子曰诗云"章中如此写道："《论语》为中国人塑造了一种独特的思想表达方式，即'子曰'。那么，何为'子'？所谓'匹夫而为百世师'。何为'曰'？乃'一言而为天下法'……正是《论语》中的'子曰'，造就了中国人表达思想的一种特殊方式——引经据典。"这一段话虽然只是"新讲"中的芥豆之微，但它如滴水映射出了丛书的创意思维，它将"子曰"这一宣之于万人之口、司空见惯的口头禅，还原、释义为国人数千年沿用的引"经"据"典"思维定式，对其利弊也做出了分析。笔者也算是读过几本书的人，但这样去解释"子曰"，尚未得见。类似睿智之见在书中俯拾即是。这当然只是一个小小的例子，但以小见大，这套丛书在表述方式和对儒家文化的整体把握上，都有别于他书，给人以耳目一新的感受。《观澜》所涉领域也几乎是全方位的，这些名人的事迹遍布政治、经济、军事、思想、科技等各个领域，每篇皆以"为什么"扪心自问，也叩问历史。看得出来，作者们就是不满足于一般泛泛的缕述人物、介绍人物，而是要对这二十多位历史人物如何成其为"伟大"，其对时代对历史究竟有何意义，去刨根问底。既是刨根问底，自然要对人物光鲜外表后面的思想动机、社会背景等做深入探究，写出独特的"这一个"。这就往往倒逼作者找出新论据，拿出新观点。而《文脉》则篇篇直指30部文学经典最重要、最本质、最特色，抑或最为当下关注的精华，也就是要"写其独至"。如《论语》之人生忠告，《左传》之人物透镜，《史记》之历史力量，《乐府诗集》之女性意识，《搜神记》之向死而生，《牡丹亭》之人性唤醒，《红楼梦》之生命哲思，等等。在无数人对这些经典做出研究提出见解之后，《文脉》还能有置喙之力，发人之所未发，言人之所未言，从新的视角提出新见，这本身也是一种创新能力吧。比如，《山海经》之文化流脉篇，作者析出了它的三条文脉，其中"天地与我并生，万物与我为——和谐共生"被列为第三条文脉。通过剖析《山海经》记载的多被人指为荒诞不经的神话和传说，看出它所折射出的天人合一的朴素自然观、宇宙观，直接与现代社会的人与自然和谐共生、构建人类地球家园的愿景接续起来，这就赋予了这部老之又老的古典以当代意义。

三

人们一想起、谈起皇皇理论学术著述，大致印象应是文笔肃然，内容高深，除非是通俗理论读物，方能放低身段。而这套"三新丛书"，走的不是通俗读物的路子，它的定位应是理论著作，注重学术内涵，在观点、体例、表述方式上都反复斟酌。但是，它一反高头讲章必得正襟危坐的讲究，通过对引"经"据"典"来的大量素材重新释义，反复考求，联系现实，用生动平实的语言娓娓道来，观点严肃、论述流畅自然，正应了"端庄杂流丽"之语也。这套丛书的作者所撰的文章，可能与其职业和专业不一定契合，但基本上都写出了专业水准。如关于红顶商人胡雪岩一文的作者，是美国史博士出身，但她写中国历史人物，对历史背景和人物行状都拿捏有分寸，叙事平实生动而流畅，且伴随着自己的见解。再如，撰写关汉卿一文的作者，将大学历史系所掌握的史识，与长期新闻工作的历练、读研的心得，层层叠加，融为一体，发于笔端，方能将生活在元代这一中国特殊历史时期的关汉卿是如何成为戏剧大师，成为"东方莎士比亚"这一历史之问逐一破解，娓娓道来，梳理清楚。这方面可举之例在书中随处可得，读者诸君一读便知。我的一点感受是，初看这部丛书，掂掂它的分量，真有点生望而却步之想，但一旦读开，则觉齿颊生香，难以罢读了。这里还要指出的是，"三新丛书"之所以能以较高质量如期问世，同胡维革、金海峰二位主编总其事是分不开的。尤其是胡维革先生，不仅统筹全局，敲定体例，还以学者的严谨，亲力亲为，协调各作者各篇章，字斟句酌，反复润色，使得三书得以功德圆满。

洪　斌

2024年12月27日

自　序

　　胡维革老师提议邀请两位重量级学者为本书作序，听闻此言，我深感汗颜。我所阐述的不过是一孔之见，犹如米粒之光，怎敢劳烦大家？倒不如自说自话，敝帚自珍，借此机会倾诉一下内心的想法。

　　本书为何取名"新讲"？西汉时期，陆贾著有《新语》，刘向撰有《新序》，贾谊写过《新书》。本系列另外两本书分别为"新解"与"新评"，皆是大家之作，然而"新讲"与之不同。这里的"新讲"，并非意味着有全新的观点、惊人的发现或是创新的理论，而是一个在中华传统文化面前，宛如初登讲台的教师新开设的一门课程。正因是新开讲座，其中难免存在诸多不成熟的观点、挂一漏万的知识、自以为是的心得、缺乏逻辑的思索，以及无知无畏的武断。当然，或许也存在着些许大师们不屑顾及的拾遗，如同在专家扫荡过的旧物市场中"捡漏儿"，又似秋天田野收割之后去"溜土豆儿"。

　　孔子的思想体系，通常被认为是以"仁"为核心，但我并不认同这一观点。以孔孟为代表的儒家思想，其显著特征在于"仁义"。在第二届世界互联网大会文化论坛上，我曾发表《互联网传播优秀传统文化倡议书》，其中提及中国传统文化中的儒、释、道三家。三家各有其独特的语言特征，一听到"仁义"，便知源自儒家；一涉及"无为"，就会联想到道家；一强调"慈悲"，便明白是佛教的理念。这些都是思想、概念与语言相互关联的特征。但特征并非核心，孔子的思想核心，在《论语·里仁》中有所体现，他对曾子说："参乎！吾道一以贯之。"曾子回应道："夫子之道，忠恕而已矣。"在《论语·卫灵公》中，孔子亦言："其恕乎！己所不欲，勿施于人。""忠恕"或者"恕"可视为一个原点，却难以称之为"体系"。若论体系，《论语·述而》中的一句话较为贴近："志于道，据于德，依于仁，游于艺。"

首先是"志"，它代表着人的理想与追求，反映人的价值取向。在古代，"志"与"气"常常联用，孔子言志，孟子论气。气是动力、能量，是心劲儿，是主观能动性的体现，正气即正能量。志气成为中华民族跨越阶级、超越时代、无关伦理的永恒力量，积极的志气也是一种生产力。

"道"是整个中华文化探讨的核心，它既是道路，也是规矩；既是规律，也是理论。在儒家思想中，"道"涵盖了人本身、社会、自然等所有客观规律。"德"则是人的主体修为，是人文修养的统称。道侧重于客观规律，所以强调认知与知晓；德侧重于主观修养，故而强调养德与德育。

所谓"仁者，人也"，仁是人性中善的属性，需要通过教育与文化使其发扬光大，需要借助礼乐的熏陶，而法与罚则是次一等的手段。《论语·为政》记载："道之以政，齐之以刑，民免而无耻。道之以德，齐之以礼，有耻且格。"

"艺"指六艺，从理论层面而言，包括《诗》《书》《礼》《乐》《易》《春秋》；从技术层面来说，涵盖礼乐射御书数，这些都是提升修养的具体学习内容。孔子在四十三岁之后，更为系统地整理并传播了"诗书礼乐"体系，自此"弟子弥众，至自远方"。

"游于艺"，即借助知识的力量实现品格的升华。前有高远的价值取向，志于道；后有切实的行动起点，从学习开始，游于艺。所以，"志于道，据于德，依于仁，游于艺"这句话，实际上表达了孔子所强调的价值取向：志于道，追求真理；据于德，修养人格；依于仁，认定人性；游于艺，给出操作方案。这句话堪称孔子教育思想和人生哲学最为精准的概括。

那么，学生阅读《论语》的要领何在？中小学课本选取了《论语》十则，选得十分精妙，但仍稍显零散。关于如何阅读《论语》，我的建议是"横着读，竖着解"。所谓"横着读"，即《论语》文本，可随意翻开阅读，开卷有益；所谓"竖着解"，就是当读到《论语》中一个常见的概念，比如"仁""孝"等，将相关内容收集起来，此时便会发现，孔子对于这些命题有着系统的思考，就如同把一颗颗散落的珍珠串成了精美的项链。

若要提炼《论语》中对学生最具益处的思想，我认为是《论语·子罕》篇中的"博学而笃志，切问而近思，仁在其中矣"。首先是"博学"，无论是《论语·学而》，还是后来《中庸》中的"博学之，审问之，慎思之，明辨之，笃行之"，乃至《学记》，都在强调"学习"。抛开后世加诸孔子身上的诸多光环，孔子最重要的身份之一是教师，最擅长的便是教学，这对于学生而言，尤为切中要害。其次是"笃志"，志即目标，"若射之有志"，一旦目标明确，青少年便拥有了成长的内生动力。"切问"，意味着有思考才能发现问题的关键所在；"近思"，正如"吾日三省吾身""学而不思则罔，思而不学则殆"所表达的，切问近思是戒除好高骛远、眼高手低的重要方法，也是实现学以致用、实事求是、知行合一的关键途径。

我讲述儒家文化，围绕着几个关键的字展开。若寻找一个"起点"，那就从三古经《诗》《书》《易》开始。它们是中国人文社科"文史哲"的源头，也是人生追求"真善美"的根本所在。

加强人的主观修养，无非是从"身心行"入手，"身"是切入点与着手处。《礼记·大学》中讲："自天子以至于庶人，壹是皆以修身为本。""身"犹如一扇门，连通内外，推门而入，可窥探一个人的内心世界；开门而出，能展现一个人的言行举止。内化于心，外化于行，内修外用，内圣外王。对内通过音乐等方式修养内心，心统性情；对外以礼来约束行为规范。乐以和情，礼以节人。理解了这些，才能深刻领会周公制礼作乐的深意，明白为何中华文明是礼乐文明，为何道德滑坡被形容为"礼崩乐坏"，也才能体悟孔子所说的"兴于诗，立于礼，成于乐"。在平淡之中领悟深刻的用意，在内心保持从容与快乐，是一个人真正成熟的标志。

基于以上对儒家文化的认识，我展开了相关专题的讨论。不敢奢望得到"大家"的指教，只期望在当下传统文化回归的热潮中，能有助于大家理解儒家文化，哪怕仅起到些许辅助作用。

本书由讲座底稿整理而成，演讲时为了让听众易于接受和理解，在表达上有时会出现重复，甚至略显啰唆，归根结底是希望在内容上实现"理要高、话要浅""极高明、道中庸"的效果。

写到此处，不禁想起2011年，我与胡维革老师等四人共同荣获中宣部委托第六届全国社科研讨会评选的"首届全国优秀社会科学普及专家"的情景。时光荏苒，我有幸能再次与几位大家并列，仅以国学传播标准"科普国学，文化健康"十条准则作为本书传播中华优秀传统文化的思想依据和理论标准，权且以此为序。

第一，传播中国优秀文化，古为今用，学以致用。

第二，不搞封建迷信，防止历史糟粕沉渣泛起。

第三，不带宗教情结，杜绝神学侵蚀理性思维。

第四，不要盲目排外，尊重多元文化和谐并存。

第五，不可厚古薄今，强调与时俱进开拓创新。

第六，不要望文生义，提倡学有本源言不妄发。

第七，理论联系实际，源于学术不带学究气。

第八，坚守学术良心，服务社会不染江湖气。

第九，无官守有言责，学术无禁区，传播要自律。

第十，做有传统文化修养的现代公民。

金海峰

2025年1月

目　录

儒家

儒家文化，堪称中华五千年文明史上最为卓越的文化形态。

回溯历史，从司马谈《论六家要旨》对阴阳家、道家、儒家、墨家、法家、名家核心思想的阐述，到班固《汉书·艺文志》对纵横家、农家、杂家、小说家等诸家百子学术思想的记载，在诸多流派的思想争鸣中，儒家文化始终占据独特且重要的地位。再看文献整理的经、史、子、集的"经部"，以及儒、释、道三家长期并存的格局，儒家文化"度越诸子、定于一尊"，其影响力深远而广泛，足见其非凡价值。

常有人言"青少年学儒、中年人学道、老年人学佛"，对此观点，笔者难以认同。儒家文化所倡导的"青少年立志、中年人立功、老年人立德"的理念贯穿人生不同阶段，有着更为积极且连贯的指引意义，并为中华民族的持续进步提供了坚实的理论依据。

一、儒者形象

提及儒者，人们脑海中往往会浮现出一位长须垂胸的老者形象，他神态恭敬，对人彬彬有礼，尽显温和谦逊之态。然而，在这温和的外表之下，儒者的内心实则坚韧刚强，有着坚定不移的信念与操守。

"儒"是一个既具象又宽泛的概念。儒者通常归属于知识分子群体，所涉职业极为广泛。如为官、为吏、为政、为师，也有儒商、儒将等。在众多职业里，教师这一职业尤为突出。众多杰出的儒者都曾踏上为师之路，广收弟子，言传身教。

为人师者，应具备诸多优秀品格，除了要内省外修、身正为范、自律慎独、敬业乐群，更要有胸怀天下苍生的悲悯情怀，以教育为手段，为社会培育贤才，推动社会的发展与进步。正如《论语·雍也》中所记载："子谓子夏曰：'汝为君子儒，无为小人儒。'"孔子这句话，不仅是对弟子的殷切期望，更是对儒者境界的一种区分。当我们抛开后世加诸孔子身上的诸多光环，便会发现，教师才是孔子最为本质的身份。

笔者在为中小学教师开展"师德"培训时，着重强调了"耐烦"二字。孔子本人便是这方面的典范，他"为之不厌，诲人不倦"，全身心投入到传道授业之中，"发愤忘食，乐而忘忧，不知老之将至云尔"。

二、汉字说儒

《说文解字》中记载："儒，柔也。术士之称。从人，需声。"由此可见，"儒"具有柔和、有学问的特性。古书上对"儒"的解释多达几十种，而笔者尤为关注其"濡"义。

郑玄在注释《礼记·儒行》时提到："儒者，濡也，以先王之道能濡其身。"皇侃读《论语·雍也》，解释"儒"的含义是："儒者，濡也。夫习学事文则濡润身中，故谓久息者为儒也。"邢昺的《论语注疏》亦言："言人博学先王之道，以润其身者，皆谓之儒。"这些表述之间存在何种关联呢？原来，"儒"与"濡"属于同一类字，二者同声互义，意义相通，这一发现引发了笔者的深入思考。

"儒"与"濡"皆为形声字，从"人"从"水"，"需"声，其本字为"需"。若进一步拆分"需"字，按汉字构成来看，由"雨"和"而"组成；依据《周易·需卦》的解读，"需"为会意字，上为"雨"，下为"天"，此处将下面解释为"天"，是基于《周易·需卦》中"水天需"的说法。

"需"是《周易》六十四卦中的第五卦。在卦序及其蕴含的意义体系里，第一卦为乾，第二卦为坤，乾坤代表天地。阐述天地之后，第三卦是"屯"。"屯"字，形象地展现出草（屮）从大地（一）中刚刚萌发生长的状态，一切皆处于初始阶段，恰似朱自清在《春》中所描绘的："一切都像刚睡醒的样子，欣欣然张开了眼……"随后的第四卦是"蒙"，即"山水蒙"，山脚下水汽蒸腾、云雾弥漫，视物朦胧，以自然现象类比人生。正如小孩子对世间万物懵懂无知，需要启蒙教育，此即"蒙以养正"之意。

讲述完天地自然以及人生的初始状态后，便到了"需卦"。"水天需"，上卦为坎，代表水、云、雨；下卦为乾，象征天，云飘于天上。《周易·需卦》的《象传》说："云上于天，需。"天上降雨，雨水降下，蕴含润泽之意。

中国自古以来便是农耕社会，尤其在古代，人们的生计高度依赖于天气。雨对于农耕社会至关重要，是刚性需求。杜甫曾写道："好雨知时节，当春乃发生。随风潜入夜，润物细无声。"民间更有"久旱逢甘霖，他乡遇故知，洞房花烛夜，金榜题名时"的说法，将春雨适时降临列为人生四大喜事之首。反之，若久旱无雨，农民便会陷入困境，正如"赤日炎炎似火烧，野田禾稻半枯焦"所描述的那样。在农耕社会中，旱灾和涝灾是影响农作物丰收的两大主要灾害，而旱灾的危害更为严重，正所谓"涝灾一条线，旱灾一大面"。所以，农民种地时，最期盼"及时雨"，这种迫切心情生动地体现了对雨的强烈需求。而儒对于人的意义，恰似雨对于农田，不可或缺。

三、儒的职业

追溯至殷商时期，儒便作为一种与礼仪紧密相连的职业存在，主要职责是为人襄礼，其工作范畴涵盖祭祀、丧礼、占卜等诸多仪式活动。中国古代礼仪极为繁杂，程序细致入微。就拿人生不同阶段的礼仪来说，孩童呱呱坠地时有生礼，满一周岁时要举行抓周礼，步入成年则有成人礼，结婚需遵循婚礼仪式，人离世后有丧礼，下葬还有葬礼等等，可谓种类繁多。平日里，百姓忙于日常生计，往往不会过多关注这些礼仪背后的意义及具体程序。可一旦相关事件来临，便会陷入茫然，如同当下许多人并不清楚为何人去世后要烧枕头、摔泥瓦盆、打灵幡一样。在古代，老百姓同样不理解这些礼俗之中蕴含的"理"，但这些传统礼俗又不能随意废止，那该如何是好呢？于是，就需要聘请专业人士来操办这些礼俗仪式，这类专业人士如同现今的司仪，他们便是被称作"儒"的群体。

随着时间的推移，从最初单纯基于职业习惯的操作，不少儒者逐渐开始对自身所从事的事业进行深入思考，进而实现了从职业到事业的转变。由于长期频繁地参与各类和生老病死相关的礼仪活动，儒者们对人生有了更为深刻的感悟，不禁思考：人的一生究竟应当怎样度过才更有意义？经过不断地思索与总结，儒家最终形成并确立了独特的人生观念：人生虽短暂如白驹过隙，但人们应当努力追求立德、立功、立言、立信，以此实现不朽的人生价值。这一理念鲜明地展现了中华民族早期文化中，儒家区别于其他学术流派的人生观与世界观，也使得儒家文化在历史的长河中始终熠熠生辉，成为中华民族传统文化的重要基石。

四、百家中儒

春秋战国时期，堪称中国文化最为活跃的黄金阶段。彼时，社会思想高度解放，众多先哲心怀济世救民的家国理想，各自秉持独特的政治主张，纷纷登上历史舞台，中国社会由此步入百家争鸣的时代。司马迁的父亲司马谈在《论六家要旨》中，将先秦时期的诸子归纳为六家，分别是阴阳家、儒家、墨家、名家、法家、道家，并对这六家逐一进行了评述。他对儒家的评价是"儒者博而寡要，劳而少功"，意思是儒家思想体系极为庞杂，难以把握其核心要点，在实践中往往耗费大量精力，却收获较少成效，"是以其事难尽从"。不过，儒家也有着显著的优点，"然其序君臣父子之礼，列夫妇长幼之别，不可易也"。司马谈敏锐地指出了儒家思想着重强调的社会伦理秩序，这一秩序实则是中国社会结构得以稳固存在的根基。

在两汉交替之际，刘向、刘歆父子编纂的《七略·诸子略》，在司马谈归纳的六家基础上，将诸子学派扩充为十家，新增了纵横家、农家、杂家、小说家。书中记载："儒家者流，盖出于司徒之官。助人君，顺阴阳，明教化者也。游文于六经之中，留意于仁义之际。祖述尧、舜，宪章文、武，宗师仲尼，以重其言，于道最为高。"这段话清晰地阐述了儒家起源于"司徒之官"，其本质特性在于教育。儒家所信奉的核心理念是"仁义"，尊崇尧、舜、周文王、周武王等先王，并且以集大成者孔子为宗师，通过这种方式来彰显其言论的重要性，在诸子之道中占据着极高的地位。与《论六家要旨》相比较，《七略·诸子略》对儒家学派的认识有了质的飞跃，并做出了更全面且深入的阐述。

五、儒家儒教

在现代社会中，有时人们会将儒家与儒教混为一谈，把儒家称作儒教，但实际上儒家并非一种宗教。为辨析二者区别，我们可从宗教的构成要素来深入分析。

其一，宗教通常需要一位具有代表性的人物作为信仰核心。基督教有耶稣，伊斯兰教有穆罕默德，佛教有释迦牟尼……在这一点上，儒家的代表人物孔子虽然是一位伟大的思想家、教育家，思想影响深远，但与宗教代表人物有着本质区别。孔子并非被塑造为超越常人的神秘形象，而是以其深刻的思想、卓越的智慧和高尚的品德成为儒家思想的集大成者与传播者。

其二，宗教离不开代表性经典，这些经典承载着教义、教理，是信众信仰和修行的依据。基督教有《圣经》，伊斯兰教有《古兰经》，佛教则有《心经》《坛经》《金刚经》等众多经典，蕴含着深刻的佛法智慧。儒家同样拥有丰富的经典，如《论语》、四书五经以及十三经等，构建起儒家庞大的经典体系，为后世传承儒家思想提供了坚实的文本基础。然而，儒家经典与宗教经典的性质有所不同，儒家经典更多是对人生哲理、社会伦理、道德规范等方面的阐述与探讨，旨在引导人们在现实生活中践行儒家思想，而非宣扬超自然的宗教教义。

其三，宗教往往设有专门的道场，作为信众进行宗教活动、礼拜神明的场所。基督教（包括新教、天主教）有教堂，伊斯兰教有清真寺，佛教徒中，比丘修行的场所为寺，比丘尼则在庵中修行；道教有道观，是道士们修炼、举行法事的地方；百姓祭祖的地方称为庙。中国历代统治者为了强化儒家思想的影响力，将儒家打造成类似宗教的存在，不断为孔子修建文庙、孔庙。但这些文庙、孔庙与宗教道场的功能有所差异，文庙、孔庙主要用于纪念孔子、传播儒家文化及举行一些与儒家相关的文化活动，并非单纯的宗教祭祀场所。

其四，宗教必然具备一套完整且规范的宗教仪式，这些仪式是宗教信仰的外在表现形式。例如，基督教有洗礼、礼拜、弥撒等宗教仪式，佛教有剃度仪式，伊斯兰教有祷告仪式；等等。在这方面，儒家文庙、孔庙虽间或举行一些活动，如标志中国传统社会男子成年的"冠礼"，体现了儒家对人生阶段的重视与礼仪规范；考生考前的祈愿祈福，反映了人们对儒家文化中知识与智慧的尊崇；每年9月28日的祭孔，对孔子的纪念与缅怀活动；等等。但这些活动并非严格意义上的宗教仪式，它们更多地融入了民俗文化元素，属于民俗活动范畴，与宗教仪式的本质和目的存在明显区别。

宗教最为关键的要素，是构建一种高于人类本身的伟大神秘力量，以此作为信众的终极信仰与精神寄托。基督教有上帝，伊斯兰教有真主，佛教有诸佛，道教有神仙。然而，儒家却在这一关键环节与宗教划清了界限。孔子秉持"子不语怪力乱神"的态度，对于鬼神之事避而不谈，他认为"未知生，焉知死？""未知人，焉知鬼？"即使参与祭祀活动，孔子也强调"祭如在，祭神如神在，吾不与祭，如不祭"，主张以虔诚的态度对待祭祀，但并不真正承认鬼神的超自然存在。这种对神灵崇拜的摒弃，使得儒家与各类宗教有着本质的区别。不过，儒家虽不信仰超自然神灵，却极为关注人生问题、性命问题以及生死问题，因而具有一种类似宗教的敬畏情怀，且信仰坚定。信仰宗教的人有信仰，而不信仰宗教的人同样可以拥有坚定的信仰，儒家信仰亦是如此，它扎根于现实生活，强调通过个人的道德修养与社会的伦理规范，实现人生价值与社会和谐。

儒家重视入世，积极倡导为官、为政，秉持"学而优则仕"的理念。孔子教学设有四门主要课程，分别为德行、政事、言语、文学。德行培养学生的道德品质与修养，这是为人处世的根本；政事让学生学习治理国家、处理政务的知识与能力，体现了儒家积极参与社会管理、为国家和人民服务的思想；言语注重培养学生的表达能力，使其能够清晰准确地传达思想，在人际交往与为政过程中发挥重要作用；文学则教授学生文化知识，提升其文化素养。通过这四门课程的学习，孔子期望弟子们能够全面发展，成为有道德、有才能，能为社会做出贡献的人。

儒家重视历史。孔子以《尚书》中的人物事迹教导弟子，为他们树立榜样。在后世，史学与儒学相互促进、相得益彰。历代诸多著名史学家多为大儒，如左丘明、司马迁、班固、司马光等。他们所撰写的史学著作，以历史事实为依据，论证儒家的义理，充分体现了儒家思想在对历史事件、人物判断方面的价值取向。经史互证是儒家研究学问的重要方法，经是以理言之，通过经典阐述儒家的思想理念；史是以事实证之，借助历史事件和人物来验证儒家义理的合理性与可行性。

儒家还特别强调为师之道。孔子、曾子、孟子、董仲舒、北宋五子（周敦颐、邵雍、张载、程颢、程颐）、朱熹、王阳明、曾国藩等，他们不仅自身成为一代大儒，在学术思想上取得卓越成就，还广收弟子，培养出一大批德行与学问俱佳的学生，使得儒家思想得以传承和发扬光大。因此，儒家堪称最重视传承的学派，通过一代又一代儒者的言传身教，儒家思想在历史长河中绵延不绝，对中国社会的发展产生了深远的影响。

六、三教异同

儒家奉孔子为人格典范，着重强调构建有序的社会结构，极为重视伦理关系，积极倡导人们投身现世，秉持仁义礼智信等核心价值观。道家则以老子和庄子为代表，其思想不仅在学界备受重视，在民间也广受欢迎。儒家追求的是充满烟火气息的世俗家庭生活，道家关注的则是顺应自然的精神家园；如果说儒家积极入世，道家则相对出世。

春秋时期，社会道德衰败，礼崩乐坏。作为当时两大学派的代表人物，孔子和老子做出了截然不同的人生抉择。老子深感社会风气日益恶化，正如《道德经》中所言："五色令人目盲，五音令人耳聋，五味令人口爽，驰骋畋猎令人心发狂，难得之货令人行妨。"在他看来，要摆脱这种混乱局面，唯有"不见可欲，使心不乱"。于是，老子骑上青牛，毅然出了函谷关，远离这乱世纷争。

然而，孔子却选择直面现实。面对老子所批判的"五色令人目盲"，孔子思考，人能否做到"好德如好色"，将对美好品德的追求，像对美色的喜爱那般热切？对于"五音令人耳聋"，孔子思索，能否把杂乱的声音有序编排成美妙旋律，进而形成和谐交响，实现八音克谐、斐然成章？针对"五味令人口爽"，孔子探究，可否将纷繁的味道调配成和谐的"和味"？面对"大羹调和""不见可欲"，孔子追问，能否做到"可欲之谓善"，让正当的欲望成为向善的动力？怀着这种积极的处世态度与拯救社会的热忱，孔子喂饱马匹、套好车驾、整理好行囊，告别妻儿，带着一众学生踏上了周游列国的道路，四处宣扬儒家思想。

老子尊崇"道"，秉持"道法自然"的理念，总能从独特视角审视问题，提出"高以下为基，进以退为本""反者道之动，弱者道之用"等观点。他以水为喻，称"上善若水"，点明水虽与万物无争，却能以柔弱战胜刚强。与之相对，儒家倡导仁义孝悌。《道德经》中说："大道废，有仁义；智慧出，有大伪；六亲不和，有孝慈；国家昏乱，有忠臣。"在老子看来，儒家大力提倡对父母尽孝、对子女尽责、朋友间相互信任，恰恰是因为道德已然滑坡，不得不强调这些观念；就如同只有国家陷入危难，忠良之士才会崭露头角。儒家则奉行积极入世的态度，既然大道已然式微，便要着重宣扬仁义礼智信。儒家不仅主动投身社会生活，更立志要改变世道人心，让社会重回正道。

东汉明帝时，佛教传入中国。其教义极为精深，涵盖三世因果、六道轮回等说法，将人的生前死后之事皆囊括其中。然而，这些说法难以确凿证实或证伪，处于一种无法确切判断的状态。但中国人的思维有其独特之处，即便在无法证明的情况下，也会做出选择。普通老百姓心想：信佛吧，又没人因为这事儿罚钱；不信呢，也没人给好处。那还不如信一信，说不定真有其事。正是基于这样的逻辑，佛教在中国得以迅速传播，成功填补了中国本土文化在"彼岸"思考方面的宗教空白。

儒家倡导入世，道家主张出世，佛家则涵盖了前生后世，这使得中国人无论遇到什么情况，都有相应的道理来宽慰自己的人生。身处顺境时，人们运用儒家思想，积极进取；遭遇逆境时，便借助道家哲学，疗养心灵创伤；而面对生死问题时，则以佛家思想释怀：这辈子不行了，就求来生更好。无论生活境遇如何，中国人都有理论支撑自己顽强地活下去。所以，有传统文化修养的中国人，就如同"头戴儒家帽子，身穿道家袍子，脚穿佛家鞋子"。儒、道、释三家并存，一入一出，一生一死，解决了人生不同状态下的困惑。明代小说《西游记》中说："青荷白藕红莲花，三教原来是一家"，便是对人生的思索与回答。

有人提出，儒、道、释分别对应人生不同阶段的选择，即年轻时奉行儒家思想，老年时倾向道家理念，临终之际则依托佛教。但依笔者之见，此观点并非绝对。社会中既有老当益壮、依旧积极进取的人，也不乏年少便看破红尘、遁入空门者。实际上，儒家强调的是一种别样的人生轨迹：少年时期树立远大志向，壮年之时建立丰功伟绩，老年阶段树立高尚品德。这样的人生历程，贯穿儒家积极入世、修身齐家治国平天下的核心思想，与"年轻时用儒，老年时用道，临终时用佛"的观点形成对照，展现出人生选择的多样性与复杂性，并非简单地受年龄阶段所限。

七、儒学流变

孔子离世后，儒家分化为八个流派。儒家文化于中国的发展历程如下：先秦时期的原儒，以孔子和孟子所倡导的儒学最为纯粹，保持着原汁原味。到了荀子时代，出现了性恶论的争论。由于认知偏差，荀子的学生韩非和李斯，成了法家的代表人物。

秦朝之后进入两汉时期，兴起了两汉经学。朝廷专门设立五经博士，对儒家经典进行解读。两汉经学实则是对儒家文化的一次大力弘扬。在儒家的发展进程中，呈现出波浪式前进、螺旋式上升的态势。两汉经学将儒家推崇至极致后，随之而来的是对儒家的反叛，魏晋玄学登上学术舞台，主张"越名教而任自然"。

到了隋唐时期，儒家的主要价值体现在以儒学作为选拔官员的依据。韩愈、柳宗元之所以倡导古文运动，是因为在唐代，佛教占据主流地位，道家又因与皇室同宗而备受尊崇，这引发了儒家学者的抗争。

宋明时期，儒学迎来了发展的高峰期——宋明理学，其中主要包括程朱理学和陆王心学两大流派。北宋五子以及南宋的朱熹大力倡导理学，而南宋的陆九渊和明代的王守仁则着重提倡心学。

时光流转至清代，清儒格外重视实学。彼时的儒学家们察觉到，在儒学传承过程中，争论此起彼伏，部分思想已然偏离了经典原本的意涵。因而，清代儒学最显著的特征，便是开启了学术上的回归与整理工作。《康熙字典》的编纂，便是对文字系统的一次全面梳理。此外，阮元刊印儒家经典《十三经注疏》，也为学界提供了更为精准权威的经典阐释版本。清儒从学术整理入手，秉持依据经典发言的原则，使儒学逐渐回归质朴，言辞严谨，这一系列举措是对儒家文化的重新审视与深度挖掘。

清儒同样强调经世致用。在这一思想的引领下，涌现出曾国藩、左宗棠、张之洞等一众人物。他们充分施展自身才华与能力，为国家发展与社会稳定贡献了重要力量。

以上便是对儒学发展大致脉络的梳理，从先秦的原儒初创，历经各朝各代的演变与发展，直至清代呈现出独特的风貌与价值。

八、儒者信仰

汉初大儒叔孙通曾上书称："儒者难与进取，可与守成。"在乱世之中，凭借儒家文化难以夺取天下，因为儒家文化并非变革时期的文化。它不主张走捷径，而是强调大道直行、天下为公，讲究君君臣臣、父父子子，追求上下有序、和平发展。这样的理论体系，更契合社会和平稳定时期治理天下的需求。所以在汉朝以后，随着社会渐趋安定，儒家逐渐成为官方意识形态，为国家的长治久安提供了坚实的思想支撑与理论指导，深刻影响着此后中国社会的发展。

到了汉武帝时期，武帝渴望探寻更为有效的治国方略，遂下诏书，广纳良策。大儒董仲舒抓住时机，呈上精心构思的"天人三策"。在这三道对策中，董仲舒极力提倡儒家思想，明确主张儒家应"度越诸子，定于一尊"，并极为详尽地阐述了以儒家思想为核心的治理国家方略。从某种意义上讲，这一主张正是汉初大儒叔孙通"儒者可与守成"思想的延续与拓展，进一步强调了儒家思想在国家治理中的重要作用。汉武帝经过深思熟虑，权衡各方利弊，最终采纳了董仲舒的建议，果断推行"罢黜百家，独尊儒术"的政策。这一决策意义非凡，使得儒家思想从此跃居国家意识形态的主导地位，开启了儒家思想深刻影响中国社会发展进程的新篇章，为后续儒家文化的繁荣与传承奠定了坚实基础。

儒家知识分子怀抱着坚定不移的人生信仰。他们深知"士不可以不弘毅，任重而道远"，秉持着"为天地立心，为生民立命，为往圣继绝学，为万世开太平"的宏大志向，践行着"乐以天下，忧以天下""先天下之忧而忧，后天下之乐而乐""苟利国家生死以，岂因祸福避趋之"的崇高精神与家国情怀。当生命与自身坚守的价值观发生激烈冲突的艰难时刻，他们毅然决然地选择涵养浩然之气，以"杀身成仁、舍生取义"的无畏勇气，捍卫心中的正义与道德准则。数千年来，一代又一代的儒家学者，凭借着这份矢志不渝的坚定信仰，在历史的洪流中勇立潮头，成为支撑中华民族不断前行的社会脊梁，他们的精神与事迹激励着后世子孙不断奋进。

九、《儒行》附录

儒有自己的行为准则，在《礼记·儒行》中有详细的介绍，它将"儒"概括得形象全面，现附于此，不做详细解读。

鲁哀公问于孔子曰："夫子之服，其儒服与？"孔子对曰："丘少居鲁，衣逢掖之衣。长居宋，冠章甫之冠。丘闻之也：君子之学也博，其服也乡。丘不知儒服。"

哀公曰："敢问儒行。"孔子对曰："遽数之，不能终其物。悉数之，乃留，更仆未可终也。"

哀公命席，孔子侍，曰："儒有席上之珍以待聘，夙夜强学以待问，怀忠信以待举，力行以待取。其自立有如此者。

"儒有衣冠中，动作慎。其大让如慢，小让如伪，大则如威，小则如愧。其难进而易退也，粥粥若无能也。其容貌有如此者。

"儒有居处齐难，其坐起恭敬，言必先信，行必中正，道涂不争险易之利，冬夏不争阴阳之和。爱其死以有待也，养其身以有为也。其备豫有如此者。

"儒有不宝金玉，而忠信以为宝；不祈土地，立义以为土地；不祈多积，多文以为富。难得而易禄也，易禄而难畜也。非时不见，不亦难得乎？非义不合，不亦难畜乎？先劳而后禄，不亦易禄乎？其近人有如此者。

"儒有委之以货财，淹之以乐好，见利不亏其义。劫之以众，沮之以兵，见死不更其守。鸷虫攫搏不程勇者；引重鼎不程其力；往者不悔，来者不豫；过言不再，流言不极，不断其威，不习其谋。其特立有如此者。

"儒有可亲而不可劫也，可近而不可迫也，可杀而不可辱也。其居处不淫，其饮食不溽，其过失可微辨而不可面数也。其刚毅有如此者。

"儒有忠信以为甲胄，礼义以为干橹。戴仁而行，抱义而处。虽有暴政，不更其所。其自立有如此者。

"儒有一亩之宫，环堵之室，荜门圭窬，蓬户瓮牖；易衣而出，并日而食。上答之不敢以疑，上不答不敢以谄。其仕有如此者。

"儒有今人与居，古人与稽。今世行之，后世以为楷。适弗逢世，上弗援，下弗推，谗谄之民有比党而危之者，身可危也，而志不可夺也。虽危起居，竟信其志，犹将不忘百姓之病也。其忧思有如此者。

"儒有博学而不穷，笃行而不倦，幽居而不淫，上通而不困。礼之以和为贵，忠信之美，优游之法。举贤而容众，毁方而瓦合。其宽裕有如此者。

"儒有内称不辟亲，外举不辟怨。程功积事，推贤而进达之，不望其报。君得其志，苟利国家，不求富贵。其举贤援能有如此者。

"儒有闻善以相告也，见善以相示也，爵位相先也，患难相死也，久相待也，远相致也。其任举有如此者。

"儒有澡身而浴德，陈言而伏，静而正之，上弗知也。粗而翘之，又不急为也。不临深而为高，不加少而为多。世治不轻，世乱不沮。同弗与，异弗非也。其特立独行有如此者。

"儒有上不臣天子，下不事诸侯，慎静而尚宽，强毅以与人，博学以知服。近文章，砥厉廉隅；虽分国，如锱铢；不臣不仕。其规为有如此者。

"儒有合志同方，营道同术。并立则乐，相下不厌，久不相见，闻流言不信。其行本方立义，同而进，不同而退。其交友有如此者。

"温良者，仁之本也。敬慎者，仁之地也。宽裕者，仁之作也。孙接者，仁之能也。礼节者，仁之貌也。言谈者，仁之文也。歌乐者，仁之和也。分散者，仁之施也。儒皆兼此而有之，犹且不敢言仁也。其尊让有如此者。

"儒有不陨获于贫贱，不充诎于富贵，不恩君王，不累长上，不闵有司，故曰儒。今众人之命儒也妄，常以儒相诟病。"

孔子至舍，哀公馆之。闻此言也，言加信，行加义："终没吾世，不敢以儒为戏。"

文化

中华文化源远流长，博大精深，纵贯五千年，横跨数万里。中华民族之所以能够绵延至今，是因为有着文化这一精神支柱。儒家文化，作为儒家思想历经岁月沉淀发展至今所呈现的状态，深刻影响并持续塑造着社会的诸多方面。

文，是静态的程度，"文明以止"。

化，是动态的过程，"化成天下"。

一、文化讨论

讨论文化，要区别儒家几个相近的概念：文学、文章、文艺、文化、文明。

文学，在孔子教学体系中，是一门重要科目，与德行、政事、言语并列。这里的文学并非现代意义上的文学艺术，而是文化知识和学术理论，是孔子教导弟子认知世界、理解社会的基础内容。

文章，在《论语》中通过子贡之口提及："夫子之文章，可得而闻也；夫子之言性与天道，不可得而闻也。"此处"文章"直译过来是知识与文采，而后代有学者将其解读为"诗书礼乐"，这一解读背后蕴含着丰富的文化内涵，笔者将在后续专题中深入探讨。

文艺，在《论语·述而》中有"子以四教：文行忠信""志道据德，依仁游艺"。其中，"文"指代文化知识，"艺"指才能技艺。孔子以礼乐射御书数为六艺开展教学，致力于培养弟子全面发展，使其在知识学习与技能培养上均衡受教，以培养具备综合素养的人才。

在本节，笔者重点讨论的是"文化"与"文明"，这两个概念在当今常被混用，但在儒家思想中，二者的区别非常清晰：文化是文明形成的过程，文明是文化发展的高度。

在某些语境下，文化和文明可以互换，像玛雅文化也可称为玛雅文明，希腊文明也能表述为希腊文化。不过，一般而言，文化是一个宽泛的概念，它涵盖了人类所有的行为现象；而文明更侧重于积极、正向的一面。有些人类现象可归为文化现象，却不能称之为文明现象，如广场舞，存在广场舞文化，但无广场舞文明一说。

文化是当下社会中实际存在的行为现象，无论是积极的还是消极的都囊括其中；而文明有时代表着人们期望达成的理想目标，如精神文明建设等。所以，文化范畴更为广泛，包含正面与负面内容，文明则是具有正向价值取向的一种理想与标准。通过对这些概念的清晰辨析，我们能更深入地理解儒家思想体系，以及其对人类社会行为和价值观念的深刻影响。

二、以文化人

文化，其内涵极为宽泛。英国人类学学者泰勒曾指出："文化乃是人类过往一切活动在物质与精神层面的成果，是人类所有物质活动与精神活动的总和。"从狭义视角而言，文化与政治、经济相对应，专指精神范畴，是独立于物质层面与制度层面的特定领域。

在中国，对"文化"一词的阐释，最早可追溯至《周易·贲卦·象传》："刚柔交错，天文也。文明以止，人文也。观乎天文，以察时变。观乎人文，以化成天下。"其中，"文明以止""化成天下"恰是对"文化"最为精妙的解读，从中亦可看出，传统文化对"文化"与"文明"的区分十分明晰。

刚柔相互交错，此为天文现象，"文"即纹路、迹象。通过观察天文现象，便能洞察时节的变化，诸如春风的温和、秋日的爽朗。"文明以止"，则体现了文明所达到的程度，此即"人文"。当人们观察人文现象时，便能知晓某个地方民众的文明程度，进而明确该如何推动发展、实施教化，以达成"化成天下"的目标。

所谓"文化"，指的是人自身所进行的物质与精神活动。从一个人的行为举止，便能判断其文明程度。如吃饭时，是用手抓取食物，还是使用筷子、刀叉，从这一习惯，就能看出文化差异与文明取向，这正是"观乎人文，以化成天下"的生动体现。

"文化"一词可拆解为两部分来理解。其一为"文"。这里的"文"，与泰勒所定义的"文化"概念一致，即人类有史以来，在精神与物质方面所有活动的总和。在我们的学习过程中，常常将"文化"视作一种知识。例如，我们常提及的文化程度如何、水平高低，指的就是对知识的掌握程度。按照教育程度划分，有中学文化、大学文化等；依据地域区分，存在关东文化、中原文化等；以时间为维度，有先秦文化、唐宋文化等；从生活方式角度，又有服装文化、饮食文化等。这些都是把文化当作一个具体对象，看作"文明以止"，即文明所呈现出的静态程度。其二为"化"。实际上，文化更为重要的意义与价值，在于其变化发展的过程，在于它"以文化人"的作用。中国传统社会对于"文化"的关注，不仅着眼于"文"，更侧重于"化"。"化"是促使事物从量变走向质变的关键过程。

在自然现象中，冬去春来，冰雪"融化"；春风吹拂，草木"绿化"；大风将岩石吹蚀为沙粒、尘土，此为"风化""沙化"。在教育领域，强调"教化"；移风易俗，重点在于"变化"与"转化"。倘若没有这个"化"的过程，无论学习多少知识，都如同吃了食物却无法消化，无法将其转化为自身的能量。通常所说的中国文化，多侧重于知识层面，但我们更应善于运用五千年传承下来的古圣先贤的智慧与经验，切实实现自身的提升与转变，这才是文化最为关键的价值所在。要让古圣先贤的智慧真正"化"入我们的思想与行为。

关于"化"，我们可从诸多文献中探寻其内涵。《毛诗序》《礼记·乐记》和《论语》中分别提及："风，风也，教也，风以动之，教以化之。""先王以是经夫妇，成孝敬，厚人伦，美教化，移风俗。""上以风化下，下以风刺上。"这里所强调的"化"，依托于"风"，即风化。正如"君子之德风，小人之德草，草上之风必偃"。"然则《关雎》《麟趾》之化，王者之风，故系之周公。南，言化自北而南也，《周南》《召南》正始之道，王化之基。"

《中庸》里也有相关论述："唯天下至诚，为能尽其性。""小德川流，大德敦化。"孔子说："声色之于以化民，末也。"

《易·乾》象曰："乾道变化，各正性命，保合太和，乃利贞。""动则变，变则化。"对于变化的含义，朱熹在解读《周易》时阐释得十分透彻，宋朝蔡沈《洪范皇极内篇》、朱熹《周易正义》及明代来知德都曾解释："变者化之渐，化者变之成。"《周易·乾卦》中也说："九二曰：庸言之信，庸行之谨，闲邪存其诚，善世而不伐，德博而化。""化而裁之谓之变；推而行之谓之通，举而措之天下之民，谓之事业。"

这些论述深刻揭示了文化的功能，也是文化概念中本应涵盖的要义。唯有清晰区分"文"与"化"，才能更好地理解"化民成俗""文化不改，然后加诛""文化内辑，武功外悠"等表述的内涵。因此，必须从"文明以止"和"化成天下"这两个层面来全面解读"文化"。

三、优秀传统文化

在中华传统文化的庞大体系中，精华与糟粕并存。诸如积极进取的精神、励志养气的情操，无疑是其中熠熠生辉的瑰宝。然而，批八字、看风水、讲究阴阳宅这类封建迷信活动，则属于应当摒弃的糟粕。尽管我们常言"学习传统文化，需取其精华、去其糟粕"，但这仅仅是一个原则性的指引。在实际操作过程中，要精准地将二者区分开来，实则困难重重。

笔者时常将传统文化比作红烧肉。红烧肉富含蛋白质，同时也含有大量脂肪。试问，有谁在享用红烧肉时，能够做到只吃瘦肉（精华），而完全不摄入肥肉（糟粕）呢？这显然只是美好的设想，在现实中难以实现。既然做不到，那该如何应对？此时，我们不应将关注点局限于红烧肉本身，而应将追求健康作为首要目标。红烧肉固然美味，但不可毫无节制地食用，也不能因其含有脂肪，便因害怕而一口都不尝。

对待传统文化这一精神食粮，亦是同理。我们应当努力成为具备传统文化修养的现代公民，理性地汲取其中的精华，让传统文化在现代社会中焕发新的生机与活力。

四、中和文明

中华文明在漫长的历史进程中，形成了独具特色的发展路径。尽管历史上屡遭外族入侵，但它不仅未被异化，反而凭借强大的同化能力，将入侵者纳入中华民族的范畴，使之成为中华民族的有机组成部分。这种具备强大包容性与共生性的文明形态，我们称之为"中和文明"。

"和而不同"的中和式文明，精准地概括了中华民族的发展特征。从尧舜禹历代传承的政治理念"允执厥中"，到《中庸》所倡导的"致中和，天地位焉，万物育焉""执其两端，用其中于民"，乃至"中华人民共和国"这一国家名称，无一不彰显着对中和的推崇与追求。这里的中和，蕴含着中正平和、和而不同、公允文明的深刻内涵。

中华民族历史源远流长，作为一个独立的文明体系，绵延不绝且历久弥新。中和式的发展模式，将成为实现中国梦的文明标识。中华民族伟大复兴将向全世界有力地证明：在掠夺式文明与压迫式文明之外，在野蛮与屈辱的历史阴霾之外，人类还存在着一种值得自豪并用以自我证明的发展模式。这是一种理性与激情相互交融，能够持续激发人类良知与自信的文明形态，而这，正是中华传统文化的核心精髓所在。

五、革命文化

值得着重指出的是，中国红色革命已然融入中国历史文化的长河，成为其中不可或缺的一部分。在传承中华优秀传统文化的进程中，我们绝不能对这段波澜壮阔的光辉历程视而不见。

自改革开放以来，中国取得了举世瞩目的巨大成就。然而，不少人单纯地将其归功于对西方市场经济的学习，这无疑是一种错误认知。欧美国家在市场经济体制下，经济持续低迷。与之形成鲜明对比的是，中国不仅实现了经济的腾飞，还保持了政治的稳定。我们所拥有的道路自信、理论自信、制度自信，乃至最根本的文化自信，皆源于人的因素，源于信仰所汇聚的强大力量、振奋的人心以及深厚的民族文化根基。

无可置疑，掌控中国命运、引领中国发展的精英群体，大多在20世纪便已确立了自身的世界观、人生观与价值观。他们年龄在五十岁以上，自幼接受马克思列宁主义和毛泽东思想的熏陶，对《矛盾论》《实践论》烂熟于心，《为人民服务》《纪念白求恩》《愚公移山》是他们青少年时代的重要读物。这些人在思考问题，以及与人交谈时常常引经据典，笃信"领导我们事业的核心力量是中国共产党；指导我们思想的理论基础是马克思列宁主义"。他们秉持着"只有解放全人类，才能最后解放我们自己"的崇高信仰，这并非普度众生的宗教情怀，而是中国共产党人矢志不渝追求的人类解放事业，正如《共产党宣言》所阐述的"每个人的自由发展是一切人的自由发展的条件"。

我们务必牢记，人才是决定社会发展的根本力量，而这一代人正是在共产主义理想信念的滋养下成长起来的。马克思主义与中国工人阶级紧密结合，共产党员作为工人阶级的先进代表，发挥着中流砥柱的作用。只有深刻理解这一点，我们才能明白，在我国大型国有企业和国有合资企业中，为何西方企业管理专家眼中不可能完成的任务，凭借一句简洁有力的"共产党员上"，就能顺利达成。毛泽东思想是马克思列宁主义与中国革命实践相结合的光辉典范，从农村包围城市的革命斗争到现代化建设的当下，始终以农村改革为重要切入点。农民工进城、城乡一体化、乡村振兴等一系列举措，虽形式有所变化，但内在精神一以贯之。中国作为农耕社会，工农构成了社会的主体力量。

我们绝不能忽视，改革开放之所以能够取得成功，离不开具有坚定理想信念的共产党人领袖群体的引领，离不开党的坚强领导。对此，我们必须坚定不移。对于那些自认为西方经济管理制度改变了中国一切的理论家，必须予以有力驳斥。

同时，对于那些在讲授马克思列宁主义、毛泽东思想时心存犹豫、缺乏自信的理论工作者，我们要给予他们坚定的信心与鼓舞的力量。正是这样的理论培育出了决定中国命运的关键力量。

在发展创新时代精神、深化改革开放的进程中，市场经济为我们带来了更多活力，其理论提升了现代企业管理水平，为大批企业提供了"术"的指导，这是不可忽视的积极因素，也是企业培训和管理专家热衷于探讨的重要内容。然而，我们不能忘记，制度的实施依赖于人的行为，决定人行为的是人心，而决定人心的则是文化。

我们应积极为中国文化在动态发展中注入新的内涵，这既是新常态下新理论的创新探索，也是中华优秀传统文化"生生不息"精神在当代的生动体现。

六、国学时代

若要选取一个形象来精准表达中华文化的特征，振翅欲飞的丹顶鹤最为合适。在中国文化漫长的历史长河中，有关鹤的描述俯拾皆是。《诗经·小雅·鹤鸣》中的"鹤鸣于九皋，声闻于野"，尽显宏大之气象；《周易·中孚卦》里的"鸣鹤在阴，其子和之"，亦别具韵味。众多出土文物中，鹤的图式屡见不鲜，其中河南省新郑市郑韩故城遗址出土的莲鹤方壶，更是以其绝美之姿令人赞叹。在中国历史的演进历程中，鹤始终与中华民族文化紧密交织，难解难分。

在历史的表述里，鹤常被用以比喻生活中的各类人或事。如以"梅妻鹤子"赞誉那些高雅之士；用"焚琴煮鹤"斥责某些暴殄天物之人；当提及有人离世时，则会说"驾鹤西游"。鹤同样可用来比喻中国文化，恰似"唯有丹鹤真国色，负阴抱阳一点红"所描绘的那般。五千年中华文化宛如沉静历史的"阴"，社会主义先进文化则似朝气蓬勃的"阳"，正如《道德经》所言："万物负阴而抱阳，冲气以为和。"而中国革命文化，就如同丹顶鹤头上那一点醒目的亮红，引领着我们不断奋勇向前！

七、传统文化回归

如今，国家对传统文化的重视，标志着以儒家精神为核心的中华优秀传统文化实现了从"道夫先路"到"中流砥柱"的角色转变。回溯至20世纪末21世纪初，中华传统文化的回归，在当时还仅仅是专业学者心中一点朦胧的判断。那时，我们在极为简陋的环境下，便开始了对传统文化的传播工作，为普通市民讲解四书五经等经典。所谓"道夫先路"，就是期望将精英层面的思想智慧转化为民众共享的文化力量。

从十多年前起，以儒家思想家为代表，中华优秀传统文化逐步恢复其主流地位，这一成果主要得益于以下几个方面。

其一，学界的引导作用。众多专家学者经深入研究后认为，一个民族若要走好自身发展之路，需遵循"先知觉后知，先觉觉后觉"的理念，务必深入挖掘本民族文化中的优秀元素。于是，学者们通过发表文章、举办学术会议等方式，以绵薄之力奔走呼吁，如同杜鹃啼血般，呼唤着民族文化的复兴。

其二，媒体的关注助力。中央电视台播出的《百家讲坛》，以及长春电视台《城市速递》栏目对长春文庙"国学大讲堂"的宣传，在播出后均产生了很好的社会影响，极大地推动了传统文化的传播。

其三，社会的广泛认同。没有对文化的认同，就不会有传统文化复兴繁荣的今天。改革开放使人们的物质生活得以改善，然而，正如那句玩笑话"人生最可怕，有钱没文化"所反映的：当物质生活基本满足后，人们普遍渴望找到能够滋养心灵的精神食粮。

其四，经由学界引导、媒体关注、权威发声以及社会认同等多方面因素的共同作用，最终形成了国家意志。2017年1月，中共中央办公厅、国务院办公厅联合颁布了《关于实施中华优秀传统文化传承发展工程的意见》，在笔者看来，它标志着中华传统文化的正式回归。自此，大家能够大大方方、堂堂正正、理直气壮地探讨中华优秀传统文化。这也是国家最高层面所强调的"四个自信"中最为根本的"文化自信"。中国发展至今，充分彰显了社会主义制度的优越性，我们理应坚定制度自信，持续推进马克思主义中国化，坚定理论自信。市场经济并非资本主义所独有，社会主义同样能够发展市场经济，正因如此，我们走出了一条中国特色社会主义道路，中华民族日益强大，这进一步坚定了我们的道路自信。但需明确，道路自信、理论自信、制度自信的根基在于文化自信。

中华优秀传统文化的复兴，既是儒者应肩负的使命，也是新时代儒者"为天地立心，为生民立命，为往圣继绝学，为万世开太平"的社会责任与精神情怀的体现。作为儒家文化的继承者与传播者，我们见证了中华优秀传统文化从"道夫先路"到"中流砥柱"的角色转变。

八、文化自信

对待传统文化这一精神食粮，我们应当努力成为具备传统文化修养的现代公民，理性地汲取其中的精华，让传统文化在现代社会中焕发出新的生机与活力。

在这一过程中，文化自信起着关键作用。这里所提及的文化自信，涵盖了多个维度，包括中国文化的自信，具体表现为中华优秀传统文化的现代化、马克思主义的中国化、当代文化的健康化、中国文化的国际化，以及与世界文化的交融性。

自信，本质上是一种积极从容的心理状态，它深深根植于困知勉行的深切体验之中。需要明确的是，自信并非自恋，因此我们致力于推动中华优秀传统文化的创造性转化与创新性发展；自信不是自卑，所以我们无须用他人的标准来衡量自身的生活；自信不是自闭，故而我们得以用平静的目光审视农耕文明的辉煌、工业文明带来的屈辱，以及新技术革命的兴起和互联网时代的蓬勃发展；自信更不是自大，正因如此，我们强调和而不流，积极打造文化交流共享平台，大力促进世界文明的交流互鉴。

自信是理性的包容，秉持着"毋意、毋必、毋固、毋我"的态度；自信是内敛的张力，彰显出自由、自主、自立、自强的特质。

文化自信，首先是文化积淀的自信。历经五千年的文明传承，孕育出了自强不息的中华民族，正如"周虽旧邦，其命维新"所表达的那般，始终保持着革新进取的精神。

文化自信，亦是文化过程的自信。正如《周易·贲卦·象传》中所言："刚柔交错，天文也；文明以止，人文也。观乎天文，以察时变；观乎人文，以化成天下。"深刻揭示了文化在人类社会发展进程中的重要作用。

基于这样深厚的文化自信，我们在诸多方面有着明确的方向与使命。在国学教育领域，应着力推出更多关于中华优秀传统文化的高质量内容，切实将精英层面的思想智慧转化为民众能够共享的文化力量。

我们的文化研究，不能局限于中华优秀传统文化，更要高度关注共产党人的理想信念；不仅要重视改革开放所积累的成功经验，更要聚焦创新发展的时代精神。

媒体应当为中华优秀文化的传播开辟绿色通道，建立起长效机制，打造可持续发展的平台，助力中华文化的广泛传播。

社会组织也应积极作为，围绕"文化自信"开展丰富多样的活动，联合全体学者，坚决拒绝文化曲解、抵制低俗文化、理性应对偏激观点、警惕文化渗透，全力维护国家的文化安全。

文化自信，宛如中华复兴的集结号与大风歌，凝聚着民族的力量，引领着我们在新时代不断奋进，让中华文化在世界舞台上绽放更加璀璨的光芒。

天地

中国人说话喜欢纵论全局，从大处着眼，但若能兼顾细节，从小处着手，就更符合"仰望星空，脚踏实地"的智慧。

在《尚书·帝典》中讲"开天辟地"，尧是开天定四时，禹是辟地定四方。我们看《周易》："天尊地卑"；我们读《老子》："天长地久"；带着小孩子读《千字文》："天地玄黄"；找本字帖练书法："天覆地载"；与爱人表白："天荒地老"；拍着胸脯说做人："天地良心"……

北宋思想家张载的《横渠语录》里有云："为天地立心，为生民立命，为往圣继绝学，为万世开太平。"这也是儒家知识分子的崇高理想。梳理儒家文化，也要从"天地"开始。这个问题解释好了，其他理念便都有了起点。与天地合其德，可以"致广大而尽精微，极高明而道中庸"。

一、天之苍苍

"天"在中华文化中蕴含着丰富且深邃的意义，大致可归纳为以下三个维度。

其一，"天"指头上的天空，这是一个空间概念。在中国传统认知里，"天圆地方"是客观存在的现象，构成了中华文化探讨诸多问题的前置条件。正如《易传》所言："天地设位，而易行乎其中矣。"虽此现象被广泛认同，但相关深入探讨却并不多见。在某些语境下，"天"可引申为客观规律，如《论语》中记载："夫子之文章，可得而闻也；夫子之言性与天道，不可得而闻也。"同时，"天"也可指已然如此的前提条件，像"少成若天性，习惯成自然"便是例证。

其二，"天"代表某种具有人格意志的力量，即"天命"。《孟子·万章上》有云："莫之为而为者，天也；莫之致而至者，命也。"而天命的另一引申义，则关乎民众的意志。《尚书·泰誓》"天视自我民视，天听自我民听"，清晰表明百姓的需求即为天命。需注意的是，这里的"天"并非儒家所信奉的神祇。《论语》中也有诸多相关表述，如《论语·八佾》的"获罪于天，无所祷也"，《论语·子罕》的"无臣而为有臣，吾谁欺？欺天乎？"以及《论语·述而》记载的"子曰：天生德于予，桓魋其如予何？"

其三，"天"象征时间概念，这一点尤为值得重视。天有四时，简化而言即春秋；地有四方，合而为一统。古今相传、四海一统，此即为"传统"。在儒家文化中，笔者认为群经之首当属《周易》，其最核心的思想是乾坤，乾代表天，坤代表地。《周易·系辞上》记载："乾坤，其《易》之蕴邪？乾坤成列，而《易》立乎其中矣。乾坤毁，则无以见《易》。《易》不可见，则乾坤或几乎息矣。"乾、坤两卦作为《周易》六十四卦的立卦根本，是其哲学体系的基石。天地对应阴阳，正所谓"易以道阴阳"。日为太阳，月为太阴，"易"字常被解读为上日下月的变形，日月即为易，而日月又象征水火，日是火之精，月为水之华，水火是人类生活赖以生存的自然能量源泉。

世间万物皆遵循此道，探讨天地实则在讨论阴阳，延伸至刚柔、黑白，乃至中国水墨画、"计白当黑"的书法艺术、太极图，甚至能解释熊猫为何成为国宝等诸多现象。理解了"天"在时间上的意义，便能领会为何将乾卦的元、亨、利、贞解释为春夏秋冬，进而引申为人生百年四个二十五岁的阶段。有了对春夏秋冬的理解，就能明白孔子以春代夏、以秋代冬著《春秋》的深意。

孔子对《春秋》极为重视，《史记》记载："至于为《春秋》，笔则笔，削则削，子夏之徒不能赞一辞。"这表明孔子著述之精妙，他人难以增删一字。《史记》还记载："春秋之中，弑君三十六，亡国五十二，诸侯奔走，不得保其社稷者，不可胜数。"孔子著《春秋》，令乱臣贼子心生畏惧，因其"一字之间寓褒贬"。孔子自己也曾感叹："知我者其惟《春秋》乎！罪我者其惟《春秋》乎！"其学问与事功可谓"志在《春秋》，行在《孝经》"。《春秋》在儒家经典中占据着举足轻重的地位，无论是"《诗》《书》《礼》《乐》《易》《春秋》"的"六经"，还是"《诗》《书》《礼》《易》《春秋》"的"五经"，《春秋》都是其中的关键所在。实际上，"五经"又可称为"九经"，因为《礼》分为《周礼》《仪礼》《礼记》，《春秋》则有《春秋左氏传》《春秋公羊传》《春秋谷梁传》三部传书。据史家记载，最初撰写《春秋》相关阐释的，除这三家外，还有邹氏、夹氏两家，但或因无传承之师，或因无留存之书，最终失传，由此可见儒家对《春秋》的重视程度。《春秋》作为编年体史书，类似于当今的"大事记"，其言辞极为简略，因当时人们熟知事件原委，然而随着时间推移，几年、几十年甚至几百年后，便成了令人费解的"天书"。于是，后世史学家依据《春秋》的时间与事件进行"扩写""详注"，从而诞生了著名的《春秋左氏传》《春秋公羊传》《春秋谷梁传》等史书。

大儒董仲舒专注于《春秋》研究，其代表作《春秋繁露》影响深远。经董仲舒等人的宣扬倡导，儒家思想最终获得汉武帝认可。在政、学两界的共同推动下，儒家从诸子百家中的一家，逐步发展为中国古代社会的主流意识形态和核心价值体系。

数年前，笔者受国务院侨办委托，率团前往欧洲为华人讲授中国文化。抵达荷兰阿姆斯特丹时，当地使馆人员与华人组织代表邀请我们在一家中餐厅用餐。彼时，恰逢餐厅刚举办完一场酒宴，舞台上横挂着一幅字："廖府于归宴客"。同行的其他老师对此不解，询问笔者其含义。笔者笑着解释，此句关键在于"于归"二字。若读过《诗经·桃夭》中"之子于归，宜其家人"，便可知这是一场与婚礼相关的宴席。而要明确廖家是娶媳还是嫁女，读了《春秋公羊传》中"妇人谓嫁曰归"，就能确切知晓这是廖府嫁女儿请客（女儿回娘家称"归宁"，如《诗经·葛覃》中"归宁父母"）。若未读过《春秋公羊传》，便难以透彻理解这句话的含义。如今，国内现代汉语体系已不再使用此类表述，幸而有《春秋》等史书，为中华文化留存证据。

重视四季，重视天时，做事不可违背农时，"过了芒种，不可强种"，役使百姓亦要遵循时节。孔子被尊为"时圣"，与其关注时间的思想密切相关。春秋交替，既是历史的演进，也是人生与生命的历程。正如孔子在河边感叹："逝者如斯夫，不舍昼夜。"李泽厚先生在《论语今读》中，对这句话给予了极高的评价，认为这是整部《论语》中最能反映孔子哲学意味的一句话。

二、厚德载物

在中华文化的宏大叙事中，"天"被赋予了时间的深刻内涵。它如同一条无形却又磅礴的长河，承载着历史的演进、生命的律动以及文明的兴衰更替。而"地"，则直观地呈现为空间的广袤形态，构筑起人类活动的坚实舞台。二者相辅相成，共同勾勒出中华民族认知世界、发展文明的基本框架。

追溯到遥远的古代，《尚书·禹贡》首次向世人徐徐展开中华大地的宏伟规模，让我们得以一窥中华九州的雏形。到了近代，陈忠实先生的长篇巨著《白鹿原》则宛如一面镜子，聚焦于中华文明的根——土地。在这部作品中，土地不再仅仅是地理概念，更是承载着无数生命故事、家族兴衰以及社会变迁的厚重载体，生动地展现了土地与中华民族在漫长岁月中相互依存、彼此塑造的深刻关系。

历经五千年的文明洗礼，中国人始终秉持着敬畏之心，不断从天地间汲取丰富的营养与深邃的智慧。在悠悠岁月的长河中，凭借着自强不息的坚韧精神，独立发展，使得中华文明如同一颗璀璨明珠，绵延至今，熠熠生辉。天地之道，无疑成了儒家认识社会人生的重要前提，宛如一把钥匙，开启了儒家文化的宏大篇章。

在中国文化语境里，"地"最初直观地指向"地盘"。中华大地广袤无垠，然而儒家思想自诞生之初，便高擎以民为本的大旗，发出"邦畿千里，维民所止"的深刻呐喊。这清晰地表明，国家的真正规模与价值，并非单纯由边境线所划定，而在于民心的向背与认同。"普天之下，莫非王土"，这句话表面上强调地域的辽阔，但深入探究，实则是以土代人，深刻揭示了领土的本质内涵——民心所向之处，即为领土所在。《大学》中亦明确指出："有德此有人，有人此有土，有土此有财，有财此有用。"这一论述层层递进，清晰地阐述了德、人、土、财、用之间的紧密逻辑关系，进一步凸显了人在土地文明中的核心地位。

深刻了解中国的土地文明，犹如掌握了一把打开理解中国社会、人民以及国家发展脉络大门的钥匙。借此，我们能够真正领悟费孝通先生《乡土中国》的深刻立意，深入洞察中国人民的精神特质、中国社会的运行逻辑，从而清晰把握中国的过去、现在与未来。也正因如此，我们方能理解为何知识分子倡导"把论文写在大地上"，为何我们要将文化建设的根基深深扎入乡土中国这片广袤而充满生机的土地之中。这不仅是对土地文明的传承与尊重，更是实现中华民族伟大复兴、推动文化繁荣发展的必然要求。

三、天地人和

陆贾在《新语·道基》中引用"传曰：天生万物，以地养之，圣人成之"，并提及"仰以观于天文，俯以察于地理"，生动地描绘了天地与人之间的紧密联系。在中华文化的语境里，天地孕育万物，而人在其中扮演着独特且关键的角色。儒家文化在探讨天地时，将天地视为存在的客观环境，其核心意图却是聚焦于"顶天立地""仰望星空，脚踏大地"的人。正如"三才者，天地人。三光者，日月星"所表达的，人在天地间占据着重要地位。

这一观点与道家智慧既有相通之处，又存在明显差异。道家经典《道德经》提出"故道大，天大，地大，人亦大。域中有四大，而人居其一焉。人法地，地法天，天法道，道法自然"。在道家的理念中，"人"虽位列四大之一，但处于最末位，在天地之上还有道以及自然，道被视为一切的根源。与之不同，儒家仅仅把"道"当作人们的认识对象以及个人品德修养的参照。因为儒家深知，倘若没有人的存在，所有关于天地、道的讨论都将失去意义。所以，儒家对天地的探讨，实则是将天地作为探讨"人的问题"的前置条件。

例如，在《孝经》中，"孝"被阐述为"天之经也，地之义也，民之行也"。对于此，胡平生先生解读"天之经，是说孝道是天之道"，然而笔者对此有不同见解。孝本质上是人伦准则，并非自然规律。《孝经·开宗明义章》中有"孝为百行之首，人之常德，若三辰运天而有常，五土分地而为义也"，一个"若"字，巧妙地将人伦置于天地之间，使之并立。又如《周易·系辞上》所言："天尊地卑，乾坤定矣。卑高以陈，贵贱位矣。动静有常，刚柔断矣。方以类聚，物以群分，吉凶生矣。"这段论述在强调天地环境之后，重点随即落在人的"贵贱""刚柔""吉凶"之上，充分体现了儒家对人的关注。

在儒家的文化视野里，天地时常充当人的背景环境。有时，天地呈现为空间概念，人立身于天地之间；有时，天地又成为时空概念，天代表天时，地象征方位；还有时，天地被赋予命运的含义，如"天命之谓性"，时代特性和区位特性塑造了人的差异性。

以儒家文化为基石，所有围绕儒家文化展开的讨论以及所关注的问题，皆秉持"以人为本"的理念。这一理念为人们构建人生观、世界观、价值观和历史观提供了坚实的哲学依据。孟子曾说："天时不如地利，地利不如人和。"我们在相关论述中着重提及的各种概念，尤其是关于人的修养方面的"身心行"之论，以及为形象描述客观世界所关注的"道形器"之分，无一不是从"人"的角度出发，围绕"人"的问题逐步展开。

四、天地之道

《中庸》有言："天地之道，可一言而尽也：其为物不二，则其生物不测。"此句凝练地概括出天地之道的核心要义——"诚"。所谓"其为物不二",指的是天地运行、万物生长遵循着恒定不变的规律,绝无朝令夕改之态。倘若天地之道反复无常,万物生长便失去了稳定的根基,必然陷入混乱无序的状态。正是由于天地始终秉持"为物不二"的准则,才得以不断发育万物,其蕴含的能量与深度难以度量,推动着世界向更为繁盛的方向发展。

若用六个字概括天地之道,即"天地之道,博也,厚也,高也,明也,悠也,久也"。天地所展现出的博厚,犹如广袤无垠的大地,承载万物,包容万象;高明恰似高远辽阔的天空,日月星辰闪耀其中,普照世间;悠久则象征着时间的无穷无尽,天地之道历经岁月洗礼,亘古不变。"博厚配地,高明配天,悠久无疆"这一表述,精准地将天地的宏大性质与时间的深邃特质具象化,构建起"天、地、时"的三维体系,呈现出高明、博厚、悠久的独特风貌。

《中庸》在探讨这一问题时,进一步阐述道:"今夫天,斯昭昭之多,及其无穷也,日月星辰系焉,万物覆焉。"最初,天空或许只是微光闪烁,然而随着不断发展,逐渐形成浩瀚无垠的苍穹,日月星辰有序罗列,世间万物皆被其笼罩。从地的本质来看,"今夫地,一撮土之多,及其广厚,载华岳而不重,振河海而不泄,万物载焉"。起初,大地不过是由一撮撮泥土堆积而成,可当它变得广袤深厚时,便能轻松承载巍峨的华岳,容纳奔腾的江河湖海,且毫无泄漏,世间万物皆在其怀抱中繁衍生息。

中国人对大地怀有一种与生俱来、深沉浓厚的情感。艾青曾深情地写道:"为什么我的眼里常含泪水,因为我对这土地爱得深沉。"在漫长的农耕文明进程中,土地成为人们赖以生存的根本,人们在这片土地上春种秋收,繁衍生息,因而对土地产生了难以割舍的眷恋。相较之下,由于地理环境等诸多因素,我们对海洋文明缺乏深厚的文化依赖。黄河作为中华民族的母亲河,因其裹挟着大量泥土,河水浑浊，与黄皮肤的中华儿女在血脉与文化上有着深度的契合。牛郎织女的故事是百姓生活的生动写照，体现了男耕女织这一传统的生活方式。而儒家知识分子以耕读为生活方式，在与土地的长期相处中，他们对土地的热爱逐渐升华为一种敬畏之情。基于此，我们有了土地神、土地庙，江山社稷也深深扎根于脚下的黄土地。由此衍生出"厚德载物"的高尚品格修养，在五行学说中也确立了"土"德的重要地位，进而孕育出万物，构建起壮丽山河。

山河作为天地的产物，是天地之道更为具体的呈现形式，从中也可洞察儒家对自然与品德之间关系的深刻关注。那么，山在儒家文化中有着怎样的内涵呢？《中庸》中提到："今夫山，一卷石之多，及其广大，草木生之，禽兽居之，宝藏兴焉。"从这个视角来看，山堪称一座资源宝库，草木郁郁葱葱，禽兽自在栖息，地下还蕴藏着丰富的宝藏。儒家倡导"仁者乐山"，这是因为山的特质与仁者极为相似。仁者心怀仁爱、关爱他人、乐于奉献、无需索取，正如山一般慷慨地给予万物生长的空间与资源。同时，山巍峨耸立、沉稳厚重，给人以踏实可靠之感，这也正是仁者所具备的内在品质。

与之相对，"智者乐水"。水又具有怎样的特性呢？《中庸》指出："今夫水，一勺之多，及其不测，鼋鼍、蛟龙、鱼鳖生焉，货财殖焉。"从微观层面看，水不过是一种常见的物质，然而当它汇聚成江河湖海时，便拥有了深不可测的力量。其中孕育着鼋鼍、蛟龙、鱼、鳖等各类生灵，还蕴藏着丰富的资源，滋养着世间万物。天、地、山、川皆是如此，宇宙最初不过是一个简单的起始点，经过漫长的演化，逐渐形成了如今我们所看到的无边无际、丰富多彩的世界。上下四方谓之宇，古往今来谓之宙，从时间和空间的维度审视，宇宙的广袤与深邃令人叹为观止。

天地之道达到纯诚的境界，便造就了我们如今丰富多彩的世界。《周易》作为中国哲学的杰出代表，开篇便从天地讲起。"古者包牺氏之王天下也，仰则观象于天，俯则观法于地，观鸟兽之文与地之宜，近取诸身，远取诸物，于是始作《易》八卦"，以此来类比世间万物的情状。八卦所象征的"天地风雷山水泽火"，皆是人类最初面对的自然元素。《尚书·洪范》提及的"五行"，即金木水火土，同样是我们生活中触手可及的事物，构成了我们所认知的世界。儒家强调"道不远人"，其所重视的"切问而近思"，正是从这些充满烟火气息的现实生活中展开的。天、地、山、水的本质看似简单，却在不断发展中走向极致，变得愈发丰富多元，这与我们的心灵世界、认知领域极为相似。追根溯源，其初始的源头实则是"诚"。诚，本质上就是始终坚守"为物不二"的准则，一以贯之，这既是天道的根本，也是人道的发端。

天之道如此，人之道亦复如是。《诗经·周颂·维天之命》云："维天之命，于穆不已！于乎不显，文王之德之纯！"此句通过对天命纯诚的歌颂，深刻体现了周人对天命的尊崇与敬畏。正因为天地遵循这种纯诚之道，才能历经岁月变迁，孕育万物而生生不息。同样，周文王的德行达到纯粹至善的境界，故而被尊称为王，其品德与教诲流传千古，泽被后世。儒家文化致力于化育万物，其深意与传统文化的最高经典，皆从天地之理自然延伸至人文之道，充分彰显了天地之道与人道之间的紧密联系与相互贯通。

道德

"道"是中国传统文化最高的核心概念，道重客观规律——知道。

"德"是中国人文化修养的总称。德重主观修养——养德。

"博爱之谓仁，行而宜之之谓义，由是而之焉之谓道，足乎己无待于外之谓德。仁与义为定名，道与德为虚位。故道有君子小人，而德有凶有吉。老子之小仁义，非毁之也，其见者小也。坐井而观天，曰天小者，非天小也。彼以煦煦为仁，孑孑为义，其小之也则宜。其所谓道，道其所道，非吾所谓道也。其所谓德，德其所德，非吾所谓德也。凡吾所谓道德云者，合仁与义言之也，天下之公言也。老子之所谓道德云者，去仁与义言之也，一人之私言也。"

——韩愈《原道》

中华民族五千年的文明积累了那么多智慧，这些智慧讨论的核心命题是什么？笔者可以满怀自信且斩钉截铁地告诉大家，答案就是"道"。

　　"道"，无疑是核心中的核心。它堪称中华文化思想领域的灵魂内核。

　　儒家文化中经常讨论"道"，《周易》很重要的一个思想是"一阴一阳之谓道"，《论语》中有"吾道一以贯之""朝闻道，夕死可矣"，《大学》有"大学之道"，《中庸》有"中庸之道"。我们把以孔子、孟子为代表的儒家文化，称为"孔孟之道"。当然，以老子、庄子为代表的思想学派更关注"道"，以"道"为中心，后人干脆就直接把这个学术流派命名为道家，道家经典《道德经》开篇就是"道可道，非常道"。除了儒家和道家，其他各家学术流派也都有自己的"道"，如医家强调"医道"、阴阳家强调"天地之道"、孙子兵法中有"兵者，诡道也"；等等。

　　今天我们仍然在讨论"道"。它宛如一条无形却坚韧的丝线，串联起中华上下五千年的文化脉络，贯穿于哲学思辨、文学艺术、道德伦理等各个文化维度，深刻影响着中华民族的思维方式、价值取向与行为准则，成为指引华夏儿女不断探索、传承与创新的精神灯塔。

一、汉字解"道"

"道"，作为中华文化中熠熠生辉且极为重要的概念，承载着深厚的文化底蕴与哲学思考。若要深度剖析"道"的真谛，不妨回溯其原始含义，探寻"道"之本源。

在深入了解"道"的诸多途径中，汉字无疑是一把关键钥匙。汉字，作为中华文化的独特载体，蕴含着海量的文化信息，其丰富的造字方法——象形、会意、形声、指示、转注和假借，宛如六股交织的文化丝线，共同编织出一个个生动且富有内涵的文字世界。众多汉字的意义，正是通过多种造字方法的巧妙融合而得以呈现，"道"字便是其中典型。

拆解"道"字，有三个关键要素。第一是"首"字部分，上方两点一横，仿若蓬乱纷杂的头发，生动勾勒出未经梳理的原始形态；下方的"自"，指代鼻子，在日常生活中，我们习惯性地指着自己的鼻子称"自己"。上下结合，"首"字整体代表着头脑。这一象征意义蕴含着双重深意：其一，与领导者密切相关。古往今来，欲成为卓越的领导者，必先明道。领导者肩负着引领团队前行的重任，必须明晰团队的发展方向，恰似领航者在茫茫大海中精准把握航向。正所谓"明其道"，方能引领团队乘风破浪，驶向成功彼岸。相较而言，管理者侧重于强化管理方法，执行者则专注于精通执行技术，而领导者对"道"的领悟，是团队迈向正确方向的基石。其二，"首"所代表的头脑，自然而然地与思考、理性以及理智紧密相连。大脑作为人体的思维中枢，承担着分析问题、权衡利弊、做出决策的重要职责。思考赋予我们深度洞察世界的能力，理性引导我们做出合理判断，理智则确保我们的行为符合道德与逻辑规范。由此可见，"首"字在"道"字构成中，为"道"注入了思想与决策的基因。

"道"字的第二部分是"辶"。仔细观察，其中的三撇乃是双立人的变形，而双立人又为"行"字的一半。追根溯源，"行"字的原型恰似一个十字路口，其本身就象征着道路。"辶"字的存在，为"道"赋予了动态的、实践的特性，表明"道"并非仅仅停留在理论层面，更需要人们在实际行动中去探索、践行。

在金文中，"道"字还有一个独特之处，即在"首"的下方存在一个"止"字。"止"的原意为脚趾，在汉字六书构成中，这类通过在原有字基础上添加指示符号来表达新意义的字，被称为指示字，诸如"刃""卡""本末"等。"止"字在"道"字中的出现，仿佛是在提醒人们，在追求"道"的过程中，既要运用头脑思考，规划前行方向，又要依靠双脚付诸行动。

将"道"字的这三个要素融合审视，其构成蕴含着深刻的哲理。从一种角度理解，它意味着我们要运用头脑进行深入思考，全面分析局势，而后精准地指挥双脚迈向正确的道路。从另一种角度阐释，"道"也可理解为走一走、停一停、想一想。在人生的漫漫长路中，我们不能一味地埋头赶路，而应适时停下脚步，反思过往的经历，总结经验教训，以便更好地调整前行方向。这种走走停停、不断思考的过程，正是对"道"的生动实践。无论是哪种解读，都使我们对"道"有了更为清晰、全面且深刻的认识，让我们得以一窥"道"在汉字构造中所蕴含的智慧光芒，领悟其在中华文化中的独特魅力与深远意义。

二、最初说"道"

在对"道"的诸多阐释中，其最初的含义便是"道路"。这里所探讨的并非单纯交通意义上的道路，而是以此为切入点，引发一系列关于"道"的深度思考。

"世上本没有路，走的人多了也便成了路"，鲁迅的这句名言深刻揭示了道路形成的本质。它彰显出道路所具有的开拓性与探索性。当先行者勇敢地迈出第一步，在未知的领域中踏出一条小径，后续之人纷纷跟随，逐渐形成宽阔的大道。这种开拓、探索的精神，与敢为人先的品质紧密相连，甚至蕴含着领导的意味。正如《离骚》中的"来吾道夫先路"，此处的"道"便有先导之意。在现实中，开拓具有中国特色的社会主义道路亦是如此。在中华人民共和国成立初期，面对复杂的国际形势与国内百废待兴的局面，中国共产党勇敢地担当起先导者的角色，带领中国人民在探索中前行，逐步走出一条符合中国国情、具有中国特色的社会主义发展道路，这无疑是对"道"的开拓性与先导性的生动诠释。

　　当道路形成之后，走路便需遵循一定的规矩。在交通领域，"红灯停，绿灯行；靠右侧通行，礼让行人；不能酒驾"等规则保障了道路交通安全与顺畅。在高速公路上，一旦驶入，不到规定出口便无法随意下道，且严禁逆行，这些规则是道路正常运行的基本保障。推而广之，在社会生活中，"道路"引申出的第二个重要意思便是"规矩"。"君子爱财，取之有道"，这句出自《增广贤文》的名言警句深刻体现了在获取财富的过程中，必须遵循合理、合法的规矩。倘若违背这些规矩，无论是在自然界、身体层面，还是社会生活领域，都将引发严重后果。

　　在自然界，若生态系统的运行违背其固有规律，如同走错了"道"，生态平衡将被打破，引发一系列环境问题；在人体中，经络气血等运行通道若被堵塞，身体便会出现病症，如同身体的"道"出了故障；在社会生活里，倘若人们行事违背社会道德规范与法律法规，社会秩序将陷入混乱，问题将愈发严重。老一辈人常担忧后生"下道"，即偏离正确的人生道路。在人生的旅途中，选择至关重要，往往比单纯的努力更具决定性作用。一旦选错道路，违背了做人的基本规矩，人生便可能陷入困境，遭遇重大挫折。

三、哲学论"道"

在中华文化的深邃思想体系中，"道"蕴含着另一至关重要的内涵，即规律。我们的祖先以敏锐的观察力与深刻的洞察力，发现在天地自然、社会人生的广袤范畴内，存在着一种截然不同于传统意义上的"道"。此"道"隐匿无形，无法凭借肉眼直观看见，亦难以用双手真切触摸，然而它却毋庸置疑地存在着，如一只无形的巨手，掌控着世间万物的运行轨迹，这便是规律。古人面对这般抽象且高深的规律，虽满怀敬畏与探索之心，却深感语言的苍白无力，无论怎样绞尽脑汁地描述，都难以精准、清晰地将其全貌呈现出来。

在众多对"道"的经典表述中，老子在《道德经》里的阐释尤为典型。他如此描述"道"："有物混成，先天地生。寂兮寥兮，独立而不改，周行而不殆，可以为天下母。吾不知其名，字之曰道。"其大意是，有一种浑然一体的东西，它在天地诞生之前便已存在。它寂静无声，辽阔无边，独立自存，永恒不变，循环往复，永不停歇，堪称天下万物的根源。由于难以确切知晓它的名称，故而勉强将其命名为"道"。当我们试图理解这段话时，往往会产生一种似懂非懂的微妙感觉。这种感觉恰恰是对"道"的正确认知反应。倘若有人宣称自己对"道"已全然领悟，那极有可能是在自欺欺人。毕竟，连老子本人都难以将"道"阐释清楚，我们又怎能轻易宣称完全理解了呢？老子曾言："道可道，非常道。"这表明"道"虽可被言说，但我们所表述出来的"道"，并非真正意义上永恒不变、本质纯粹的"道"。"道"真实存在，却又超脱于我们的感知范畴，看不见、摸不着，神秘而深邃。正因如此，当普通百姓被问及"道"究竟为何物时，给出了最为简单、准确且质朴的回答——"不知道"。

有趣的是，"不知道"这三个字实则渊源颇深，它最早出自《礼记·学记》中的"玉不琢，不成器；人不学，不知道"。"道"因其晦涩难懂却又与我们的生活息息相关，故而成为人们经久不衰的讨论话题。在反复的探讨中，"知'道'？不知'道'！"逐渐演变成一句日常习语，其背后所蕴含的深刻哲理不容忽视。

实际上，此"道"意义重大。以自然界为例，一年四季的更迭交替便是自然之道的生动体现。每当春天来临，大地回暖，草木纷纷破土而出，焕发出勃勃生机；秋风乍起，万物开始凋零，呈现出一片肃杀之象。这一切皆源于地球围绕太阳公转的客观规律。倘若不了解这些规律，便难以理解自然界中纷繁复杂的现象，因为这些现象皆是规律的外在呈现。老子在《道德经》中所言"道生一，一生二，二生三，三生万物"，深刻揭示了"道"作为根源，衍生出世间万物的过程。当我们洞悉这一规律，便能透过纷繁复杂的现象，直击事物的本质。在中国文化的语境中，这种隐藏在现象背后、决定事物发展变化的规律性，便是"道"。正如在《论语·里仁》中孔子所感慨的"朝闻道，夕死可矣"，足见"道"在古代贤哲心中的崇高地位，为了领悟"道"的真谛，哪怕付出生命的代价亦在所不惜，因为他们深知，掌握了"道"，便能把握世间万物的运行法则，实现人生的终极价值。

四、职业守"道"

人生之路，犹如一场漫长而充满未知的旅程，而"道"则是指引我们前行的航标。倘若在人生道路的选择上出现偏差，方向一旦错误，那么付出的努力越大，偏离正轨、"下道"的速度也就越快。回顾我国改革开放初期，社会经济蓬勃发展，众多人投身商海，在这股下海浪潮中，不乏一些人因一时的利益诱惑而迷失自我，踏上了偏离正道的歧途。这些人或许能在短期内获取暴利，却失去了长久的内心安宁与生活的稳定。由此可见，做人的规矩犹如坚固的基石，是我们在人生道路上稳步前行的根本保障，绝不能随意破坏，必须始终坚守，才能稳稳地走好人生的每一步。正如柳青先生所言："人生的道路虽然漫长，但紧要处常常只有几步，特别是当人年轻的时候。"在人生的关键节点，更要时刻保持清醒的头脑，坚决避免"下道"，因为一旦偏离正轨，所造成的后果往往是难以挽回的。那些传承了千百年、由祖祖辈辈积累下来的规矩，蕴含着无数的人生智慧，是我们应当珍视并遵循的宝贵财富。若因一时的胆大妄为而肆意破坏这些规矩，必将承担相应的后果。

在职业领域，"道"同样有着明确且重要的规范。《孟子》提到："可以取，可以无取，取伤廉。"这句话的意思是，当面临可拿可不拿的情况时，我们应当克制自己的欲望，选择不拿，因为一旦拿了，便有损廉洁的品德。现实生活中，部分领导干部之所以犯错，一个关键因素便是在面对利益诱惑时，未能坚守廉洁底线，获取利益过于轻易。在"可以取，可以不取"的抉择关头，必须保持高度的警惕与审慎，切不可因一时的贪念而轻易伸手，否则必将陷入道德与法律的泥沼，身败名裂。

反之，《孟子》亦云："可以与，可以不与，与伤惠。"这一观点在当下的生活中具有极强的现实指导意义。当我们处于可给予可不给予的情境时，切勿轻易做出给予的决定，因为不合时宜的给予可能会损害恩惠的价值。在当今社会，许多企业家、富有爱心的女同志以及热情善良的青年人，他们内心阳光、满怀善意，在生活中看到他人处于困境时，往往会心生怜悯，想要伸出援手，这份善良的心意固然值得称赞。然而，现实却常常事与愿违，他们的善意往往容易被一些别有用心的人所利用。常言有道："可怜之人必有可恨之处。"有些人在初次接受帮助时，或许会心怀感激，但随着帮助次数的增多，他们的感激之情逐渐淡化，甚至将他人的帮助视为理所当然。一旦某次未能得到帮助，他们便会心生怨恨，这便是所谓的"久恩成仇""升米恩，斗米仇"。这些现象实则人生经验的深刻总结，反映出做人做事过程中必须遵循的规矩。只有严格遵守这些规矩，坚守住职业之"道"，我们的人生才不至于陷入困境，遭遇不必要的麻烦。若能始终如一地守好"道"，我们不仅能够在职业生涯中稳步前行，还将在人生的道路上收获更多的成功与幸福，实现个人价值与社会价值的有机统一。

五、德者得也

在深入探究了"道"这一中华文化核心命题之后，我们将目光转向与之紧密相连的"德"。老子洋洋洒洒五千言的著作被命名为《道德经》，《大学》开篇便指出"大学之道，在明明德"，孔子一生更是秉持着"志于道，据于德"的理念。为何"德"在诸多经典与贤哲的思想体系中占据如此重要的地位呢？

从文字构成来看，"德"字为双立人旁，前文已提及，这与"路"有联系。"德"字中"心"之上的部分是"直"字的变形。在古代，汉字书写于竹简或木牍之上，需从上往下书写。若"直"字下方再加上"心"字，整个字形会显得过长，比例失调，既不美观，也不符合汉字方方正正、方圆有致的审美要求。无论是外方内圆，还是外圆内方，汉字都遵循着"没有规矩不成方圆"的原则。为使"德"字在书写时达到规整美观的效果，便将原本纵向拉长的部分横过来，从而形成了如今我们所看到的形态。其主体为"目"，在现代汉字中，"目"字被立起来并线条化。仔细看来，这个"目"字如一只形象的眼睛，甚至仿佛能看到因昨日未睡好而出现的眼袋，目下的一横恰似那眼袋，而这只眼睛正专注地瞄着直线，仿佛在审视着事物是否端正、笔直，这便是"直"字的原型。随着汉字从图形不断向符号化演变，当"直"作为独体字时，呈现为我们熟悉的"直"；而作为汉字的一部分时，又变形为"𥄂"。下方再加上"心"字，便构成了完整的"德"字。

将这三个要件组合起来，"德"字蕴含着深刻的内涵。它意味着我们要用自己的内心去衡量所走的路是否端正、笔直。在面对各种事务时，都应问问自己的良心，进行自我审视。那么，"德"究竟为何物呢？《说文解字》给出了精准的解读："德者，得也。"但这里的"得"并非普通意义上的获取，而是一种独特的心得。所谓"得之于心"，即从内心深处领悟到某种道理、准则或情感，而后"施之于人"，将这种内心的所得转化为实际行动，去影响、帮助他人，这便是"德"的体现。例如，当我们在学习上有所收获时，不满足于自身的进步，而是积极主动地帮助其他同学共同进步，这便是一种有德之举。"德"的核心要义就在于"得之于心，施之于人"，这与孔子所倡导的"己欲立而立人，己欲达而达人""己所不欲，勿施于人"的思想高度契合。一个有"德"之人，会设身处地为他人着想，在追求自身发展的同时，不忘助力他人成长；在面对自己不喜欢、不愿意接受的事物时，也不会强加于他人。这种将内心的善意与道德准则转化为实际行动的品质，正是"德"的生动诠释，也是我们在人生道路上，遵循"道"的指引，不断修养自身、构建和谐社会的关键所在。

六、道德之别

在中华文化的丰富内涵中，"道"与"德"虽紧密相连，却有着清晰可辨的差异与独特之处。

道与德最显著的共同特征在于，它们皆与"路"的概念相关联，然而侧重点却大相径庭。从字形构成来看，"道"字下方的"止"，原意为脚趾，这暗示着"道"着重于实践性，强调在现实生活中通过行动去探索、遵循客观规律所指引的道路。而"德"字中的"目"，代表观察，意味着"德"更侧重于主体通过观察、感受外界事物，进而形成内心的感悟与体验。

进一步深入剖析，"道"强调"首"，即头脑，其核心在于理性思考，高度关注客观世界运行的固有规律。无论是天地自然的四季轮回、昼夜交替，还是社会发展进程中的兴衰更替、变革演进，都遵循着特定的"道"。这些规律不以人的主观意志为转移，人们唯有通过理性分析、深入研究，才能洞悉其奥秘，从而顺应"道"的指引。与之相反，"德"着重于"心"，侧重于主体的内心感受，关注个体在成长过程中基于自身经历所积累的主观经验。这种基于主观感受与经验积累而成的"德"，虽因人而异，但都对个体的行为方式与价值取向起着关键的引导作用。因此我们说"要明道，要养德"。

在日常生活中，我们时常听到人们提及"知道"，这是对"道"的认知与理解；而谈到"积德"，则是在强调通过持续不断地积累善行、培养良好的品德修养，来提升自身的道德水准。

这一区别在教育领域体现得尤为明显。我们倡导"德智体美劳全面发展"，而非"道智体美劳全面发展"，原因就在于"德"是可以通过教育与个人努力进行培育和积累的。当下教育的核心理念为"立德树人"，其重点在于培养学生良好的道德品质，因为"德"作为主观积累的人文修养，能够在个体成长过程中发挥积极作用，塑造健全人格，引导正确的行为方向。

在中华文化的语境里，"德"是人文修养的统称，涵盖了仁、义、礼、智、信等诸多方面。最初，"德"并无绝对的好坏之分，那些不良的品质曾被称作"凶德"。但随着中华文化的不断发展与演进，"德"逐渐成为美德和优秀品质的代名词。人们在追求"德"的过程中，不断提升自身修养，践行仁爱、正义等价值观，为构建和谐美好的社会贡献力量，这也使得"德"在中华文化中占据着举足轻重的地位，与"道"相辅相成，共同构成了中华文化的深厚底蕴。

七、道德关系

古人从《道德经》中总结出"道为德之体，德乃道之功""以道得之谓之德"。遵循客观规律，持之以恒地践行人间正道，所获即为"德"。故而，《大学》之要旨在于"明明德"。"有德此有人，有人此有土，有土此有财，有财此有用"，这里的"土"指的是疆域。在当今时代，其可理解为市场。那么，市场何在？有人觉得早市、晚市即为市场。但依笔者之见，最大的市场实则在"心中"，心理需求构成市场，内心认可成就品牌。有德便有人，有人就有市场，有市场便能积累财富，有了财富，方能凭借其实现诸多理想。这是中国文化中极为经典的理念，着重强调了养德的重要性。

曹操，字孟德。"孟"在中国古代兄弟排行中，是对长子的特定称谓，"孟德"意味着家人期望他具备崇高德行。明白了"孟"字的意义，便可知孟姜女并非姓孟，而是姓姜，指的是姜家的大女儿。为何中国人极为重视给孩子取名？因为名关乎命，所谓"名者，命也"，但此"命"并非宿命，而是使命。承担了这个名字，就需肩负起相应的责任与使命。以刘备为例，"备"有全面之意。刘备、关羽、张飞三人相聚，谁应做老大？从名字便能清晰看出：刘备，字玄德；张飞，字益德（一作翼德），寓意是要助力"玄德"，那就为"德"添上一对翅膀，让"德"高飞，而这翅膀便是"羽"。关羽，字云长。当然，这只是江湖先生依据字面的解读。不过，取名是大有讲究的，若要取"玄德"之名，便需朝着"玄德"的方向努力。《尚书·舜典》中记载"玄德升闻"，寓意深刻：一个人修养良好、德行深厚，越是低调内敛、不事张扬，其声名越会逐渐彰显，最终誉满天下。刘备在中国文化中便是以德为本的典范。作为一方之长，理应心怀仁德，善待下属与百姓，百姓们口口相传刘皇叔德行高尚，一旦形成良好口碑，便应了"得民心者得天下"这句话，刘备也被后世赞为中国历史上的仁德之君。"德"就是如此，真心善待众人，便能赢得人心，自然会有所收获。

"玄德升闻"表明，越是向内心深处修养"德"，越能在外在有所体现。《道德经》中有"上德不德，是以有德"，若总是以道德为标榜，反而难以真正拥有德行。而且，《道德经》对"玄德"有着更高要求——"生而不有，为而不恃，长而不宰，是谓'玄德'"。笔者的朋友王干城将其阐释为"民有、民治、民享"，这种解读使"玄德"与西方民主思想产生了某种呼应。刘备深谙养德之道，所以人缘颇好、人气旺盛，正应了"有德此有人"这句话。那么，如何养德呢？关键在于修身。对内修养心性，对外规范言行，从心到身再到行，心性修养得好，便是"德行"佳。德行良好，人格魅力便强，自然人缘好；德行高尚，便能建功立业，造福社会。所以《左传·襄公二十四年》中写道："太上立德，其次立功，最下立言。"

上述种种，皆契合儒家对"德"的评判标准。"德"是一个宽泛的概念，涵盖诸多细节，诸如仁、义、勇、忠、孝等，这些皆是美好的品德。如今，我国倡导"四德"，即个人品德、家庭美德、职业道德、社会公德。在创建文明城市的进程中，我们开设道德大讲堂、文明学校、文明班级，皆着重强调立德树人的根本任务。我们应当领悟"道"，走中国特色社会主义道路；培育各种美德，弘扬社会正气。优秀之人皆朝着这个方向奋进，追求品学兼优、德才兼备、德能双修。

仁义

　　仁、义是儒家思想的两大支柱，仁者，爱人；义者，宜人。

　　孔子强调"仁"，孟子强调"义"，仁义之道就成为孔孟之道的标志。孔子论"仁"，把仁推到高于生命的境界，《论语·卫灵公》中说："志士仁人，勿求生以害仁、有杀身以成仁"，孔子说杀身成仁，孟子就补上一个"舍生取义"，《孟子》中记载说："鱼，我所欲也，熊掌，亦我所欲也，二者不可得兼，舍鱼而取熊掌也；生，亦我所欲也，义，亦我所欲也，二者不可得兼，舍生而取义者也。"儒、道、释三家，说"仁义"，就想到儒家；说"无为"，就想到道家；说"慈悲"，就想到佛教。而仁义是儒家文化的核心理念。

一、仁者人也

仁，堪称儒家文化的核心理念。虽说儒家经典《论语》中有"子罕言利与命与仁"的记载，但实际上孔子对仁的论述颇为丰富。经杨伯峻先生统计，在《论语》中，"仁"字出现多达一百零九次，足见仁在孔子思想乃至整个儒家文化体系里占据着至关重要的地位。

从造字角度来看，对于"仁"字，常见有两种解读。其一，一个人悉心护卫着自己下方的孩子，由此"仁"便蕴含了爱护之意。其二，"仁"字的"亻"旁之下是"二"字，这意味着仁是一种双向的关系，即我对你友善，你也应对我如此，更关键的是，我对你需怀有真诚善意。所以，在《论语·颜渊》中，樊迟向孔子请教仁的含义，孔子给出的答案是"爱人"。

若要更深入地理解仁，就不得不探究人的本性，因为仁正是儒家所认定的人的本质属性。孔子在世时，并未深入细致地探讨人性这一话题。在《论语·阳货》中，孔子曾言"性相近也，习相远也"。尽管孔子未直接阐述人性，但他着重强调仁为人的本质属性，从中不难看出，他倾向于认为人性本善。这种人性中的善，儒家的另一位代表人物孟子称之为"恻隐之心"，佛家谓之"慈悲之心"，百姓则通俗地称其为"不忍心"，在现代汉语里，我们将其表述为"同情心"。孟子认为，"恻隐之心"乃"仁之端也"，也就是说，仁的文化属性源自人内心的善良。

《中庸》记载了孔子"仁者，人也"的言论，《孟子·尽心下》中孟子也讲"仁也者，人也"。由此可见，儒家普遍认为仁是人的本质属性，仁体现了人性之善，其最主要的特征便是爱人。这与仁字的造字本意相契合，是积极健康、追求正向人生之人必须秉持的原则。

《孟子·尽心上》里提到："君子之于物也，爱之而弗仁；于民也，仁之而弗亲。亲亲而仁民，仁民而爱物。"意思是，君子对于世间万物，只是喜爱它们，却不会以"仁"相待，这是爱而"不仁"，对待万物，只有喜欢与不喜欢之分，不存在仁和不仁的考量。然而，对待人则截然不同，对人既有仁爱之情，又有亲密之感。对百姓要心怀仁爱，对亲人要饱含亲爱，对万物要予以珍惜爱护，这便是儒家所倡导的由近及远、推己及人的道德修养方式。

在《论语·述而》中，孔子说道："仁远乎哉？我欲仁，斯仁至矣。"意即，仁离我们很遥远吗？并非如此。当我们内心渴望践行仁时，仁便会即刻出现在我们身边。对父母尽孝是仁，对弟妹友善是仁，对子女慈爱亦是仁，对朋友讲信用同样是仁。仁，就起始于我们身边这些最贴近的日常之事，然后将其推广至整个社会。倘若世间处处都充满仁爱，那么必然会构建起一个和谐友爱的社会。所以，仁是儒家经世济民的一个极为重要的理念。

二、五者为仁

在《论语·阳货》中，子张向孔子请教仁的内涵，孔子给出了这样的回答："能行五者于天下，为仁矣。"那么，具体怎样践行才符合仁的标准呢？孔子从"恭、宽、信、敏、惠"这五个维度做出了解释："恭则不侮，宽则得众，信则人任焉，敏则有功，惠则足以使人。"

首先，"恭则不侮"。对人秉持恭敬的态度，对待事情认真负责，这是一种尊重他人的姿态。当你尊重他人时，他人也会回以尊重，如此一来，自然不易遭受他人的轻视与侮辱。这种恭敬的外在表现，本质上就是仁的一种呈现。

其次，"宽则得众"。所谓宽厚、宽容，有时也可一言以蔽之为孔子所倡导的"恕"。为人处世时宽宏大量，不拘泥于小节，不斤斤计较，能让他人在相处过程中感到舒适、自在。拥有这样的品质，就容易赢得他人的支持与拥护。

再者，"信则人任焉"。无论做任何事都坚守信用，如此一来，当他人有事务需要托付时，便会优先考虑你。设想一下，当我们有事情需要朋友帮忙办理时，必定会选择那些诚实守信的朋友。所以，守信无疑是仁的具体表现之一。

然后，"敏则有功"。做事情讲求效率，便是"敏"。无论是执行领导安排的工作任务，还是承担自身应尽的责任，都能够以最节省时间、最合理的方式妥善处理，这便是"敏"，同样也是仁的一种外在表现。

最后，"惠则足以使人"。"惠"本身就是仁的一种最直观、最直接的体现。"惠"意味着施惠于人，将好事分享给他人。在现实生活里，以领导与团队的关系为例，领导不仅要具备高效推动团队业务持续发展的能力，这体现了"敏则有功"；同时，在分配薪酬时能够做到公平、丰厚，这便是"惠"的体现。如此一来，团队成员便会因为感受到领导的"惠"而积极努力工作，这恰恰是"惠则足以使人"的生动写照。

三、里仁为美

在《论语·里仁》中，孔子提出："里仁为美。择不处仁，焉得知？"此句揭示了一个重要的生活哲理：我们在挑选居住之地时，务必要选择那些民风质朴淳厚，街坊邻里皆具道德修养的地方。这便是以仁为邻，正如古人云："有良邻，则日见君子。"置身于这样的居住环境中，周围的风气习染能够潜移默化地影响并塑造个人的德行。"孟母三迁"的故事便是这一理念的生动例证。孟母为了孟子能在良好的环境中成长，三次迁居，最终择邻而居在学堂附近，让孟子受到良好学风的熏陶，为其日后的发展奠定了坚实基础。由此可见，能够在培养仁德方面做出恰当选择，实则是一种智慧的体现。主动选择或者精心营造具备优秀品质的人文环境，这便是"里仁为美"的真谛所在。

《诗经·邶风·旄丘》中写道："何其处也？必有与也。何其久也？必有以也。"在笔者看来，这两句诗堪称《诗经》三百篇里最为深刻且富有哲理的语句。它们深刻地揭示了人生的奥秘：一个人的人生境界高低，取决于其日常所交往的人和所接触的事。正所谓"近朱者赤，近墨者黑"，长期与品德高尚、积极向上的人相处，自身也会受到正向的影响，从而提升人生境界；反之，若与不良之人或事为伴，人生轨迹可能就会偏离正轨。同时，一个人的事业能够拓展到何种程度，关键在于其发心，即最初的动机和愿景。若怀揣着崇高且坚定的初心，在面对困难与挑战时，便更有动力和毅力去坚持，事业也就更有可能取得辉煌成就。

四、刚毅木讷

在《论语·子路》中，孔子曾言："刚、毅、木、讷，近仁。"

所谓刚毅，即具备刚强坚毅的特质，面对困境不屈不挠。当一个人拥有这样的品质时，便为践行仁德奠定了根基。拥有刚毅品质的人，在追求仁德的道路上，能够无惧艰难险阻，始终坚守道德准则，不为外界的诱惑或压力所动摇。

而木讷，指的是为人朴实无华，言辞谨慎。这类人质朴纯粹，虽不擅长高谈阔论，但每一句话都能切中要害。他们的这种特质，往往与仁的品德十分贴近。因为其内心真诚，行事稳重，不会用浮夸的言语来粉饰自己，而是以实际行动诠释着对他人的关怀与尊重，这正是仁的一种外在体现。

孔子的这一论断，并非基于某种极为明晰的理论体系，而是源于他对人性格的深刻剖析，进而得出对道德品质的评价。当然，这种评价具有概括性，且富有包容度。在《论语·颜渊》中，孔子说："仁者其言也切。"意即真正有仁德的人，说话往往较为谨慎，不会轻易发表言论。在复杂的社会生活中，诸多事情并非凭借一句轻易许下的诺言就能得以实现，随意承诺却无法兑现，实则是一种不负责任的行为。而有责任感的人，在做事情之前，会充分考量问题的难度、执行的程序，以及所涉及的方方面面的条件与因素。这种审慎与负责的态度，恰恰就是仁的表现，故而孔子才有"刚、毅、木、讷，近仁"的说法。孔子不仅是一位本色教师，更难能可贵的是，他还具备社会学家般敏锐的洞察力，对人情世故有着极为深切的体悟。

与木讷相对照，在《论语·述而》中，孔子还提出"巧言令色，鲜矣仁"的观点。这是从反面的角度，对说话与仁的关系进行分析。那些善于言辞，把话说得天花乱坠的人，通常缺乏仁爱之心。这是孔子基于对社会现实的长期观察与经验总结所给出的结论，虽然不能绝对地认为所有巧言令色之人都不仁，但它确实为我们在社会生活中敲响了警钟，起到了提醒与警示的作用。当我们遇到那些能说会道、花言巧语、表现得眉飞色舞的人时，便应当以这一标准进行思考：这个人是否为人厚道？是否怀有仁爱之心？当然，我们也需明白，具体情况需具体分析，切不可仅凭言语便以偏概全地对他人进行评判。

此外，从《论语·乡党》的记载中可以看到，孔子在不同场合的言语表现截然不同。有时他言语迟钝，仿若"似不能言"；而有时却又能"侃侃而谈"。在《论语·述而》中孔子曾自我剖析道："若圣与仁，则吾岂敢？抑为之不厌，诲人不倦。"从教师的角度而言，若能做到诲人不倦，便是践行了仁的理念。真正在课堂上，将自身的知识与心得毫无保留、发自内心地传授给学生，并始终如一地尽到教师应尽的责任，这无疑就是仁在教育领域的生动体现。

五、仁能好恶

《论语·里仁》中提到："唯仁者能好人，能恶人。"《大学》亦有云："唯仁人为能爱人，能恶人。"这一观点意义深刻，值得深入探究。那么，这句话究竟蕴含着怎样的深意呢？通常我们讲仁者爱人，可这是否意味着对所有人都不加区分地给予喜爱，对谁都一味地示好，才算是仁呢？实则不然。孔子曾与子路探讨"六言六弊"，其中第一条便指出"好仁不好学，其弊也愚"。这表明，倘若一个人仅仅怀有仁爱之心，却不通过学习去明辨社会万象，分不清哪些行为值得支持、哪些现象应该抵制，无法判断哪些人值得敬重、哪些不良品行需要借助文化的力量去逐步纠正，那么其对仁的认知必然是模糊的。真正的仁人，应当既能爱人，亦能恶人，做到爱憎分明。对于美好的、符合道德规范的人与事，予以坚定支持；而对于丑恶的、违背公序良俗的行为，坚决予以打击。这种爱憎分明的态度，本身就是仁的一种重要体现。毕竟，惩治邪恶本质上就是在弘扬善良。所以，仁人既要拥有爱人的胸怀，也要具备恶人的勇气，敢于鲜明地表达自己的爱与恨，立场坚定。在此，我们既阐述了仁者能够爱人、赞赏人的一面，又明确区分出仁者也能够厌恶不良现象、憎恶不善之人，如此这般，才算是对仁有了一个全面、准确且恰当的理解。

六、先难后获

在《论语·雍也》中，孔子讲道："仁者先难而后获，可谓仁矣。"这一观点阐明了获取成果与践行仁德之间的关联。例如，当我们期望获得社会财富或者赢得社会认可时，依靠什么呢？应当凭借不懈努力、切实行动以及埋头苦干的精神，而非靠哗众取宠之法，如此才符合仁的标准。因为只有付出辛勤劳动，之后所取得的收获才会让人感到心安理得。这种先付出艰辛努力而后有所得的过程，正是仁者行事的体现。

同样在《论语·雍也》里，子贡曾向孔子请教："如有博施于民而能济众，何如？可谓仁乎？"子贡此问颇为高明。通常而言，仁者爱人，旨在让世间充满爱，广泛地施惠于民众，使天下百姓皆能受益。当某个地方遭遇灾害时，能够及时得到救济，从而让人们过上和谐、安定且幸福的生活。子贡疑惑，做到这般程度的人，可否称之为仁者？孔子听闻后回应道：这岂止是仁者之举？这已然达到圣人的境界了！人们常尊称孔子为圣人，然而孔子却谦逊地表示自己不敢以圣人自居。在他看来，若能真正做到"博施于民而能济众"，那才堪称圣人，这已然超越了仁的标准。要达成此等境界，即便是古代备受尊崇的帝王，诸如传说中近乎完美的尧、舜，也会为之苦恼，自觉难以企及。随着时代的发展、社会的进步，我们的生活日益美好，中华民族正迈向强盛。在当代，农民终于无须缴纳农业税，若真能让农民从繁重艰苦的劳作中解脱出来，让社会全体民众都过上幸福富足的生活，在扶贫的道路上确保一个人都不落下，那便解决了像尧、舜等古代圣王的心头之忧。

在《论语·卫灵公》中还提到："民之于仁也，甚于水火。水火，吾见蹈而死者矣，未见蹈仁而死者也。"此处，孔子对仁展开了更为深入的探讨，论述了人们对待仁的态度，以及仁与日常生活的密切联系。人性本善，善与爱本就是人的内在需求。人对于仁的需求，如同在物质生活中对水和火的需求那般不可或缺。我们对物质有着基础需求，不仅要吃得饱、吃得好，更要吃出健康；穿着方面，不仅要冬暖夏凉，还要穿出品位；居住上，有房屋用以遮蔽风雨远远不够，还需装修布置，追求舒适。以上这些皆为物质层面的需求。然而，在物质需求之上，人还有精神需求及自我价值实现的需求，而仁正是文化需求与精神需求的体现，其重要性高于对水火的需求。物质需求属于基本需求，在发展到一定阶段后，能够得到基本满足；但精神需求却是无止境的。"水火，吾见蹈而死者矣，未见蹈仁而死者也。"物质需求如同水火，具有两面性，既有对人有利的一面，也存在有害的一面。水火是日常生活中不可或缺的，但我们生活里最大的自然灾害之一便是水灾，洪水肆虐时，受灾区域广泛。火同样是日常所需，可一旦发生火灾，便可能危及生命。所以孔子说他见过因遭遇水火之灾而丧生的人，却从未见过因践行仁道、热爱仁而死亡的人。即便如此，人们依旧未能将仁这一优秀品质当作生活的"必需品"。

然而，儒家从众多理念中遴选出"仁"这一概念，并不断推崇弘扬，使其不仅成为修养身心的必备要素，更成为一种高于生命的至善品德。在《论语·卫灵公》中有"志士仁人，无求生以害仁，有杀身以成仁"。真正的志士仁人，绝不会为了保全生命而违背仁、损害仁。当仁与生命发生冲突时，他们宁可牺牲生命，也要坚持仁道。这实际上是将仁的道德观念，从身边的点滴小事起始，逐步升华到与生命等同的高度，最终高扬至超越生命的境界。

七、义者宜也

孔子着重强调"仁"，孟子则顺势提出"义"。自此，在中华文化的长河中，仁和义常常并驾齐驱，素有"孔曰成仁，孟曰取义"的说法。仁义之道也成为孔孟之道的典型代表，孟子对于义的诸多论述，在我们民族文化中产生了深远的影响。

那么，究竟该如何理解"义"呢？所谓"义者，宜也"。"义"主要强调在与人相处时，能够营造出让他人感到舒适自在的氛围。从自身角度出发，行事应当具备一定的利他性。比如，当他人遇到困难，你主动伸出援手，这便是义的体现；面对棘手之事，你挺身而出，勇挑重担，这同样是义；在合作经营、分配利益时，你选择多分一些给对方，这也不失为义。义的繁体字写作"義"，上部为"羊"，下部是"手"执"戈"。这可以理解为，在面临物质财富分配时，要力求公平合理，绝不能让他人吃亏，甚至可以主动让利；而在需要付出牺牲的时刻，要敢于争先，决不退缩，展现出担当精神，这就是义的真谛。孔子虽然对仁的论述较为丰富，但也不乏对义的阐述。如他曾说"见义不为，无勇也"，意思是见到应当去做的事情却不去做，这便是怯懦、畏缩，是缺乏勇气的表现。内心胆怯之人，往往不敢践行义举。所以，当机立断，去做该做的事，这就是"义"。此外，孔子还讲过"不义而富且贵，于我如浮云"，即通过不正当手段获取的财富与地位，在他眼中，就如同天边的浮云，虚幻缥缈，既无法真正拥有，也毫无价值。

八、舍生取义

孟子对"义"的强调，究竟达到了怎样的程度呢？在《孟子·告子上》中，孟子留下了这样一段经典论述："鱼，我所欲也；熊掌，亦我所欲也。二者不可得兼，舍鱼而取熊掌者也。生，亦我所欲也；义，亦我所欲也，二者不可得兼，舍生而取义者也。"我们不妨先看这一形象的比喻：红烧鱼滋味鲜美，令人垂涎，谁不想大快朵颐；扒熊掌更是珍馐美馔，同样让人向往。然而，当红烧鱼与扒熊掌无法同时获取时，该如何抉择？自然是舍弃红烧鱼，选择更为珍贵的扒熊掌。在这里，鱼与熊掌仅仅是一种比喻，紧接着孟子话锋一转，深入人生的重大命题：生命，是每个人都珍视的，谁不渴望好好活着，享受生活的美好；而义，同样是人们所追求的，它代表着高尚的人生境界与道德准则。倘若两者能够兼得，那无疑是最理想的状态。但现实往往充满无奈，当生命与义发生冲突，无法同时保全时，便到了必须做出艰难抉择的时刻。孟子在此斩钉截铁地强调：宁可舍弃生命，也要坚守义的原则。这一观点与孔子所倡导的"杀身成仁"，在精神层面达到了高度一致。正因如此，我们常常听闻"孔曰'杀身成仁'，孟曰'舍生取义'"的说法，仁义之道也由此成为孔孟之道最为显著的标志，深深烙印在中华民族的文化基因之中，历经岁月洗礼，始终熠熠生辉，激励着无数仁人志士在面对生死抉择时，坚守正义，舍生取义，谱写了一曲曲可歌可泣的壮丽篇章。

九、仁义之实

从概念层面梳理对"义"的理解，并非易事，然而在实际生活中，"义"的体现却清晰明了。中国文化对"义"有着极为经典的阐释，这还关联到中国文化中的另一组重要概念——"孝悌"。在《孟子·离娄上》中，孟子指出："仁之实，事亲是也；义之实，从兄是也。"孟子认为，仁的实质体现在侍奉双亲上，即在家庭中对长辈尽孝；而义的实质则源于顺从兄长，也就是听从兄长的教导。侍奉双亲，对父母关怀备至，这便是"孝"；顺从兄长，听从兄长的话，此为"悌"。由此可见，孝悌与仁义在本质上具有相通之处，孝悌实则是仁义的实质、根本以及来源。那么，为何会有"孝悌"与"仁义"这两个不同的称呼和概念呢？这是因为它们的应用范围存在差异。在家庭内部，我们称其为"孝悌"；而当走出家门，置身于更广阔的社会环境时，便以"仁义"来表达。一个人在家庭中是践行"孝悌"的典范，那么在社会上往往也会成为秉持"仁义"的君子。明白了这一点，才能深刻领会《论语·学而》中所讲的："其为人也孝弟，而好犯上者，鲜矣；不好犯上，而好作乱者，未之有也。君子务本，本立而道生。孝弟也者，其为仁之本与。"真正具备孝悌品德的人，不会轻易犯上作乱，他们遵循父兄教导，注重上下之间的伦理秩序。经过这样的转换，我们会发现儒家的这些思想并非高深莫测、脱离实际，而是紧密围绕着日常生活展开，只不过因应用范围的大小以及所处环境的不同，才有了不同的表述。在家庭中对父母尽孝、对兄长恭敬，称之为孝悌；将这种品德推广到社会层面，便升华为仁义。

孝悌

　　仁义之内是孝悌，《孟子·离娄上》说：
"仁之实，事亲是也；义之实，从兄是也。"事
亲就是孝，从兄就是悌，其实仁义与孝悌是一回
事，在家叫孝悌，在外叫仁义。概念虽不同，其
实都一样。

　　在中国文化中，儒、道、释三家并行，儒
家关注现实生活，道家渴望回归自然，佛教思考
人生彼岸，三家各有侧重。儒家特别关注现实人
生。现实生活中，家是我们最基本的生活环境。
在家里，父慈子孝，兄友弟恭，夫妻和睦，这就
是天伦之乐。在儒家的伦理体系中，"孝"被认
为是众多伦理关系中最重要的。养儿防老，父母
唯其疾之忧人。生老病死，代代传承就是民族得
以维系的根基。

　　《孝经》说："孝者，德之本也，教之所
由生也。"孝是众德之根本，是教化的源头。儒
家文化系列经典"十三经"中，唯一以"经"称

谓的就是《孝经》，孔子曰："志在《春秋》，行在《孝经》。"《孝经》说："夫孝，天之经也，地之义也，民之行也"，意思是孝虽不是天地自然的属性，但就像天地自然一样，它是人的文化特性。人与其他动物之所以不同，是因为人有文化。在中华传统文化中，孝文化是极为重要的组成部分，它是人伦关系的起点，是人人都不可忽视、必须学习的文化内核。

值得注意的是，对幼子的爱护是高等动物的共同特征，而对长者的赡养与亲爱则是人类文化的特有现象。因此，重视孝道意味着重视人类文明的特征。

孝悌是中国人传统伦理的核心内容，孝和悌是相生相伴的伦理观念。一个人拥有孝和悌的品质，被视为为人处世的道德标准。有仁有义，这正是对一个人的最高评价。有一片赤诚的孝敬之心，即仁者；存有一份热忱的手足之情，即义士。如果说"孝"是两辈人之间理想的相处模式，那么"悌"就是同辈人之间理想的相处模式。孝和悌共同构成了家族之内的和谐。孔子以孝心构筑了仁德，孟子以悌道弘扬了义气，孝悌之道奠定了齐家治国的基本原则。

一、孝字演变

《说文解字》中对"孝"的解释为："孝,善事父母者。从老省,从子。子承老也。"要深入理解"孝"字,不妨先从对"老"字的分析入手。

在《说文解字》里,"老"的解释是："老,考也。七十曰老。从人、毛、匕。言须发变白也。凡老之属皆从老。""老"字的原型,描绘的是一个头发长长的,腰已弯曲,且手持拐杖的人。到了汉代,文字经过演变转换,成了如今我们熟悉的"老"字形态。此时作为符号意义的"老"字,已不再具有人年老时的象形状态。不过,从农耕文化的土葬特性角度解读"老"字,会发现其重要部件是"耂"。有一种较为诙谐的解释:人生恰似一个不断向土里扎根的过程,虽从文字源流来看,这种说法缺乏依据,属于望文生义,但从文化学视角而言,却具有一定意义。在中国文化经典《礼记》中,有多处相关论述。《檀弓》提到"骨肉归复于土,命也";《祭义》称"众生必死,死必归土";《郊特牲》说"魂气归于天,形魄归于地"。所以,从文化层面来讲,这些论述所体现的对生命的理解,与对"老"字的解读在某种程度上颇为相似,均可用来辅助说明"老"字的含义。在汉字中,凡是与"土"字加一撇组成的"耂"字相关的字,大多和"老"有关。尽管目前尚未找到确凿证据,但这并不意味着这种解读荒谬,它或许正是文字的造字根源之一。如今我们看"老"字,其下部为匕首的"匕",西方人常将时光比喻为悬在头上的利剑,而东方人则说时光像顶在我们腰上的一把"匕首"(当然,"老"字下面的"匕"并非真正的匕首,而是代表胡须),时光不可逆行,令人心生恐惧。那么,如何消除这种恐惧呢?最佳方式便是忘却时光,享受儿孙绕膝的天伦之乐,将"老"字下面的"匕"换成"子"，让孩子背着老人前行，这便是"孝"字从"老"字演变而来的过程，即所谓"从老省，从子。子承老也"。从文字梳理情况来看，依据"老"和"孝"的字形，孝道实际上就是儿女对父母的反哺与感恩。

"教"字的演变同样蕴含深意。《孝经》有言："夫孝，德之本也，教之所由生也。""教"原来的字形𢼽，左上角是一个"爻"，《周易》中的六爻便是这个字。《周易》通过数来成象，由六七八九形成阴阳爻，用大衍筮法组合成爻的图形，最初就是通过摆木棍呈现，属于象形图。字形下部是个孩子，仿佛在做计算题，右边是一只手，拿着一个粗糙甚至带权的棍子，这意味着古代父母会手持棍子，监督孩子写作业，这便是中国古代"教"字所描绘的场景。同样在汉代，经过文明的进化、对文化的整理以及对前代知识遗产的反思，教育逐渐演变为用文明的手段让下一代懂得孝顺的道理。这便是文字的流变过程。

二、人兽之别

人类文明进化之所以比其他动物迅速，首要原因在于人类学会了用火。2008年，北京奥运会举办时，众人对圣火的祭奠，其意义不仅仅是实现人们百年奥运梦想那么简单。从中国文化的视角来看，它承载着中华民族千百年来"夸父逐日"的不懈追求，更是整个人类从蒙昧迈向文明的关键标志。

在史前时代，山火一旦燃起，所有动物都会拼命向山外逃窜，而人类的可贵之处便凸显出来：人在脱离火海后，不再盲目奔逃，而是驻足回望，甚至伸手尝试抓取。虽有时抓到着火处会燎掉手上毛发，但也有可能抓到未燃之处或正在燃烧的树枝，将其高高举起，这便成了最初的火炬。自那时起，黑暗中有了光明，寒冬里有了温暖，人类也从此告别了茹毛饮血的蛮荒时代，饮食从生食转变为熟食。这一转变意义深远，人类的寿命得以延长，瘟疫得到有效控制，同时部分器官功能开始退化。例如，原本作为獠牙的两颗小虎牙逐渐退化；曾经用于配合獠牙撕咬小动物的"爪子"，也演变成了如今的纤纤玉指。而在牙齿和指甲退化的同时，人类的大脑却愈发发达，头部也随之变大。"子"字的原字形为 ♀，之所以呈现大脑袋的形态，其中蕴含着诸多文化含义。正是因为脑袋变大，人类母亲在分娩时承受着巨大疼痛。在所有高等级哺乳动物中，人类母亲分娩的艰难程度堪称之最，每一次分娩都如同经历一场生死考验。由此，儿女们开始反思如何回报父母的生育之恩，"孝"的思想也逐渐萌芽。在高等生物群体里，对后代关爱有加是所有高等级生命的共同本能。然而，反过来对老人、长辈心怀敬重与关爱，则是人类文明独有的特质，而这恰恰就是"孝"的体现。就如同人类对火的使用，是人类区别于其他动物的独特文化。用火推动了人类整体物质文明的进化，而重视"孝"则是中华文明，尤其是儒家文化的显著特色。可以说，孝文化是人类与其他动物的根本区别之一。

从本质上讲，人与其他动物的区别在于人类拥有文化，而"孝"便是众多文化因素中的重要一项，是人类特有的属性，其他动物至今尚未具备。严格来说，"孝"也是人类进化程度高于其他动物的重要表现之一。人们常说"乌鸦反哺"，但又有谁真正见过呢？至于"羔羊跪乳"，实际上是因为羔羊跪着吸吮母羊乳头时，高度恰好合适。人类看到这一场景，触景生情，借物喻人，以此来教育孩子要懂得孝顺父母。所以，我们提及"羔羊有跪乳之恩，乌鸦有反哺之义"，不过是人类为了教育下一代而进行的拟人化比喻，意在告诫他们不能像禽兽那般不知感恩。仔细思考便会发现，对孩子好是所有高等级动物共有的本能，猫、狗等动物皆能做到；但对老人好，则是人类文明的彰显，更是中华优秀传统文化的独特之处，是儒家文化家庭伦理中极为重视的美好德行。再深入思考，若仅仅懂得对孩子好，那么人老之后又该怎么办呢？有了"孝"的观念，老人关爱孩子是出于本能，孩子孝敬老人则是文化的传承，如此父慈子孝，人生的链条便能生生不息地延续下去。

从社会学角度来看，家庭是社会最基本的细胞。青年男女结为夫妻，组建家庭，意味着从原有的生活体系中分裂出来，形成新的社会细胞、新的生活环境以及新的社会组织。《周易·序卦》中对此有所阐述："有天地，然后有万物；有万物，然后有男女；有男女，然后有夫妇；有夫妇，然后有父子；有父子，然后有君臣；有君臣，然后有上下；有上下，然后礼义有所错。"在家庭结构中，存在着一系列思想和行为准则，它们让家庭生活充满亲情、和谐融洽。而在维系亲人之间情感纽带的众多因素中，"孝"无疑是最关键的因素之一。

三、天经地义

《孝经》作为儒家系列经典"十三经"之一，地位颇为特殊。历代对"十三经"的注释解读，多由专家学者承担，然而对《孝经》的注释，却是由唐玄宗李隆基这位帝王亲自完成的。

为何一位帝王会对《孝经》如此重视？这不仅因为《孝经》是孔子向其学生曾参讲述"孝"之道理的著作，纪晓岚在《四库全书总目》中亦认为该书乃孔子"七十子之徒之遗言"，更为关键的是，在中国众多道德品质中，"孝"被视为最基本的美德。"孝"犹如天之经，恰似四季更迭、春秋变换般自然且永恒；"孝"又似地之义，如同大地承载万物、孕育山河般不可或缺。

可以说，"孝"是人类最为优秀的品德，其最直接的体现便是对自己父母的孝顺和关爱。在汉魏时期，选拔官员采用举孝廉的方式，秉持"求忠臣必于孝子之门"的理念。古人认为，一个对自己父母都不好的人，若声称对主君忠诚，实在难以令人信服，更不敢加以任用。由此可见，孝是个人安身立命的根本。

孝文化在社会生活中的影响力极为深远，其内涵又绝非仅仅局限于对自己父母好这一层面。它倡导人们做到"老吾老以及人之老"，即能够推己及人。当领导者重视这一点时，员工的忠诚度往往会得到提升，正所谓"孝慈则忠"；同事之间的关系也会更加融洽，甚至有助于业绩的增长，正如"敬其父则子悦，敬其兄则弟悦，敬其君则臣悦"所阐述的那样。无论是以孝治家、以孝治企，还是以孝治国，都能取得良好的成效。

不过，不可否认的是，孝文化中也存在大量糟粕。例如，传统的《二十四孝》中便有诸多违背人性的荒诞之事。当年鲁迅先生批判封建旧传统时，就曾以旧《二十四孝》中的"郭巨埋儿"为例。为了做到古为今用、推陈出新，2012年，全国妇联老龄工作协调办、全国老龄办、全国心系系列活动组委会共同颁布了新"二十四孝"。其中，"教父母学会上网""赞成单亲再婚好"等内容，充满时代气息，是与时俱进的良好范例，为孝文化注入了新的活力，使其在当代社会中能够更好地传承与发展。

四、《论语》言孝

《论语》中蕴含着一系列关于孝的阐述，涵盖了孝敬、孝顺、孝心、色难、子承父业等多个方面。

《论语》里有一句话，言辞质朴却意味深长，且与日常生活紧密相连："子曰：父母之年，不可不知也。一则以喜，一则以惧。"随着时光的缓缓流逝，我们一方面为父母的健康长寿感到欣喜，然而与此同时，也深知岁月无情，人生终有尽头。在这份喜悦之中，难免夹杂着一份对父母日渐衰老的担忧与惧怕，可谓是一则以喜，一则以忧。

《孔子家语·致思》中记载："树欲静而风不止，子欲养而亲不待。"子路往昔曾历经一段极为贫穷艰苦的岁月。那时，他不惜跋涉百里，背米以孝敬父母。后来，他步入仕途，生活变得富足，可父母却已离世。他不禁感慨，即便如今仍想如往昔那般百里负米以尽孝，却已再无可能，只因父母已逝。儒家文化强调，人所具备的各种美好品质与道德，皆源于自身身边之事，其中最为贴近生活的便是孝与悌。而践行孝的关键，就在于将父母的年龄铭记于心。

那么，究竟该如何对父母尽孝呢？在《论语》中，孔子讲道："事父母，几谏，见志不从，又敬不违，劳而不怨。"这一要求相对而言颇具难度。侍奉父母之际，倘若发现父母在言行举止或处事方式上存在一些细微的瑕疵，应当好言相劝，所谓"几谏"，即进行委婉的劝导。切不可因父母犯错，便义正词严地斥责，或者激烈地批评，如此绝非孝子所为。即便父母不听从劝谏，做子女的仍要保持敬重，不可违背父母意愿，且要任劳任怨，绝不能在脸上流露出不满情绪，更不可怀有怨言。

"事父母，几谏"，从自然发展规律来看，人生恰似长江后浪推前浪，一代更比一代强。倘若子女的生活状况不及父母，家族岂不是每况愈下？当我们成长起来，会发现父母在处理某些事情时，或许并不恰当、不够公允。面对这种情况该怎么办呢？童年时期，我们往往对父亲满怀崇拜，视其为世界上最伟大的英雄。但随着年龄增长，自身逐渐强大，再回首时，却发现父亲不过是个平凡之人，且存在诸多不足。此时，切不可因自己有了底气，就对父亲的不当之处随意批评指责。若父母在处理生活问题时有所不妥，我们应和颜悦色、委婉耐心地提出意见，给予提醒，以供他们参考。

众多学生曾向孔子请教怎样才算对父母尽孝，孔子针对不同学生的提问，从不同角度做出了回答。《论语》中所涉及的这些内容，为我们在现实生活中如何尽孝提供了宝贵的参考。倘若我们能从理性层面接纳这些思想，那么在社会生活中遇到相关问题时，便能心平气和地妥善应对。

孟懿子问孝。子曰："无违。"樊迟御，子告之曰："孟孙问孝于我，我对曰，'无违'。"樊迟曰："何谓也？"子曰："生，事之以礼；死，葬之以礼，祭之以礼。"

孟懿子是当时执掌鲁国国政的三家权臣之一孟孙氏的后人，作为贵族向孔子请教如何尽孝，孔子仅用"无违"二字作答，背后深意无穷。孔子的弟子樊迟驾车时，孔子主动与他交流，再次提及此事，称"孟孙问孝于我，我对曰：'无违'"，其实也是在启发樊迟。对于孟懿子这样的贵族而言，"无违"意味着"生，事之以礼；死，葬之以礼，祭之以礼"，即要始终遵循礼仪，尽到子女对父母的孝道。这体现了对贵族阶层强调生死礼仪的一贯性，类似于"慎终追远，民德归厚"的理念。而对于普通人家，儿孙绕膝、关系亲密，若在尽孝时过度强调礼仪，反而会让人不知所措。真正的尽孝，应体现在父母生前的真心关爱，而非在父母去世后大办葬礼。那种葬礼办得轰轰烈烈，却在父母生前未尽孝心的行为，实则本末倒置。并且，孟懿子执掌鲁国国政，他的这种"孝"还体现在社会和政治生活中，即是否能遵循父辈志愿，不过分僭越，在处理事务时既不懈怠，也不超越礼制，若能做到这些，同样是对父母的孝。

孟武伯问孝，孔子则说："父母唯其疾之忧。"孟武伯是孟氏家族的另一代人，孔子的回答相较于之前简洁许多。这句话有三种解读：其一，对父母尽孝，要时刻关注他们的身体状况，对父母的健康予以高度重视，一旦生病，要记挂在心，及时带他们就医治疗。其二，除了父母生病之外，在其他方面不要过多干涉父母的生活，只需在健康问题上多加留意。其三，自己要保持身体健康，不让父母为自己的身体担忧。将关注父母健康与自身健康这两方面都考虑周全，便是对父母最好的孝心体现。

　　子游问孝时，孔子指出："今之孝者，是谓能养。至于犬马，皆能有养，不敬，何以别乎？"子游询问什么是孝，孔子表示，如今所谓的孝，往往只是能赡养父母而已。然而，我们对犬马等动物也能做到饲养，如果对父母没有敬重之心，那与饲养宠物又有何区别呢？养猪养鸡，通常只是单纯的饲养，谈不上喜爱。但饲养宠物，人们会因其乖巧可爱而心生喜爱，不过即便喜爱宠物，也不会对其行礼致敬，这便是爱而不敬。而对父母则不同，不仅要赡养，更要心怀敬重。当然，在实际生活中，把握好尽孝的分寸也很重要，亲情之间不必过于客气。孔子在此强调了孝不仅是满足父母的物质需求，更要倾注真心与敬意。在这方面，古人给我们树立了很好的榜样。

　　在《孟子·离娄上》中有一段关于养老的记载："曾子养曾晳，必有酒肉。将彻，必请所与。问有余，必曰'有'。曾晳死，曾元养曾子，必有酒肉。将彻，不请所与。问有余，曰：'亡矣'。将以复进也。此所谓养口体者也。若曾子，则可谓养志也。事亲若曾子者，可也。"这里明确指出了"养口体"与"养志"这两种尽孝方式的显著区别。曾子在孔门弟子中以孝闻名，他侍奉父亲曾晳时，每餐必定准备酒肉，且每餐酒肉都要有剩余，宁可剩下，也不能短缺。撤席之时，曾子每次都会询问：这些食物是否要送给他人一些呢？曾晳若指定送给某人，曾子便会照办。曾晳若问还有没有剩余食物，曾子必定回答有。曾晳去世后，曾子的儿子曾元赡养曾子，同样模仿曾子孝顺曾晳的形式，每餐也必有酒肉。然而，父亲用餐完毕后，曾元不再询问是否要送人，当父亲问是否还有剩余食物时，曾元回答没有了。实际上并非没有，他是想留着给父亲下一顿吃。那么，这两代人相比，谁更孝顺呢？从历史的评判来看，曾子更胜一筹。因为曾子的孝，不仅让父母在物质上得到了充分满足，更在心理上给予了极大的慰藉。父亲询问是否有剩余食物，得到肯定回答，会觉得家庭生活富足，内心宽慰；将剩余食物分给亲戚朋友，做父亲的会感到欣慰与自豪。设想一下，若你今日包饺子，给大伯送一盘；明日做红烧肉，给二姑端一碗，你的父亲定会满心欢喜。一方面，这些人是他的兄弟姐妹，亲如手足；另一方面，父亲会因你的孝顺而在同辈中倍感骄傲，心中暗自比较，觉得自己的儿子既孝顺自己，又关爱他人，反观别家子女，冷漠无情。而曾元赡养曾子，曾子询问是否还有剩余食物时，曾元回答没有，他虽有留着给父亲下顿吃的心意，但这仅仅是对父亲物质上的赡养，却未能真正理解老人的心理需求。因此，孟子评价曾子"可谓养志""事亲若曾子者，可也"，这便是孝心的体现。

子夏问孝时，孔子说："色难。有事，弟子服其劳，有酒食，先生馔，曾是以为孝乎？"这里强调了孝顺的另一个重要表现——"色难"。这要求子女务必注意在父母面前的面部表情。无论在生活中遭遇何种状况，工作上承受多大压力，哪怕表情已变得僵硬，在回家看望父母进门前，都要用手将脸上的肌肉向上推一推，让僵硬的表情变得灵动起来。孔子所言的"色难"，着重突出了面对父母时表情的重要性。正如《礼记·祭义》有"孝子之有深爱者，必有愉色"的记载，所谓愉色，即愉快的神色。回到家中，若你脸色良好，展现出轻松、快乐、事业有成、工作进步的状态，家人会感觉愉悦，父母看着也会开心。同时，还要"必有和气"，与父母交谈时，语气要温和，不可急躁。有时老人做事可能显得怪异，但切不可因觉得可笑，就大声斥责"这不对，那不行"，而应心平气和地沟通。"必有柔声"，说话声音要轻柔和缓。"必有婉容"，脸上要洋溢着微笑，透露出幸福感、获得感，展现出对生活的满足感。过去有女性取名为婉容，正是取其对父母和颜悦色之意。人的脸色无须照镜子特意查看，心情一旦变化，脸色便会如阴晴表般自然显现。

在《论语·学而》中，子曰："父在，观其志；父没，观其行，三年无改于父之道，可谓孝矣。"父亲在世时，观察儿女的志向；父亲去世后，考察孩子的行为，若能在三年之内不改变父亲所遵循的道路，不违背父亲的处世原则，这样的行为便可称为"孝"。这里所强调的孝，并非仅仅局限于生前对父母的赡养，还包括在父辈逝世后，对其理想志向的传承。如大禹治水，他的父亲鲧同样致力于治水，然而采用"堵"的方法未能治理好水患，最终被舜帝治罪而杀身。大禹继承了父亲的遗志，改用"疏通"之法，"随山刊木""随山浚川"，成功治理水患，完成了父亲未竟的事业。再如司马迁，他的父亲司马谈担任太史令一职，作为史官，司马谈一生遗憾未能编纂一部史书。汉武帝封禅泰山时，身为太史令的司马谈竟不在随行名单之中，羞愧难当，含恨而终。司马迁继承父亲的志向，发愤忘食，即便遭受腐刑，仍矢志不渝，最终著成五十二万字的史学巨著《史记》，实现了"究天人之际，通古今之变，成一家之言"的宏愿。

由此可见，在我们的生活中，"孝"绝非仅仅是常回家看看，给老人提供丰足的饮食，还包含更为具体的"色难"要求，以及更为深刻的"子承父志"内涵。在家庭伦理中，"父慈子孝"相互对应，"兄友弟恭"向外扩散，进而延伸至社会层面的"仁""义"等观念，以"孝"为核心，构建了中华文化独特的家庭伦理系统。

五、悌道从兄

"悌"字，左边为竖心旁，右边是"弟"字，其核心要义在于强调做弟弟的对兄长应怀有尊敬与顺从之心。在社会生活的语境中，我们倡导"兄友弟恭"，即做哥哥的对弟弟要友爱关怀，而做弟弟的对兄长则要恭敬顺从。

《说文解字》中对"悌"的解释为："悌，善兄弟也。"贾谊在《道术》中也提到："弟爱兄谓之悌。"由此可见，悌的本意便是敬重兄长。将其含义进一步推演开来，"悌"所体现的是兄弟姐妹之间和睦相处的状态。

那么，"悌"究竟是什么呢？从本质上讲，悌就是义。我们知道，儒家文化中，仁义是极具特色且极为重要的道德标准。然而，仁和义究竟源自何处？又该如何践行仁和义呢？实际上，它们皆源于孝悌。正如《孟子·离娄上》所言："仁之实，事亲是也；义之实，从兄是也。"侍奉双亲体现的是孝，顺从兄长则体现的是悌。为何关羽、武松会被人们视为义的典型代表呢？原因就在于他们二人在"从兄"这一方面，也就是在践行"悌"道上表现突出。如果说孝道主要处理的是上下辈分之间的关系，那么悌道所解决的则是平辈之间的关系问题。

在《三国演义》中，武圣关羽的义气之名甚至盖过了他的军事才能；《水浒传》中的聚义厅、忠义堂，以及现代的武打小说、侠客电影等，尽管表现形式与道具各不相同，但都围绕着同一个主题展开，那便是舍生取义。文学作品所宣扬的义，往往表现为听从大哥的命令。将"听大哥的"这一行为放置于家庭范畴内，不正是悌的体现吗？悌，就是用心做好弟弟的角色。正是因为在家庭中弟弟对兄长怀有恭敬之心，才衍生出在社会中做小弟的听从大哥的义气。在家庭环境里，这种行为被称作悌；而当推及社会层面时，它便被称作义。所以说，仁的根本在于孝，而义的根本则在于悌。

仁义与孝悌这两个概念，本质上是相通的。既然如此，古人为何会使用两个不同的概念来表述呢？这是因为它们所应用的场景不同。在家庭内部，我们用孝悌来描述这种伦理关系；当走出家门，在更广阔的社会环境中，我们则用仁义来表达。一个人在家庭中是践行孝悌的典范，那么在社会上自然也会成为秉持仁义的君子。这实际上就是将家庭伦理延伸至社会层面的体现。

儒家文化本质上是一种基于人与人之间日常生活关系而构建的伦理文化。研读《论语》便会发现，其中的诸多观念皆源自人与人之间的血缘亲情，并且是从自身最亲近的亲情关系逐步向外延伸的。因此，可以说孝和悌是儒家文化中所有道德观念的根基。

《论语·学而》第二章中，有子说道："其为人也孝悌，而好犯上者，鲜矣；不好犯上，而好作乱者，未之有也。君子务本，本立而道生。孝悌也者，其为仁之本与？"孝悌，是子女对父母所倾注的爱心，是兄弟姐妹之间展现出的友爱与恭敬之情。一个人若能做到孝悌，在社会生活中便很少会做出冒犯上级的行为。"鲜"在这里意为少。一个对上恭敬有加的人，反过来却去犯上作乱，这种情况几乎是不可能出现的。这是因为人的行为源于其思想观念，只有内心有作乱的想法，才会付诸行动。而当一个人的内心世界充满对父母的孝以及对哥哥姐姐的敬时，又怎么会去犯上呢？连犯上都不会，又何谈作乱？

孝和悌，将其推广开来，便是一个人在社会交往中安身立命的根本。"君子务本"，这里的"本"究竟是指什么呢？"本"是一个指示字，字形为"木"字下面在主干根部画一横，意味着"本"指的是树木根部的位置，象征着起点。无论我们所学的文化知识多么繁杂，也无论传统文化中所蕴含的道德观念多么复杂，甚至有些观念看似高深莫测、形而上，优秀的人首先要做的便是立根本。一旦确立了根本，个人发展的道路及为人处世的准则也就随之明晰。而孝悌，便是"为仁"的根本。

传统文化中，许多看似高深的形而上概念，实则并非遥不可及。只要我们静下心来，深入文献进行梳理，就会发现传统文化"不离日用常行间，直指先天未化时"。它的切入点极为平实，即便愚夫愚妇也能够理解；而其高深之处，即便是圣人也难以完全领悟。

六、不悌乱国

《春秋》中有"郑伯克段于鄢"这样一句话，《春秋左氏传》将其扩写为一篇文章，并做了详细阐释："初，郑武公娶于申"，即郑武公在申地迎娶妻子，"曰武姜"。武姜生庄公及共叔段。其中，"庄公寤生"，对于"寤生"的解释，说法不一。有人认为，姜氏是在睡梦中生下庄公，也就是在她毫无察觉时孩子便出生了，这着实把母亲吓了一跳；也有人说庄公是逆着出生的，即腿先出来，类似于现代的难产。无论哪种情况，异常的生产过程都惊吓到了武姜，致使她不喜欢长子庄公，反而偏爱小儿子共叔段，甚至一心想让共叔段取代庄公。然而，按照中国古代社会的嫡长制，这绝非易事。庄公继位后，母亲总是向他为老二索要各种优待，今日要些财政拨款，明日求些优惠政策，这使得共叔段变得格外自大。他在自己的领地修筑的城墙，甚至比庄公都城的城墙还要高。见状，一些臣子向庄公进谏："都城过百雉"，这是危险的信号，他们提醒庄公务必加以管束，否则一个国家宛如存在两个君王，正所谓"天无二日，国无二主"，长此以往，臣下都不知该服从谁了。按理说，庄公作为长子，本可以直接与母亲沟通："您别如此宠溺弟弟了，瞧，都把他惯坏了。"作为兄长，他也能直接与弟弟坦诚相谈："你究竟想怎样？想当老大？若你想当，你就来做呀！你只看到君王之位的风光，可曾知晓一国之君的艰辛？中国历史上，伯夷、叔齐不就是因为不愿继承王位而双双离去吗？"但庄公并未如此行事，当他人向他提及此事时，他只说了一句："多行不义，必自毙，子姑待之。"意思是，总做坏事，迟早会自食恶果，咱们等着瞧吧！从中国传统文化的视角来看，庄公此举可谓"心达而险"，心里明明清楚事态发展，却心怀不良企图。庄公首先未能尽到兄长的责任。而后，共叔段变本加厉，"又收贰以为己邑，至于廪延"，将西鄙、北鄙边城的管辖权都揽入自己手中，愈发得寸进尺、贪得无厌，行事也愈发嚣张。最终，"大叔完聚，缮甲兵，具卒乘，将袭郑"，公然准备造反夺权。更为荒诞的是，"夫人将启之"，母亲武姜竟充当内应，参与这场阴谋叛乱，实在匪夷所思。实际上，这一切都在庄公的掌控之中，他本就想找机会除掉共叔段，只是共叔段不造反，庄公便师出无名，率先发难反而会被众人指责为兄长残忍，容不下弟弟。如今，共叔段主动造反，一切尽在庄公计划之中，庄公一句"可矣"，最后的结局便是，先是"京叛大叔段"，随后"大叔出奔共"。

这无疑是一场令人啼笑皆非的闹剧！据《史记》记载，春秋三百年间，"弑君三十六，亡国五十二，诸侯奔走不得保其社稷者，无计其数"。正因如此，孔子著《春秋》，让乱臣贼子心生畏惧，因为孔子的春秋笔法在一字之间便蕴含褒贬。"郑伯克段于鄢"中，郑伯与段本为兄弟，却形同水火，宛如两国之君相互争斗。兄长庄公不友爱，所以不称其为兄；弟弟共叔段不恭顺，故而不称其为弟，这般人生，实在可悲！哥哥缺乏友爱，弟弟不懂恭顺，手足兄弟反目成仇，而母亲也毫无原则，成为这场纷争的重要参与者与同谋。纵观春秋历史，有"春秋乱，妇人半"的说法，可见女性因素在当时社会动荡中所占比重极大。所有问题皆由家庭引起，进而波及整个社会。正所谓"天下国家，天下之本在国，国之本在家"，家庭伦理一旦出现问题，天下便会陷入混乱，这无疑是一个极为深刻的教训。

在中国封建社会的嫡长制下，帝王家同辈之中，长子通常是接班人的后备人选，享有诸多优势。倘若兄长不友爱，便容易伤害到弟弟；若是弟弟不恭顺，则极易引发内乱。历史上，纣王与微子启、曹丕与曹植、李世民兄弟之间，都上演过一幕幕惊心动魄的悲剧，令人深思。相反，舜之于象、伯夷与叔齐之间的故事，却为我们留下了一个个温暖感人的画面。究其根本，就在于是否遵循"孝悌"之道，正如"孝悌也者，其为仁之本与"所言，孝悌是仁的根本所在，遵循它，家庭与社会便能和谐稳定，反之则会引发混乱与悲剧。

忠恕

　　我们常常说孔子思想的核心是"仁"，有时也说是"仁义"，"仁义"其实是儒家区别于其他家的特征之一。特征并非核心，它更像个人长相与他人的区别。在"仁义"一章中我们提到：在中国文化领域，儒家、道家、佛教，单从语言特征便能分辨出它们的不同。如"慈悲"，一听便知是佛教用语；提及"无为"，那便是道家理念；而说到"仁义"，无疑指向儒家，这就是各学派的特征，但并非实质。实质是指人或事物最本质的属性；核心则是一种思想体系的根本或依据，是从这一基点向周围扩散的。实际上，"仁义"是儒家与道家等学术流派观点不同的显著特征，将"仁"或"仁义"当作孔子思想核心，是后人的观点，并非孔子本意。那么，孔子思想的核心究竟是什么呢？《论语·里仁》中有云："夫子之道，忠恕而已矣。"

一、一以贯之

《论语·里仁》记载："子曰：'参乎！吾道一以贯之。'曾子曰：'唯。'子出。门人问曰：'何谓也？'曾子曰：'夫子之道，忠恕而已矣。'"这段话大致的意思是，有一天孔子对曾参说："参啊，我的思想始终是一以贯之的。"曾子回答："是的。"孔子离开后，其他学生问曾子："老师说他的思想一以贯之，你就应了声'是'，老师的思想究竟是什么呢？"曾子答道："老师思想的核心就是忠恕罢了。"

这场景有点类似佛教故事中的"打禅机"。相传佛陀拈花微笑，沉默不语，其弟子大迦叶却连连点头，似心领神会。不过儒家与佛教不同，并不玄虚，而是现实地一问一答。

尽管通过曾子的转述，我们得知孔子"一以贯之"的思想明确表述为"忠恕"，但这毕竟不是孔子本人的直接表达。那么孔子是怎么阐述的呢？《论语·卫灵公》中的两个片段可相互印证。"子曰：'赐也，女以予为多学而识之者与？'对曰：'然。非与？'曰：'非也。予一以贯之。'"此处再次提及"一以贯之"，孔子问子贡："端木赐啊，你觉得我是因为学识渊博、博闻强记才如此吗？"子贡回答："是啊，难道不是吗？"孔子则说："不是的，我只是始终秉持着一种思想，专心致志罢了。"

但孔子专心致志的究竟是什么思想呢？孔子的学生子贡直接提出了这个问题。"子贡问曰：'有一言可以终生行之者乎？'子曰：'其恕乎！己所不欲，勿施于人。'"子贡问老师："有没有一句话、一个字，能作为终生奉行的行为准则和指导思想呢？"孔子答道："那大概就是'恕'吧。即自己不愿做的事，也不要强加给别人。"孔子认为，人一生的信条和核心思想，便是将心比心、换位思考、推己及人、理解宽容。曾国藩曾说，人生有三个字——"勤、孝、恕"，可让人一生祥和，即"勤致祥、孝致祥、恕致祥"。当他人冒犯自己时，不妨想想，若自己处于同样情境，是否也会犯错？若有可能，便应原谅、宽容对方。深谙"恕"道之人，一生不会树敌。

《中庸》有言："忠恕违道不远，施诸己而不愿，亦勿施于人。"《大学》里的"絜矩之道"，以及《论语》中的"己欲立而立人，己欲达而达人""己所不欲，勿施于人"，表达的皆是同一理念。

二、何为忠恕

"忠恕"这一儒家核心概念，蕴含着深刻的为人处世哲理。那么，究竟什么是"忠恕"呢？朱熹在《四书章句集注》中给出了精妙的阐释："尽己之谓忠，推己之谓恕。"从汉字的构成来看，亦有"中心为忠，如心为恕"的说法。

所谓"忠"，是对内心的忠诚。这意味着所思与所言须高度一致，绝不能口是心非。一个人若内心所想与嘴上所说背道而驰，便背离了"忠"的本意。而且，"忠"不仅仅是尽力而为，更强调尽心投入。做事时，仅仅付出努力是不够的，只有用心去做，才称得上是"忠"。至于"恕"，即"推己及人之谓恕"。它要求人们能够将心比心，学会换位思考，设身处地站在对方的角度去思考问题。在人际交往中，秉持"恕"道，能增进彼此的信任与和谐，营造更加融洽的社会氛围。

三、尽己之心

在《论语·学而》中，曾子曾言："吾日三省吾身：为人谋而不忠乎？与朋友交而不信乎？传不习乎？"其中，"为人谋而不忠乎"这一问，尤为发人深省。无论是为人打工，还是自主创业，我们是否真正用心做了？仅仅说"我尽力了"是远远不够的，因为"尽力"往往只是完成了任务，却未必在意结果的好坏。那么，什么是敬业？如果你每天工作八小时，下班后便将工作抛诸脑后，那这份工作对你来说仅仅是糊口而已。但如果你无论上班还是下班，心中始终牵挂着工作，追求极致，不达理想状态决不罢休，那么，这份职业便升华为你的事业。将职业转化为事业，这便是敬业，这便是"忠"。

传统文化看下属忠不忠，还有以下几个方面的考量。

（一）为君分忧

何谓"为君分忧"？简而言之，就是为你的领导分担压力，化解他的困局与窘境。当你的上级为某事烦心时，你若能通过自身的努力为他解决问题，那么在他眼中，你便是一位值得信赖的"忠臣"。

（二）为君得人

"为君得人"即为自己的组织举荐贤才。曾国藩之所以被誉为清朝的功臣，正是因为他出山后向朝廷举荐了大量人才。无论这些人才是否与他有直接关联，只要他认可其才能，便不遗余力地推荐。例如，左宗棠、胡林翼、塔其布、彭玉麟、李鸿章等，皆因他的举荐而得以施展才华。正因如此，曾国藩的幕府中人才济济，群星璀璨，为清朝的中兴奠定了坚实基础。

有一回，曾国藩与湘军另一主帅胡林翼一同巡视长江。彼时，长江江面上轮船往来，汽笛"呜——呜"长鸣。目睹此景，胡林翼竟突然口吐鲜血，晕厥过去。经紧急抢救苏醒后，胡林翼神情凝重地对曾国藩说道："曾公啊，日后覆灭我中华的，绝非那太平军（长毛），而是这些西洋人（洋毛）啊！"相较胡林翼的痛心疾首，曾国藩则显得冷静许多。面对这一危机，他旋即着手谋划应对之策。曾国藩充分发挥自身的人格魅力与广泛影响力，向天下乡绅及企业家发出呼吁，倡导众人有钱出钱、齐心协力。他们从国内精心挑选出一百二十名资质优异的孩童，将其送往国外，学习西方先进技术，期望他们学成之后回国报效国家。日后主持修建京张铁路的詹天佑，便是这批留洋孩童中的一员。

曾国藩此举，得到了众多心怀正义的中华有识之士的大力支持。此后，这逐渐演变成了一个传统。但凡企业家积累了一定财富，便会主动拿出部分资金设立基金，投身于培养人才、助力国家发展的事业之中。

（三）有犯无隐

"有犯无隐"同样是忠诚的体现。所谓"有犯无隐"，即对上级可以提出不同意见，甚至有所冒犯，但绝不能欺瞒。当与上级意见相左时，应当据理力争，毕竟真理越辩越明。不能只因对方是领导，便盲目附和，抱着"反正领导说的，对错与我无关"的态度。相反，宁可因直言冒犯上级，也不可行欺骗之事，这一点在传统观念中至关重要。

中国传统文化中有这样一则故事：吕端乃宋代宰相，此人在日常琐事上或许显得有些糊涂，然而面对重大事务时，却头脑清醒，毫不含糊。有一次，皇帝临朝，文武百官齐聚朝堂，准备商议国事。众人皆至，唯独吕端未到。众人无奈，只得苦苦等候，三刻钟过去了，仍不见吕端身影。皇帝心中不悦，询问为何吕端迟迟未到。要知道，吕端身为百官之首，平日里与官员们关系融洽，众人都想为他打圆场。于是，官员们在朝堂下小声议论，故意让皇帝听到，说道："这几日事务繁杂，大家每日都工作至后半夜，实在太过劳累……"显然，众人是想给吕端找个合理的理由。

又过了一个小时，吕端才匆匆赶来。众人见他现身，赶忙提醒："皇上此刻正在气头上，不过我们都说这几日工作繁忙。你就说昨晚加班到后半夜，千万别与我们说岔了。"吕端连声应道："好，好，好。"可等到他在朝堂前站定，却默不作声。皇帝见状，愈发恼怒，质问他为何迟到。吕端直言："喝酒了。昨晚喝得太多，没能按时起床，一觉睡到自然醒。"皇帝一听，顿时火冒三丈，骂道："这么多人等着你开会，你却在家舒舒服服睡大觉，还一觉睡到自然醒！"骂了几句后，皇帝转念一想，自己也有喝多误事的时候，况且此次吕端并未耽误大事，便只是批评了几句，告诫他下不为例，此事便就此作罢。

散朝之后，官员们纷纷围上来，着急地对吕端说："宰相啊，您可真是糊涂！大家都已说这几日工作繁忙，您只需顺着说昨晚加班，此事不就轻松过去了？"吕端却严肃回应："不行。喝酒乃人之常情，我因醉酒未能早起，并非有意为之。我迟到这件事，看似严重，实则影响不大；可若撒谎欺瞒，虽看似小事，实则性质恶劣。我怎能为了掩饰一个小毛病，而犯下欺君大罪呢？"正因如此，民间流传着"诸葛一生唯谨慎，吕端大事不糊涂"的说法。吕端的这种"有犯无隐"的做法，正是忠诚的典范。

（四）推功揽过

在中国历史的长河中，著名将领岳飞是否该杀，一直是学界争论不休的话题。若从换位思考的角度，站在皇帝的立场去审视，诸多复杂因素便浮出水面。岳飞身为兵马元帅，奉命出征。然而，当皇帝连续下达十二道金牌，急切召回他时，岳飞却未予理会。这一行为，在皇帝眼中，难免引发疑虑：身为臣子，如此无视君命，究竟意欲何为？

再者，岳飞矢志直捣黄龙府，其初衷或许是报仇雪耻，但其目标——迎回徽、钦二帝，却给在位的宋高宗带来了极大的困扰。彼时，宋高宗已然继位，若徽、钦二帝归来，一个国家同时存在三位皇帝，局面将何等混乱，政权又将如何稳固？这无疑是宋高宗不得不直面的棘手问题。

更为关键的是，岳飞所率领的军事力量，本属国家军队，却被外界称作"岳家军"。这种将国家军事力量个人化的倾向，令皇帝深感不安。历史上，赵匡胤正是通过"黄袍加身"，从臣子一跃成为皇帝。若岳飞的下属效仿此举，对岳飞也来个"黄袍加身"，那赵宋王朝岂不是面临"以其人之道，还治其人之身"的危险？这种可怕的可能性，是任何一位皇帝都难以容忍的，堪称帝王心中最深的恐惧。

不过，岳飞确实文武双全，且善于营造舆论氛围。岳母刺字"精忠报国"的故事广为流传，岳飞本人文采斐然，其《满江红》中"怒发冲冠，凭栏处，潇潇雨歇"等词句，在全社会传唱，使得全国百姓皆视其为救星。在封建社会，除了帝王之外，竟出现如此备受民众尊崇的人物，皇帝怎能不心生嫉恨？然而，由于岳飞"粉丝"众多，皇帝即便痛恨，也不敢轻易动他。若亲自下令处置岳飞，无疑会背上残害忠良的骂名。当然，岳飞未必真有谋反之心。须知，岳飞就义时年仅三十九岁。按照儒家文化的说法，"四十而不惑"，他尚未到不惑之年，仍是一个血气方刚的青年。正是凭着满腔热血与赤诚，他最终走上了悲剧的道路，令人扼腕叹息。

曾国藩与同为钦差大臣的左宗棠，二人本是英雄相惜。某次聚会，他们纵论天下，气氛融洽，相谈甚欢，品茶饮酒持续了一天一夜。可谁能想到，一天一夜之后，两人竟突然翻脸分手，不仅话不投机，还互相谩骂，使得两边阵营里的其他人都尴尬不已，心想二人地位如此之高，怎会这般失态？然而，众人皆被蒙在鼓里，这其实并非真的冲突。实际上，这是他们二人早在半夜就商量好的策略。在封建社会，帝王最为忌惮的便是有影响力的大臣相互勾结、结党营私。曾国藩与左宗棠深知此理，他们故意制造这场看似激烈的矛盾冲突，正是为了向帝王表明心迹，他们并无结党之意，从而消除帝王潜在的猜忌。

再看曾国藩另一体现忠心之举。曾国藩一手组织起来的军队，并未命名为"曾家军"，而是称为湘军。平定太平天国后，他更是当机立断，马上解散部队。不仅如此，他还刊发自己的家书、日记。这么做的目的十分明确，他就是要让天下人都看到，二十年来自己始终秉持初心，内心坦荡，所作所为皆光明磊落，日月可鉴。这种行为与岳飞形成了鲜明的对比。岳飞所率军队被称为"岳家军"，在皇帝眼中有将国家军事力量私人化之嫌，而曾国藩则通过种种举动，极力撇清个人与军队的过度关联，彰显自己对朝廷的忠心不二。

四、絜矩之道

《大学》中的絜矩之道究竟为何？所谓"所恶于上，毋以使下；所恶于下，毋以事上；所恶于前，毋以先后；所恶于后，毋以从前；所恶于右，毋以交于左；所恶于左，毋以交于右；此之谓絜矩之道"。

若你厌恶上级对自己颐指气使、呼来喝去，不妨反思自身，是否也曾如此对待下属；当你难以忍受下属办事拖沓，布置周三提交的报告，周四仍不见动静时，可曾想起，面对上级安排的任务，自己是否也曾拖延懈怠、一推再推。倘若反感前面的人插队加塞，自己便不应以各种急事为由，在排队时强行挤到他人之前。要是对后来者的急于表现、争强好胜感到不满，那就回顾自己年轻时，是否也曾如此。要是不喜欢左边邻居养猫，就不该总带着宠物狗，把粪便排泄在右边邻居的庭院中。反之亦然。

絜矩之道，本质上就是将心比心、推己及人的"恕"道。

五、儒家心法

"忠恕"思想与"心"紧密相连，这是孔子思想承上启下的关键切入点。往上追溯，它是尧、舜、禹三代帝王传承的政治"心"法——"人心惟危，道心惟微，惟精惟一，允执厥中"。核心价值观模糊，即为"道心惟微"；道德滑坡、人心不古的现象，便是"人心惟危"。而要挽救时弊、移风易俗，关键在于人心。因此，孔子秉持"惟精惟一，允执厥中，一以贯之"的理念。

人心难以把握，《孟子》中记载："孔子曰：'操则存，舍则亡；出入无时，莫知其乡。'惟心之谓与？"正是因孔子的"忠恕"思想，引发了孟子的"四心说"："无恻隐之心，非人也；无羞恶之心，非人也；无辞让之心，非人也；无是非之心，非人也。恻隐之心，仁之端也；羞恶之心，义之端也；辞让之心，礼之端也；是非之心，智之端也。"笔者在此基础上，补充"诚正之心，信之端也"。由此可知，"仁、义、礼、智、信"并非古人强加于我们的道德教条，而是基于善良人性，本就存在于我们内心的因素。内因是根本，外因是条件，外因需通过内因发挥作用。先贤为我们点亮心灯，他们的高明之处在于，将内心固有、自性具足的感觉，用"仁、义、礼、智、信"的概念表达出来，使其从自发走向自觉，由朦胧变得清晰。其中，忠恕是核心，仁、义、礼、智、信则是这一核心结出的果实。

六、心学大成

明代心学的集大成者王阳明，年少时聪慧过人，对儒、道、释诸家学说皆有涉猎。然而，随着学识渐长，他意识到做学问不宜过于繁杂，遂决定回归儒家，立志成为圣人。在他看来，圣人应以天下为己任，肩负起惩恶扬善的使命。

秉持这样的信念，王阳明不可避免地与当时的权贵产生冲突，他因得罪刘瑾，被贬至贵州龙场。初到龙场，王阳明内心充满了迷茫与困惑，他不禁自问：倘若圣人处于这般境地，又会如何作为？就在这一念之间，他豁然开悟——人快乐的源泉，无论身处何种环境，皆源自内心。彼时的贵州，乃荒蛮未开化之地，瘴气弥漫，中原人士到此，大多性命堪忧。周边尽是语言不通的当地土著，与之交流的唯有看押他的管教。起初，王阳明一度认为自己的人生就此陷入绝境。

但当他转变心态后，眼中的世界全然不同。他意识到，此地未经开发，保留着纯粹的自然状态，是一片可雕琢的璞玉；当地土著生活品质低下，正为他施展教化提供了广阔空间；而那些看押他的所谓"敌人"，恰是检验自身理论力量的试金石。

于是，王阳明在此付诸行动，兴办书院、开办学校，致力于教化当地民众。凭借其深刻且实用的理论，最终连看押他的人都拜入其门下，成为他的弟子。这便是思想的力量，更是心学的力量。

阳明心学，上承《大学》中的"格致诚正"，下启《西游记》里的"心意性情"，本质上是孔孟儒家"忠恕"思想的延伸与发展。

性情

修身在于正心，所以《大学·修身》强调"身有所好乐，则不得其正……"。朱熹将"身"直接解释为"心"，心正不正？"忠恕"是标准，心统性情，心如何修？性情就是体现，修心性，养心情，让真情合乎人性，一本于"诚"。所谓修身、正心、诚意、戒性、和情，就是《西游记》中的唐僧、悟空、白龙马、猪八戒、沙和尚，五个形象的意义所在，本书在《性情》《和谐》《中庸》几章中皆有论及。

在我们的日常生活中，无论是因饮食过量而发胖，还是因饥饿而消瘦，抑或养育子女，这些都与"食"与"色"息息相关。食色问题，本质上反映了人的本性。而在众多文学形象中，最能代表这一本性的莫过于《西游记》中的猪八戒。事实上，猪八戒是一个非常出色的文学形象，只是我们对其认识尚不够深入。与八戒相比，思想大于行动的哈姆雷特，行动大于思想的堂吉诃德，以及具有劣根性的阿Q等，都相形见绌，无法与之相提并论。

猪八戒才是直击人性的艺术形象。

在众多影视作品中，猪八戒这一角色曾被多次演绎，其中尤以1986年版电视剧《西游记》中的猪八戒形象最为出色。后续的电视剧版本中，猪八戒的形象塑造往往未能准确把握其深层意义，将其描绘得面目狰狞、凶神恶煞，宛如山魈。实际上，《西游记》原著中的猪八戒主要突出了两大特征：一是大腹便便，象征其贪食之性。二是色心炽盛，表现其好色之态。因此，在小说《西游记》中，猪八戒的形象正是在这两个方面得到了淋漓尽致的展现。

一、食色性也

在我国文化体系中，尤其是儒家文化范畴内，"食色"有着特定指向。孟子曾提出"食色，性也"。这里的"食色"所代表的"性"，究竟是什么呢？它是我们与生俱来的本性，是天性使然，本质上属于自然属性，有时也被视作动物性。因其与生俱来，且常引发诸多负面问题，故而也可称之为人的劣根性，形象来讲，堪称人身上的丑陋性。那么，究竟"丑陋"到何种程度？《西游记》为我们提供了生动参照，就如同猪八戒那般。猪八戒最为突出的特征便是贪吃，从他出场时，挺着一个好似饱经"腐败"的肚子，便可知其是个十足的吃货。

二、贪吃成性

在《西游记》这部不朽名著里，对猪八戒贪吃的描绘可谓入木三分，多处情节都将其贪吃的习性展现得活灵活现。其中，在西行取经途中的一个情节尤为生动（第四十七回"圣僧夜阻通天水，金木垂慈救小童"）。彼时，师徒四人行至一处庄园，庄园主虔诚信佛，素喜斋僧行善，故而接待他们时满怀热忱。用餐之时，众人身旁皆安排了一名侍从侍奉。唐僧师徒中，其他人用餐时仪态斯文，尽显修行之人的端庄，唯有猪八戒画风迥异。只见他手臂猛地一挥，一碗饭便瞬间消失在其口中。侍从见状，连忙又呈上一碗，猪八戒不假思索，再次扬手，那碗饭又如同被黑洞吞噬一般，转瞬不见。这奇异的场景引得一旁的侍从满心疑惑，忍不住问道："师父啊，我曾见过有人把馒头偷偷藏在袖子里，可从未见过有人把饭往袖子里倒的呀。"猪八戒听闻，一脸茫然，反问道："谁往袖子里倒饭了？"侍从接着追问：

"那您把饭倒哪儿去了呢？"猪八戒大大咧咧地回应道："我倒进嘴里了呗。"侍从满脸困惑，又说："可我压根儿没瞧见您嚼啊。"猪八戒则满不在乎地吹嘘道："用得着嚼吗？我这喉咙就跟砖砌的似的，囫囵吞枣不在话下。"从这简短的对话中，足以彰显猪八戒贪吃的本性，其食量之大更是令人咋舌。

而将猪八戒贪吃的特质演绎到极致的情节，当属偷吃人参果这一桥段。当众人来到万寿山五庄观，皆知人参果乃延年益寿的仙品。唐僧心怀慈悲，见人参果形似未足月的孩童，心中不忍，坚决不肯食用。然而，孙悟空、猪八戒、沙僧等人阅历丰富，知晓这是难得的仙果，遂起了偷尝一番的念头。在偷吃过程中，其他人皆细细咀嚼，品味着人参果的奇妙滋味，唯有猪八戒，心急火燎地将人参果整个"咕噜"一声咽了下去，竟丝毫没有尝出其中的味道，恰似一个懵懂无知的"白吃（痴）"，这一情节将他贪吃的憨态跃然纸上。

猪八戒的贪吃，不仅仅停留在对食物的无节制摄取上，更是进一步引申为对物质欲望的极度贪婪。在塑造猪八戒这一贪婪形象时，《西游记》的作者可谓独具匠心。作者深感单纯依靠文字描述，难以全方位、深层次地展现其贪婪的本质，于是灵机一动，为猪八戒量身打造了一件别具一格的工具——耙子。耙子，其最主要的功能便是搂聚物品。尤为值得一提的是，猪八戒所持的乃是九齿钉耙，在中国传统文化中，"九"乃极数，象征着至高、至大、至全，这无疑暗示着猪八戒"最能搂"的贪婪特性，仿佛世间万物皆可被他用这把耙子纳入囊中。这般精妙绝伦的设计，绝非偶然与巧合，而是作者精心构思的结果，足见其深厚的文学功底与独特的创作巧思。

由此可见，《西游记》虽为一部古典小说，却凭借其卓越的艺术魅力与深刻的思想内涵，成为当之无愧的名著。它犹如一面镜子，以生动形象的故事与鲜活饱满的人物，对现实生活进行了深刻的、极具象征意义的批判与讽刺。猪八戒这一形象，便是其中的典型代表，他身上所展现出的贪吃与贪婪，恰似人性弱点的集中映射，让读者在捧腹大笑之余，也不禁对自身的行为与欲望进行反思。

在人生的漫漫征途上，我们不难发现一个普遍的现象：一旦陷入对物质的贪婪泥沼，接踵而至的往往便是生活的腐败与堕落。贪吃与好色，恰似一对如影随形的难兄难弟，常常相伴相生。也正因如此，在《西游记》中，作者对猪八戒的刻画并未仅仅局限于他的贪吃，还浓墨重彩地描绘了他好色的一面，从而使得猪八戒这一形象更加立体、丰满，成为文学长廊中一个令人难以忘怀的经典形象。

三、好色之性

猪八戒的好色，是作者在塑造这一人物形象时精心预设的关键特质，被赋予了深刻意义。众人皆知，八戒前世身为天蓬元帅，只因在天庭醉酒后调戏嫦娥，触犯色戒，从而被打下天庭，贬入凡间。这一情节，与基督教中的"原罪"概念颇为相似，仿佛猪八戒生来便背负着因色获罪的"原罪"。下凡后的他，错投猪胎，出生便克死母猪，后居于福陵山云栈洞，成了外貌丑陋的妖怪。尽管长相不佳，他却自我感觉良好，凭借丰富的生活经历，养成了"脸皮厚，吃个够"的习性，平日里喜好占各种小便宜。

在西天取经的漫漫长路上，最能彰显八戒色胆包天与色心不改的，当属第二十三回"四圣试禅心"。彼时，唐僧师徒四人与白龙马正行至途中，遭遇了这样一件事：黎山老母偕同文殊、普贤、观音三位菩萨，化作一位母亲和三个女儿，在唐僧师徒前行的必经之路上设下一局，如同一场"组织部考核"，用以考验师徒四人的修行之心。唐僧师徒前来投宿化斋，黎山老母开门见山，直言道："我姓贾，夫家姓莫。"唐僧心思敏锐，一听便知这姓氏暗含"假""莫须有"之意，明白其中必有蹊跷。接着，黎山老母又道："你瞧我们家，良田千顷，牛羊成群，柴米油盐享用不尽，绫罗绸缎数不胜数，金银财宝堆积如山，物质生活富足至极。只是有一憾事，我丈夫早逝，我年纪轻轻便守了寡，如今虽已徐娘半老，但风韵犹存，也算得上是一位资深的美人。我还有三个女儿，一个十六岁，一个十八岁，一个二十岁，个个貌若天仙，且都尚未婚配。你一个和尚带着三个徒弟，我一个寡妇带着三个女儿，如此组合，何等般配，何必再去西天取经，不如留下一同过日子吧。"唐僧一听，即刻识破这是以色相诱惑，于是眼皮微微一挑，佯装聋哑，不再搭话。

唐僧不为美色所动，且能机敏地抵御色欲的侵扰。在整个取经途中，无论是面对愿将江山分他一半的女儿国国王，还是"陷空山，无底洞"中霸王硬上弓的女妖，唐僧皆能凭借理智战胜情感。所谓"陷空山"，正应了"色即是空，空即是色"这句话，寓意人若为色所困，便如同陷入一个深不见底的黑洞，永远无法填满。

然而，猪八戒却截然不同，一遇美色瞬间便被征服。见唐僧无动于衷，他便磨磨蹭蹭地溜到后院，与黎山老母低声说道："他们不留下，您把我留下吧。"黎山老母见他上钩，故意逗弄道："你若要留下，难道不与你师父商量商量？"这般大事，怎能不向领导报备一声？此时，猪八戒见色忘友的本性暴露无遗，急切地说道："哎呀，什么师父啊？不过是半路认的，又不是我亲爹，婚姻大事我自己能做主。"黎山老母见他如此急切，继续调侃："那你留下，看中我哪个女儿了？"八戒厚着脸皮说："我都看好了。"黎山老母又道："你都看好了，可也不能都娶了呀。"八戒所言，在当今社会仍具有警示世人的意义，他说："哎呀，如今这世道，谁还没个三妻四妾的？我都娶了也养得起。"最终，猪八戒被象征色欲的绳索捆绑，高高吊起，自食其果。

实际上，在食与色的问题上，色性往往更为顽固，极难克服，其展现出的动物本性似乎也更为强烈。即便西天取经大功告成，猪八戒仍有一番令人深思的言论。他对孙悟空说："师兄啊，这取经成功了，我这脾胃咋一下子虚了呢？"此话表明他对食物的欲望已然减退。然而，当他一见到嫦娥，色心又起。即便被封为净坛使者，物质需求大幅减弱，但其色心依旧未改。由此可见，猪八戒堪称"食与色"的典型代表。若能透过现象洞察本质，深入理解猪八戒这一角色，便能更加深刻地领会《西游记》作者的创作意图，领悟这部名著对人性弱点的犀利剖析与深刻批判。

四、五荤三厌

在《西游记》的故事体系里，猪八戒所"戒"之物，乃是五荤三厌。那么，何为五荤？五荤指的是大蒜、小蒜、大葱、小葱及韭菜；而三厌，则是雁、狗、乌龟。先说这三厌，在传统认知中，它们是不宜食用的。大雁常被用作馈赠的礼品，承载着特殊的文化意义，故而不适合成为盘中餐；狗作为人类忠实的朋友，长久以来与人类相伴相随，人们于心不忍将其宰杀食用；乌龟在往昔被视为灵物，蕴含着神秘的象征意味，亦不适宜拿来烹饪。时至今日，我们大力倡导少吃野生动物，这一理念与传统中对三厌的禁忌有着异曲同工之妙，都是对生态平衡与文化传统的尊重，是一个值得我们高度重视的问题。

再看五荤，即葱、蒜和韭菜。为何这三类食物被认为不适合食用呢？有一种观点认为，这些植物性热，火气较重，人食用之后容易扰乱心性，影响情绪的稳定。不过，也有人提出，食用这几样食物后，会导致口气浓重，而佛在传统观念里被视为洁净、神圣的象征，有着"洁癖"的说法。当人们心怀虔诚前往佛前烧香拜佛时，若带着浓重的异味，会被认为是对佛的不敬，佛亦会对此感到厌恶。所以，对于佛教徒而言，这三类食物是需要戒食的。然而，仔细算来，葱、蒜、韭菜加起来仅有三样，并不满足五荤的数量。于是，作者为了凑齐五荤之数，添上了大葱、小葱，大蒜、小蒜。在中国文化的语境中，向来有"物以稀为贵"的说法，意即稀缺的事物往往更显珍贵。就如同人在不饥饿时，对食物并无强烈的渴望，而一旦有所缺失，便会格外珍惜。那么，在猪八戒的"戒"中缺失的又是什么呢？答案便是食戒与色戒，食戒对应着对过度饮食欲望的克制，色戒则针对难以自控的色欲，这二者在诸多电影作品中也多有体现。

若从这一独特视角解读《西游记》，猪八戒的形象堪称"性"的具象化代表。在《西游记》里，着重强调对"性"的戒除，其中"紧、禁、金"三个咒语便发挥着此类功效。紧箍咒用于戒除孙悟空的猴性，猴性体现为行事的不稳定，缺乏沉稳持重的风范；禁箍咒针对黑熊怪的熊性，熊性意味着一根筋、固执己见；金箍咒则用于纠正红孩儿的孩子性，孩子性表现为幼稚、不成熟，人可以保留童心，但不应被幼稚的行为模式所左右。更为关键的是，《西游记》借这些情节，提醒我们要关注食与色所反映出的人的动物性以及人性的弱点。作为一部伟大的文学作品，它通过生动的形象塑造，给我们带来了深刻的启示。

由此可见，若要提升自身的道德修养，修身是必经之路。而修身的核心在于对内修心，修心的关键则在于修炼心性。一个人的性格往往能够直观地展现其修养水平。明晰了这一点，我们便能理解为何佛教强调"明心见性"，道家崇尚"任性自然"，儒家注重"修身养性""修心养性"或是"尽心知性"。实际上，提升修养的关键就在于对心性的打磨。无论是何种文化体系，只要抓住了心性修炼这一要点，便等同于抓住了提升修养的关键。

性情的修炼，不仅是儒家自我修养的核心关键，更是儒释道三家在修养身心方面的焦点所在。文化对于人的影响是否切实发挥作用，为何有些人虽有知识却被诟病缺乏文化底蕴，虽有才能却被指德行不足，这些问题都与性情修炼息息相关。唯有重视并积极投身于性情修炼，我们才能在文化的滋养下，逐步塑造出更为完善的人格，实现自我的成长与升华。

五、性之善恶

当探讨涉及人的本性问题时，便自然延伸至对人性善恶的讨论。对于人性善恶这一复杂议题，孔子有着深刻的认知，然而他并未直截了当地阐明观点，而是以一种较为隐晦的方式强调："性相近也，习相远也。"其含义是，人的天性本无太大差异，而后天的习俗浸染与所处环境，才使得人与人之间出现了显著的差别。《汉书·贾谊传》中亦记载了孔子类似的言论："少成若天性，习惯如自然。"那么，孔子为何不直接对人性善恶做出判断，将问题阐述清楚呢？这是因为他深知，有些问题一旦表述得过于绝对，反而容易引发纷争。在表达时，需把握一个恰到好处的"度"，即点到为止。实际上，孔子对人性善恶有着极为清晰的判断，只是通过另一种方式加以表达。在《论语》中，当樊迟向孔子请教"仁"的含义时，孔子以"爱人"作答；在《中庸》里也引用了孔子的话："仁者，爱人也。"

将这两部分内容相结合，不难清晰地看出，孔子认为"仁"乃是人的本质属性，其核心特点在于"爱"。由此足以证明，孔子认定人的本性是善良的。只不过，孔子秉持着"我知道，我不说""我则异于是，无可无不可"的态度，对分寸拿捏得极为精准，这也正是他被尊称为"至圣"的原因之一。孟子则是一位性格较为直率、充满火气与个性的学者，他认为孔子的表述不够清晰明确，于是直接点明："人性本善。"小孩子启蒙教育的读物《三字经》，开篇便是："人之初，性本善，性相近，习相远。"其中"人之初，性本善"这句话，便是对孟子观点的直接呈现，不过它的出现，实则比孔子的"性相近，习相远"晚了一百多年。

那么，孟子为何会被尊称为"亚圣"呢？在关于人性善恶的讨论中，孔子所说的"性相近也，习相远也"，因其较为模糊宽泛，几乎无人反对；而孟子明确提出人性本善的观点后，随即引发了后来荀子的反对。荀子主张人性本恶，认为必须通过"化性为伪"的方式才能加以改善，也正因如此，才有了《劝学》一文。这里的"伪"并非贬义的"虚伪"之意，而是指通过人为的努力去合成、改变。当然，此后关于人性又陆续出现了"无善无恶说"和"有善有恶说"等不同观点，众说纷纭，莫衷一是。在此，笔者需要告知大家的是，基于对人性善恶的不同判断，引发了儒家"礼治"与法家"法治"的分野。究竟是以礼乐教化为主，还是以刑罚惩处为主，这正是儒法两家由于对人性善恶判断不同而产生的不同思考方向。

儒家修养的关键要素之一在于修心性，所谓"修身齐家治国平天下"的宏伟抱负，其根基来源于"正心诚意致知格物"的修养功夫。而在正心、修心的过程中，一个至关重要的方面便是修心性。"性"是儒家始终关注的重要命题，然而在《论语》中，子贡曾说："夫子之文章，可得而闻，夫子之言性与天道，不可得而闻。"此处所提及的"性"，显然并非我们如今所理解的"性格"。孔子的弟子们各自有着极为鲜明的性格特征，例如，子路呈现出"行行如也"的特质，但当时并未使用"性格"这一概念来描述。

后世皆尊称孔子为圣人，他的学识修养、品德风范，无一不是我们学习的楷模。但实际上，孔子在现实生活中也是一个极为朴素平常的人，他也曾遭遇人生的三大不幸：少年时期父亲离世，中年阶段妻子亡故，老年之际儿子早逝。尽管历经如此多的磨难，孔子对待生活的态度却依旧极为乐观，甚至还带有几分可爱之处，毫不做作。他见到美女时，也会忍不住多看几眼。《论语》中就有相关记载："子见南子，子路不说。"孔子见到卫灵公的夫人南子，眼神直直地盯着她，甚至有些失态，连学生都察觉到了。学生在一旁提醒道："哎，老师，老师，您这是怎么了？"这让孔子感到十分尴尬，于是说道："吾未见好德如好色者也。"意思是，我从未见过对道德修养的追求，能像对美色追求这般强烈的人。试想，若有人对道德的追求如同热恋中的人追求心仪对象那般炽热，还有何种道德修养无法达成呢？笔者在给学生讲课时也曾说："吾未见好学如好色者也。"若有人对学习的热爱能像对美色的喜爱一样，又有哪所学校考不上呢？有一次，笔者的学生被说急了，反驳道："老师，吾未见好教如好色者也！"倘若教师对教学工作的投入能像对美色的关注那样用心，又有什么教授职称评不上呢？由此可见，人在某些方面具有共通性，正如"性相近，习相远""大德不逾闲，小德出入可也"所表达的那样。人应当保有真性情，但同时必须把握好分寸。要以"天理"来把控"人欲"，使人欲符合天理的规范。

六、修养心性

究竟何为性情？从传统哲学视角来看，性乃阳气之施为，情则是阴气之运化。人因禀受阴阳二气而生，故内心怀藏五性六情。性，核心在于生发；情，本质上趋于静谧，此二者乃是人凭借所禀受的六气得以生成的关键要素。所以《钩命诀》中提及："情生于阴，欲以时念也；性生于阳，以就理也。阳气者仁，阴气者贪，故情有利欲，性有仁也。"

那么，五性具体所指为何？即仁、义、礼、智、信。仁，意味着不忍之心，体现为施予生命、关爱他人；义，即适宜恰当，表现为决断事情能合乎中正之道；礼，乃践行之意，意味着遵循道德规范并使之形成文化仪轨；智，是知晓、聪慧之义，能够独具慧眼，对过往见闻有所洞察，面对诸事不惑，善于察觉细微之处；信，则为真诚，秉持专一而坚定不移的态度。正因如此，人自出生便顺应八卦之体，获得五气作为常性，此五气便是仁、义、礼、智、信。而六情又作何解？喜、怒、哀、乐、爱、恶即为六情，其作用在于辅助成就五性。为何性为五，情为六？这是因为人原本蕴含六律五行之气而生，所以体内有五脏六腑，而这正是性情出入的根源所在。

"性"具有难以修习、不易改变的特性。冯梦龙在《醒世恒言》中曾言："江山易改，本性难移。"尽管心性改变困难重重，但又必须加以修正；修习之路充满挑战，却不可放弃。那么，该如何着手呢？我们不妨从修"心情"切入。性难以更改，而情却是可以掌控的；性是内在隐匿的，情则是外在显现的；性格复杂多面，情绪却相对单一直接。若能抓住情绪的修炼，便等同于握住了中华文化自我修炼的关键脉络。所以，若想提升自身修养，就应当在此处着力，把握好自己的情绪。此刻，不妨审视一下自己的心情如何，是满心欢喜，还是兴致索然，想必你能即刻知晓答案。

然而，归根结底，所有的努力都是朝着性情修养的方向迈进。从中国传统的中医中药理论来分析，为何有些人在春天容易发火，这是因为春天阳气旺盛，肝火易旺。此时，服用一些护肝片，其成分多为苦胆粉、绿豆粉等，皆有滋阴降火之功效。火气消退后，人体便能恢复阴阳平衡。还有些人情绪低落，中医诊断往往认为是肾动力不足，即肾虚。通过补肾，精气神得以提升，情绪也随之好转。倘若不了解这些原理，便难以理解一些中药名称的含义。例如，药店有一种供女性服用的药物叫逍遥丸。起初，或许会疑惑为何叫逍遥丸，难道服用后就能逍遥自在？深入了解便会发现，其功效在于调节内分泌，实现阴阳平衡，从而稳定情绪。无论是医药领域，还是文化、宗教范畴，诸多方面都在朝着调节身心、修养性情的方向发力。

所以，大家务必牢记，若要修养自身，关键在于控制情绪。我们常常觉得领导富有修养，原因就在于当我们焦急万分时，领导却能保持镇定。我们急得拍桌子，领导却依旧面带微笑，最终我们也不得不承认领导确实比自己更有涵养。实际上，这正是因为领导在情绪控制方面优于我们。我们应当朝着这个方向努力。

具体该如何行动呢？在此为大家分享一个看似简单，实则执行起来颇具难度的方法。每天清晨睁开双眼，对自己大声说出三句话：我这一天"不着急、不生气、不发火"。随后，在一整天的时间里，有意无意地朝着这个目标努力。若当天成功做到，晚上回家便可以给自己画一个"正"字的笔画。从周一至周五，若能画满一个"正"字，便意味着取得了阶段性的胜利。周六周日则可以适当放松，不必过于苛求。道德修养不宜过度紧绷，因为过度压抑容易引发反弹，一旦反弹，道德滑坡的速度会十分惊人。

大家不妨尝试一下，若能连续画满三个"正"字，那修养可谓极高。笔者自己就曾尝试过，结果连一个"正"字都未能完成。有时发火毫无缘由，突如其来。其他情绪或许尚可控制，但当他人挑衅时，怒火往往瞬间燃起，难以抑制。

有一次，笔者向一位讲授佛学禅修的老师请教，突然发火该如何应对。他说，在发火之前，在心里默数三个数即可。笔者心想这方法简单，便尝试了一下，结果发现并非如此。往往是发完火之后才猛然想起：哎呀，还得先数三个数呢！在发火的瞬间，根本无法想起要数三个数，若能在发火前想到，其实不用数数也能控制住情绪了。

从西方心理学的观点来看，21天能够养成一个人的行为习惯。21天恰好是三周，三周时间理论上正好可以画满三个"正"字。若有人能够做到，其修为必定不凡。然而在《论语》中，孔子曾说："其心三月不违仁，其余则日月至焉而已矣。"倘若有人能够在三个月内性情上始终保持不温不火，那实在是难能可贵。试想，一位男士，三个月内无论遇到何事都能做到不着急、不生气、不发火，这是怎样的境界？这不就如同如来佛一般沉稳淡定吗？对于女士而言，若遇到任何事情都能心平气和，即便他人言语冒犯也不发火，始终面带微笑，以温和的态度应对一切，这又是什么样的状态？这不就是活菩萨的慈悲模样吗？所以，佛教中说，心念一善便是神佛，心念一恶即为妖魔。佛在何处？心性之中便是佛。

正如《西游记》中所言："佛在灵山莫远求，灵山只在汝心头；人人有个灵山塔，好向灵山塔下修。"若有人能够将心性修养好，此人便是佛，可谓一心一佛。不信的话，你可以在窗口行业工作时进行尝试。当有客户态度恶劣，对你大吼大叫时，你若能面带从容的微笑，妥善处理好相关事宜，那一刻，你自己都会感觉仿佛被佛光笼罩。

人与人之间的交往离不开情。亲属之间的亲情、朋友之间的友情、夫妻之间的爱情，促使我们做事的往往是对事物所怀有的感情。事实难道不是如此吗？所以，如何善用这个"情"字显得尤为重要。请记住两句话：一句是控制情绪，另一句是保持健康的情感。这二者皆关乎内心修养，内心若能修养得当，一旦外显于形，便会体现在行为举止之中。若能在这些方面做好，你将会惊喜地发现，在不知不觉间，自身的修养已然得到了提升。

大道至简，自我修养的不二法门便是：平衡情绪，培育健康情感。

和谐

如何构建和谐社会？主要包括以下三个层面：

第一，就是身与心的和谐，是情绪平和。

第二，就是人与人的和谐，是社会和谐。

第三，是人与自然的和谐，是天人合一。

如何滋养我们的心灵？这是在物质需求得到基本满足后，从精神层面提出的更高层次的需求。在多元文化共存的背景下，如何构建和谐社会，成为我们必须深入思考的问题。所谓多元文化的共存，既包括传统文化与现代文化的交融，也涵盖民族文化与外来文化的互动，既体现现实文化与虚拟文化的并行，也包含主流官方意识形态与百姓日常习俗文化的共生，以及雅文化与俗文化的并存。在这种多元文化交织的背景下，我们应特别强调具有中国特色的民族文化，秉持"和而不同""和而不流"的理念，在多样性中寻求和谐，在差异中实现共存。

上一专题"性情"中，主要论"性"，以猪八戒为例，戒性。

本专题"和谐"中，继续论"情"，以沙和尚为例，谈谈和情。

一、何谓和谐

当今，构建和谐社会成为我们不懈追求的目标，那么，究竟什么是"和谐"呢？实际上，"和谐"乃是中国传统文化中源远流长的重要思想。

先来探究"和"的含义。最初，"和"主要与声音相关。从字形来看，"和"字由"口"与"禾"组成，右边是"口"，左边为禾苗的"禾"，其寓意为从口中发出如禾苗般的声音。在古文字里，"口"与"禾"中间，还存在一个类似排箫的乐器图案，它象征着口中发出的那种宛如禾苗生长般的声音。

其次，"和"也指代味道，常言"五味调和""大羹调和"。相传，商汤王时期的名臣伊尹厨艺精湛，擅长将不同的味道巧妙组合，烹制出美味佳肴。有一次，他为商汤王精心制作了一道菜肴，商汤王品尝后赞不绝口，好奇如何能达到这般美味的境界。伊尹借此提出，将不同的味道融合在一起，便能创造出全新的美味，这便是"五味调和"的由来。

再看"谐"，其概念源自中国古代的上古之书《尚书》。《尚书·尧典》中记载"诗言志，歌永言，声依永，律和声。八音克谐"，意思是将不同的声音，哪怕是那些看似嘈杂的声音，进行妥善的调整与编排，使之有序地组合在一起，从而形成美妙的旋律。

实际上，"和谐"这一思想，深刻体现了儒家与道家截然不同的世界观、人生观和价值观。为何说儒家文化是中国社会的主流思想？当道家面对纷繁复杂、诸多不合理的社会现象时，他们有着独特的取舍态度。老子在《道德经》中曾言："五味令人口爽，五音令人耳聋，五色令人目盲，驰骋畋猎令人心发狂。"那么，人们该如何应对呢？老子主张"去彼取此"，强调"不见可欲，使心不乱"。于是，老子毅然骑上青牛，出了函谷关，从此不知踪影。

反观以孔子为代表的儒家，他们基于对社会现实的深刻认知，做出了与道家不同的选择。他们的判断并非基于或然的可能性，而是基于对已知社会现象的深刻洞察。道家认为"五色令人目盲"，孔子则思考能否做到"好德如好色"；道家觉得"五味令人口爽"，孔子却探寻如何让五味和谐共生；对于五音，道家认为会令人耳聋，孔子却坚信能够将其转化为教化社会、移风易俗、阳光健康的美妙音乐。因此，孔子的行为取向与老子恰恰相反，他喂饱马匹，套好车辆，带领弟子周游列国，致力于传播文化。

由此可见，"和谐"是儒家文化极为重视的核心理念。《论语·子路》中有"君子和而不同"，若只是将相同的事物简单放在一起，依旧无法展现出兼容并包的内涵。唯有将不同的元素有机组合，使其和谐共处、彼此尊重，才能真正彰显"和"的价值。

倘若仅仅依据经典从理论层面阐释"和谐"，普通百姓往往难以理解。那么，怎样才能通过形象的方式清晰地解释"和"的内涵呢？在中国古代著名文学作品《西游记》中，有一个角色对"和谐"做出了生动诠释，他就是沙僧（沙和尚）。

二、和谐形象

笔者在上大学时，听闻有文学评论家指出，《西游记》中诸多人物形象里，沙僧的塑造最为逊色。其理由是，沙僧毫无特点。在文学创作领域，素有"文似看山不喜平"的说法，意即人物形象若缺乏独特之处，便难称塑造成功。起初，大家对此观点颇为认同。然而，随着研究的深入，笔者逐渐意识到，沙僧这一形象如此呈现，实则是作者有意为之。若从社会学或文化学的视角去审视沙僧，便会发现这个人物独具特色。那么，大家不妨思考一下，沙僧最大的特点究竟是什么？他最大的特点恰恰是"没特点"。这绝非偶然，而是作者精心安排。

作者为沙僧取名，大有深意。沙僧"指沙为姓"，寓意着他如同恒河两岸无数沙砾中的一粒。试问，大河两岸沙滩上的一粒沙子，能有什么特别之处？将这粒沙子随意丢入沙堆，瞬间便会消失不见，难寻踪迹，只因它太过平凡，毫无独特之处。这意味着什么呢？这表明沙僧代表着平凡大众，是个不折不扣的小人物，他不仅平凡，甚至略显平庸。但《西游记》正是借助沙僧这个小人物，向我们传达了一个深刻的道理，即便你出身平凡，甚至资质平庸，只是一个微不足道的小人物，只要加入一支优秀的团队，跟随团队前行，同样能够收获成功。沙僧一路追随唐僧师徒，最终成了"金身罗汉"。这一形象对我们普通人而言，极具启发意义。无论你多么普通，只要在一个优秀的集体里，并持之以恒地坚持到底，最终便能迈向成功。就连白龙马，最终也修成正果，成了"八部天龙"。在现实生活中，这样的例子屡见不鲜，无数平凡的小人物，正是因为参与一项伟大的事业，最终获得了巨大的成功。

三、以和为尚

沙和尚这一角色，蕴含着极为特殊的意义。曾有人半开玩笑地提出这样一个假设：倘若在西天取经途中，唐僧不幸遭遇不测，那么谁能够接任成为第二任领导呢？不妨设想一下，倘若你身处人力资源部，需要做出这样的选择，你会选谁呢？首先看孙悟空，他能力超群，神通广大，然而破坏力同样不容小觑。一旦情绪上来，他便可能一个跟头翻回花果山，如此一来，整个取经队伍必将瞬间瓦解。再看猪八戒，一见到美女便迈不开步子，定力不足。悟空情绪波动大，八戒情感易失控，两人皆存在明显的短板。一番权衡之下，你会惊奇地发现，沙僧竟是唯一合适的人选。这是为何呢？原因在于，沙僧与唐僧最为相似，他秉持中庸之道，在整个团队中发挥着至关重要的和谐作用，这一点着实耐人寻味。大家不妨留意，在西天取经的四位和尚中，唐僧不被称作唐和尚，孙悟空不叫孙和尚，猪八戒也并非猪和尚，唯独沙僧被称为沙和尚。那么，何为和尚？"和尚"之意，便是"以和为尚"。在佛教中，出家人、僧人，抑或比丘、比丘尼，唯有修行达到较高境界者，方可被尊称为和尚，而他们所追求的，正是"以和为尚"的至高境界。

在这支取经队伍里，沙和尚所起到的最大作用便是维系和谐。当我们细细研读《西游记》，便会深切感受到，沙僧拥有极为积极阳光的心态。在团队中，他与每一位成员都相处融洽。他从不主动挑起事端，绝不参与内部争斗，也不会以消极的态度与人交往。只要他开口，传递出的皆是满满的正能量。在当今和谐社会以及和平发展的时代背景下，像沙僧这样的人显得尤为珍贵。正所谓"无用之用"，实则蕴含着巨大的价值，看似平凡无奇，却对团队的稳定与和谐起到了不可或缺的作用。

此外，还有一个数字"三"值得深入探究。在三个徒弟之中，沙僧排行老三，处于第三人的位置。实际上，这个"三"颇具深意。在现实生活中，许多事情并非简单的非黑即白、非此即彼，倘若一味地走向极端，必然会引发诸多问题。而"三"所代表的，恰恰是一种中间的思考维度，它意味着存在第三条道路，能够将事物的两端协调起来，使之和谐共处。正如古人所言"执其两端，用其中于民"，这个"中"，便是调和矛盾、平衡各方、促进协调发展的明智选择。沙僧作为团队中的"老三"，在无形之中发挥着调和与平衡的作用，让整个团队的关系更加和谐稳固。

再看《西游记》中师徒几人所使用的武器，各具特色，亦蕴含深意。孙悟空使用金箍棒，凭借一根棍棒打遍天下，冲锋陷阵时横扫千军，尽显勇者风范，可谓所向披靡。猪八戒的武器是九齿钉耙，前文已述，这暗示着他"最能搂"的贪婪特性。然而，沙和尚的武器别具一格，乃是"日月铲"。日月，在传统文化中分别代表着一阴一阳，正所谓"万物负阴而抱阳，冲气以为和"，沙和尚的日月铲，正是这种阴阳和谐、相互配合思想的生动体现。他手持日月铲，默默地守护着团队，以自身的存在诠释着和谐共生的理念。

实质上，《西游记》通过塑造沙和尚这一看似能力并不突出，却在团队中不可或缺的角色，着重强调了一种"和谐"的人生态度与处世哲学，展现了一种"和谐"的理想状态，为我们树立了一个极具代表性的"和谐"形象。

四、《论语》开篇

构建和谐社会，需从"和情"处着手。沙和尚这一形象，代表着情绪的平和。他不像孙悟空那般易于激动，也不似猪八戒那般时常消极。高兴时，他会一同欢笑；难过时，亦会随之落泪。然其情绪表达皆恰到好处，看似无甚突出之处，实则恪守中庸之道。文化修养，应朝着这一方向努力。若能领会此点，便有望读懂儒家文化的部分经典篇章。儒家经典，往往看似浅易，实则蕴含深意，《论语》开篇的三句话便是如此。

《论语》开篇的三句话，中学时期我们便已学过："学而时习之，不亦说乎？有朋自远方来，不亦乐乎？人不知，而不愠，不亦君子乎？"这三句话究竟在表达什么？有人觉得颇为简单，第一句"学而时习之"，如今我们将"学习"连读，古人却将其分开，认为"学"与"习"有所不同。学习知识并时常复习运用，这难道不是一件令人愉悦之事吗？

第二句"有朋自远方来，不亦乐乎？"古人对此也有解释，"朋"与现今的含义不同，"同门为朋"，即出自同一师门者称作"朋"；"同志为友"，有着共同理想则称为"友"。所以在中国古代，"同志""朋友"皆是极为庄重的称谓，与当下大不相同。如今，在一起工作便互称同志，甚至喝顿酒，连对方名字都不知晓，就称其为朋友，这在古代是不被认可的。若有同门之人从远方而来相聚，难道不是一件令人高兴的事吗？如此解释"朋"，自然说得通。

第三句"人不知，而不愠，不亦君子乎？"别人不理解自己，自己也不生气，这才是有修养的君子。这般解释第三句，同样可行。

然而，将这三句话放在一起审视，便会觉得它们似乎有些东一榔头西一棒槌。孔子难道会如此说话？他难道是意识流？且不说孔子不会如此，倘若笔者在讲课之时这般表述："《西游记》里蕴含着深刻的道理，咱东北的天气，时而寒冷时而炎热。"大家恐怕会觉得这个老师有问题。连笔者自己都不会这样表达，孔子又怎会如此表达呢？

其实，仔细思索便会发现，这三句话有着一个统一的思想，存在一个"一以贯之"的主题。这个思想究竟是什么？前两句的关键在后半截，后一句的关键在前半截，孔子所要表达的"说乎""乐乎""不愠"，实际上都是在谈论一种心情。唯有如此，才能真正理解孔子这三句话的内涵。他意在表明，无论处于何种境遇，都应保持快乐的心境。即便独自在狭小的房间里，灯光昏暗，翻开一本书，一个广阔的世界便会在心中呈现，心灵便能挣脱这狭小空间的束缚，遨游于大千世界。正如朱熹在《观书有感》中所言："半亩方塘一鉴开，天光云影共徘徊。问渠那得清如许？为有源头活水来。"此时的内心是愉悦的。

进一步而言，过年之时，同学、亲戚朋友相聚，大家围坐在一起，聊聊事业、爱情，谈谈未来的发展，吃顿饭、花些钱，这都无妨，内心充满喜悦。有朋自远方来，这是属于朋友圈的快乐。

再将视野扩大，步入社会层面。在社会中为人处世，只要自己无愧于天地良心，无愧于父母双亲，无愧于同志朋友，即便所做之事不被他人理解，也能保持内心的愉悦。

如此，方能真正理解这三句话的含义。这就如同将石头投入水塘，会激起层层涟漪。最内层的是"自我圈"，往外扩大是"朋友圈"，再往外则是"社会圈"。无论处于哪个层面，都要始终保持阳光的心态、健康的情感，以及积极向上的快乐情绪。如此，才能真正领会孔子这三句话的深意。

所以，中国文化强调，若要提升自我，必须从性情修炼入手。为实现这一目标，中国人还提供了一种具体方法，即通过音乐来调节情绪，称之为"乐以和情"。

五、乐以和情

中国古人极具智慧，他们洞察到音乐并不作用于人的理性思维，而是直接触动情感领域，且与个人学识多寡并无关联。无论你是学有所成的博士，还是尚未完成小学学业的人，听到哀乐响起，都会不由自主地心生悲意。由此可见，利用音乐来调节情绪，效果显著。平日里，聆听一些舒缓的音乐，有助于放松心情，缓解压力。

倘若你就职于服务部门，或是身为政府公务人员，身处接待场所时，遇到情绪激动、气呼呼前来上访的群众，你可以先安抚道："别着急，先喝杯水，有事慢慢说。"与此同时，播放一段清幽的古琴音乐。短短三五分钟，群众的心情便会逐渐平复，此时再与之沟通交流，就会顺畅许多。在家庭生活中亦是如此，周末清晨，当你打开了音响，播放出一些充满活力、阳光向上的音乐，会让一整天都沉浸在舒适愉悦的氛围之中。当你感觉自己情绪低落、意志消沉时，不妨听听诸如《男儿当自强》《真心英雄》《爱拼才会赢》等激励人心的歌曲，激昂的旋律瞬间便能点燃激情，让情绪高涨起来。若想深入领会中华民族为何始终保持生生不息、积极进取的精神风貌，那么聆听国歌——《义勇军进行曲》是绝佳之选。这首歌曲堪称民族精神的集中体现，其歌词蕴含着强烈的忧患意识，反复强调"中华民族到了最危险的时候"，但即便面临重重危机，也激励着人们不断"前进、前进、前进进"。正因如此，中华民族历经数千年的漫长岁月，时至今日依然秉持着"周虽旧邦，其命维新"的进取精神，持续焕发生机与活力。

音乐调节情绪、和谐心理的作用十分强大，甚至强大到可以瓦解部队的斗志。韩信在与项羽的对决中，最终能够大获全胜，其中关键的一招便是"四面楚歌"。楚军在熟悉的楚地歌谣环绕之下，思乡之情顿生，军心大乱，斗志全无，为韩信的胜利奠定了基础。由此可见，音乐确实具备调节情感的力量，这正是"乐以和情"的深刻体现。

六、礼乐文明

在中国文化体系中，以音乐调节情感，此为"内修"之道；而借助礼来规范行为，则称作"外用"之法。内修与外用相互结合，实现内外兼修，最终达到"内圣外王"的理想境界。从行为层面而言，涵盖了视、听、言、动，也就是人们日常的言行举止。在《论语·颜渊》中，孔子明确提出："非礼勿视、非礼勿听、非礼勿言、非礼勿动。"其含义为，对于不符合文明规范的事物，要尽量少看、少听、少说、少做。礼的核心作用在于节制行为。当我们仔细审视"乐以和情，礼以节人"这两句话，将其内在联系融会贯通，便会豁然开朗，理解为何中华文明被称为"礼乐文明"。

回溯历史，周公对中华文明的最大贡献当属制礼作乐。在古代，一旦社会出现道德滑坡、核心价值观模糊的现象，便被称作"礼崩乐坏"。由于音乐主要作用于内在情绪的调节，而内心世界难以直观察觉，人们更多看到的是外在的行为表现，即礼的呈现。由此可见，中华民族有着"礼仪三百，威仪三千"的深厚底蕴，堪称礼仪之邦。人们常说"礼多人不怪"，那些谦谦君子往往都是彬彬有礼的典范。实际上，在这外在的礼仪规范背后，还存在着内在的情感调节层面，即运用音乐来调适内在的情绪与情感，同时凭借文明准则来约束外在的言语和行为。正如从沙和尚这一形象中所体现的，探寻"和"的起点，便在于"和情"。

七、和谐社会

我们常常提及构建和谐社会，然而，这绝非一句空洞的口号，仅停留在言语层面毫无意义。从《西游记》的智慧中，我们能得到深刻启示：构建和谐生活，应从情绪管理入手，这是追求"和谐"的首要层面，可称之为"身心和谐"。唯有达成身心和谐，让自己内心平和，不再自我纠结、自我矛盾，方能拥有从容且健康的心理状态，进而以此心态去拥抱生活、对待他人。当个体突破自我局限，便能逐步构建起更为广泛的社会和谐，诸如夫妻关系的和谐、家庭氛围的和谐、组织内部的和谐等，这些人与人之间的和谐状态，共同构成了"社会和谐"。若再进一步拓展，便是人与自然的和谐共生。

事实上，人类社会的发展需历经多个阶段。客观来讲，当人们连基本的温饱问题都尚未解决时，自然无暇顾及南极企鹅的生存状况。所以，构建和谐社会，首先要着力实现自我和谐与身心和谐，进而推进人与人之间的社会和谐。试想，若一个人总是与自己过不去，内心充满矛盾与冲突，又怎能与他人融洽相处？若其内心长期阴暗，又如何能以阳光积极的心态去应对生活中的种种事务？故而，身心和谐、家庭和谐、团队和谐、社会和谐层层递进，最终达成人与自然的和谐，实现真正意义上的天人合一。正如《中庸》所言："致中和，天地位焉，万物育焉。"这一理念深刻阐述了和谐的至高境界，当万事万物皆达中和状态，天地便能各安其位，万物得以繁荣生长。

中庸

《中庸》与《大学》原为《礼记》中的两篇文章。至北宋时期，程颢、程颐认为这两篇文章具有极高的思想价值，应当予以特别重视，并不断加以强调。到了南宋，朱熹将《大学》与《中庸》从《礼记》中独立出来，与《论语》《孟子》合编为《四书》。朱熹对这四部经典进行了详细的注解与阐释，撰成《四书章句集注》，从而形成了今天我们所见到的代表儒家文化思想核心的经典著作——《四书》。

《中庸》的核心思想在于"用中"，即"执其两端，用其中于民"。这一智慧源自尧、舜、禹的传承，即"允执厥中"。所谓"执两用中"，体现在日常生活中，便是以平常的德行、言语和行为为准则，不偏不倚，始终如一。"中"意味着不偏，"庸"意味着不变。用中是方法，和谐是目标，而真诚则是根本。从"诚"到"中"再到"和"，构成了起点、过程与目标的完整逻辑链条。我们所说的"中庸之道"，强调的是运用中庸的智慧，而孔子所说的"中庸之德"，则更注重中庸的修养。情绪与情感的中正平和，才是中庸修炼的关键。只有理解了这一点，才能真正明白《中庸》中所说的"喜怒哀乐之未发，谓之中；发而皆中节，谓之和"。人性的修养，应当"本于诚，用于中，致于和"，这才是中庸之道的精髓所在。

一、四书排序

在讲座中，笔者特别强调：《大学》是人生的规划蓝图，《中庸》之道则是具有中国特色的成功大道，而《论语》所论及《孟子》所言，则是中国人在这条成功之路上的"交通法规"。

关于四书的学习顺序，通常有以下三种方式：

第一，按照朱熹《四书章句集注》的排列顺序：《大学》《中庸》《论语》《孟子》。

第二，按照由浅入深的学习逻辑排列：《大学》《论语》《孟子》《中庸》。

第三，按照文献成书的时间顺序排列：《论语》《大学》《中庸》《孟子》。

在四书中，《大学》是纲领，《论语》是细目，《孟子》是对《论语》思想的进一步发扬、引申和具体阐发，而《中庸》则是一个综合提升的过程。《中庸》在儒家思想中具有最高的哲学价值，整个儒家的思想体系在《中庸》中得到了形而上的深刻体现。

二、中庸作者

《中庸》这部经典著作，一般认为是由孔子的孙子孔伋所著。孔伋，字子思。子思受业于孔子晚年最为得意的弟子曾参。在教育理念上，圣人孔子秉持着一视同仁的态度，不亲自教授自己的儿子。孔子的儿子名为孔鲤，字伯鱼，伯鱼同孔子的其他学生一同学习，孔子并未对自己的孩子给予特殊关照，不存在所谓的独家秘诀或是开小灶的情况。《论语》中对这一事件有着明确记载，孔子有一位弟子陈亢，有一次，他向伯鱼询问："老师是否教过你一些我们未曾学到的东西呢？"伯鱼回答道："并没有。只是有一回，老师独自站在院子里，我恭敬地快步走过庭院，老师便问我'学诗了吗？'我回答还没有学，老师说'不学诗，就无法恰当地表达自己'。还有一次类似的情形，老师又问我'学礼了吗'？我答未学，老师便说'不学礼，就无法在社会上立足'。"陈亢听后颇为欣喜，他觉得自己这一问收获颇丰，一是知晓了要学习《诗》，二是明白了要学习礼，三是了解到圣人不会对自己的儿子进行特殊教育。由此可见，孔鲤在接受父亲的庭训家教时，并未得到特殊的教育资源。而且，孔鲤资质较为平常，并非天资聪慧之人。不过，孔鲤成婚之后，妻子生下了儿子孔伋，这个孩子却极为聪慧，于是孔子便让自己的学生曾参来教导孙子，所以曾参又是孔伋的老师。孔子为何选择曾参来教导孔伋呢？原因在于，在孔子晚年的众多弟子中，曾参对孔子的思想理解最为透彻。

据说，《论语》正是曾子和有子的门人共同探讨孔子思想后编纂而成的。为何会有这样的说法呢？因为在《论语》之中，对孔子的其他学生大多是直呼其名或者称其字号，例如子路、子贡等，就如同我们现在称呼张先生、王先生一样；而唯独对曾参和有若是以"子"相称，这就好比我们现在提及自己尊敬的曾老师、有老师，足见其尊崇程度。孔伋作为曾子的学生，到了他所处的时代，从孔子算起已是孙子辈。孔伋担忧后世之人难以理解孔子的思想，于是将这些思想整理成了《中庸》。由此可见，《中庸》与《论语》大致形成于同一时期。《论语》是记录孔子思想的原始资料，而《中庸》则是对孔子思想的哲学升华。

当然，关于《中庸》的成书年代，学界也存在不同观点。有人认为《中庸》是战国晚期的作品，甚至有人主张其为汉初的著作。持这种观点的依据是，《中庸》里出现了"书同文、车同轨"这样的表述，而"书同文、车同轨"是秦始皇统一中国之后推行的政策，因此有人据此推断这篇文章不可能早于秦始皇统一中国的时期。对于这一争议，笔者经过辩证分析，更倾向于认定《中庸》为孔伋所著，其中部分语句极有可能是后人在阅读时以注释的形式添加进去的。后世之人在整理文献时，未能清晰区分原著与注释，而是一并传抄下来，在传抄过程中也未加以辨别，所以我们如今所看到的《中庸》，既包含其原文内容，也有后人添加的注释性语句。当然，这种区别在当下已不太容易分辨，我们现在学习的传世文献便是将它们合在一起的版本。

　　《中庸》集中反映了孔子"执中"的思想智慧。在《论语》中，也有几次涉及"中庸"的论述。其中一次是在课堂上，学生向孔子提问。子贡问道："师与商也孰贤？"孔子回答："师也过，商也不及。"子贡又问："然则师愈与？"孔子回应道："过犹不及。"这段的意思就是，子贡向老师请教："子张（师）和子夏（商）相比，谁更优秀一些呢？"孔子说："子张做事往往过于偏激，子夏则常常有所欠缺。"子贡接着问："那么是不是子张更好一点呢？"孔子说："过度和不足是一样的，都不可取。"这表明做事要把握好分寸，既不能过度，也不应欠缺，要做到恰到好处。在《论语·雍也》中，孔子说："中庸之为德也，其至矣乎！民鲜久矣。"《中庸》里也有类似表述："中庸其至矣乎，民鲜久矣。"由于"中庸"这一理念难以企及且不好理解，于是孔伋便决心帮助爷爷孔子，将这一思想阐释清楚并传播开来，《中庸》这部经典也由此诞生。

三、中庸三解

　　《中庸》全文篇幅不长，仅四千余字，然而，这部经典在古代知识分子学习"四书"的进程中，却是最后才敢涉足研读的著作，被公认为儒家学说里最难理解、最为深奥的理论篇章。

东汉经学家郑玄在其注释中写道："中庸者，以其记中和之为用也。庸，用也。"在郑玄看来，"庸"字意为运用、使用。综合而言，中庸所指的是运用适宜的方法、采取恰到好处的举措，遵循符合常规的准则、契合常理的方式，秉持正中常道的理念。北宋理学家程颐对中庸做出这样的阐释："不偏之谓中，不易之谓庸。"也就是说，不偏向任何一方，坚守中正之道，便是"中"；始终保持不变，坚持原则，即为"庸"。《三字经》更是以简洁凝练的语言将其概括为："中不偏，庸不易。"南宋大儒朱熹则进一步指出："中者，无过无不及之名也。庸，平常也。"他认为，所谓"中"，就是既没有过度，也没有欠缺，而"庸"则代表着平常、常规，中道即为日常所应遵循的常理。例如，《周易》中提及的"庸言庸行"，秉持"庸言之行，庸行之谨，闲邪存其诚，善世而不伐，德博而化"的观点，强调日常言语行为要谨慎，秉持真诚之心，为善却不自我夸耀，以广博的德行去感化他人。

若按照"庸"是"用"的解读思路，将"中庸"一词反过来念，便是"庸中"。如此一来，"中庸"最为简单直接的解释便是"用中"。在孔子的言论中，对中庸的阐释为"执其两端，用其中于民"。这一观点可借助坐标来理解，从横向维度看，强调不偏不倚，处于居中、中正的位置，把握事物的两端，运用"中间之道"，做到统筹兼顾；从纵向维度而言，要求不过分、无不及，恰到好处、适度而行，这与当下倡导的科学发展观有着异曲同工之妙，注重事物发展的平衡性与可持续性。

对"度"的精准把握，正是中国文化中"中庸"智慧的核心体现。中庸不仅着重强调横向层面的"执两用中"，还高度重视纵向层面的"无过无不及"。"执两用中"并非僵化、刻板地坚持某一固定立场，而是一种动态的、灵活的处事方式。正如《孟子·尽心上》所云："执中无权，犹执一也。所恶执一者，为其贼道也，举一而废百也。"这表明，仅仅执着于"中间之道"而不知权衡变通，就如同固执地坚持一端，这种片面的做法会损害正道，因为它只顾及一点而忽视了其他方面。

通过理解天平与杆秤的原理，我们能对中国的中庸智慧有更深刻的领悟。人们常言西方的公平理念如同天平，天平的原理较为简单，类似于儿童玩耍的跷跷板，中间设置一个支点，两边放置物品，哪边重量大就向哪边倾斜，唯有两边横向的重量相等时，天平才能达到平衡状态。而中国的"杆秤"原理则复杂得多，其支点并非位于正中间，秤盘也并非完全对称，秤杆被称作"衡"，秤砣被叫作"权"。小小的秤砣能够压住千斤重物，秤盘承载的是纵深方向的重量，秤杆则体现了横向的长度。在使用杆秤时，通过移动秤砣来进行测量，这一过程就是权衡。杆秤所展现的是一种动态平衡，其精妙之处在于既包含了横向的比较，又存在纵向的延伸。将这一原理迁移到我们看待社会问题时，就要求我们不仅要对当下的社会现象进行横向的对比分析，还要关注历史传承在纵向维度上的延续与影响，从而更全面、深入地理解和解决社会问题。

四、开篇三句

《中庸》开篇的三句话，犹如整部经典的总纲领，亦是具有前提性的概论。"天命之谓性，率性之谓道，修道之谓教。"此开篇便抛出了几个宏大且抽象的形而上概念，即"天""命""性""道""修""教"。

人们常言"五十而知天命"，通常的理解是，人至五十，年过半百，命运的走向基本已确定，无须再过度拼搏，毕竟再怎么挣扎也难以改变命运。在此语境中，"天命"带有宿命的意味。然而，在当下社会，道路自信、理论自信、制度自信、文化自信，这些是历史发展至今所呈现的社会特性，亦是我们这一代人所肩负的时代使命。这种历史使命与时代特性（二者表述可相互转换），同样可归结为"天命之谓性"。我们这一代人，凭借半百的人生阅历、半百的学识沉淀，甚至是半百的经验教训，才真切地感知到这个虽无形却切实存在的"天命"。此处的"天命"，并非消极的"宿命"，而是积极的"使命"，是历史与时代赋予我们的"社会责任"，这才是更为积极意义上的"知天命"。《论语》中记载："夫子之文章，可得而闻，夫子之言性与天命，不可得而闻。"由于子贡称难以听闻夫子关于"性与天命"的言论，子思便直接将这一命题提出，直面探讨"天命"与"性"的关系。这里的"性"，既包含时代特性，又关乎地域特性，更关乎人性。有时，我们不愿承认所谓的"命"，但换个角度思考，自己是男性还是女性，这并非个人所能决定。同样，我们所处的时代性、地域性、国民性、经济性、文化性，皆由所处时空所构成的"天命"所决定。"天"可解释为天时，即时间性；"命"则是被赋予之意，天命便是时代赋予我们的特性与使命。

第二句"率性之谓道"，那么"道"究竟是什么呢？"道"是天地、自然、社会运行的规律，是我们身处社会应遵循的秩序、道德规范与行为准则。它虽无形，却真实存在。那么，如何才能契合天地、自然、社会的规律？怎样做才能符合社会发展规律，与社会秩序、道德规范和谐共处，而不产生冲突呢？关键在于探寻"道"。很多时候，人们往往向外寻求，却在这个过程中迷失了自我。其实，"道不远人"，道就在我们身边。《中庸》中提到"率性之谓道"，即依据时空环境赋予自身的特殊性，将这种特殊性发挥到极致，便合乎"道"了。所谓合道，就是率性而为。按照历史性、时代性、社会性以及人性的特征去思考问题、付诸行动，就契合了"道"，符合了事物发展的规律性。人性问题，本质上是人属性的问题，诸如"人是什么""人的本质是什么""人和动物的区别何在""人具备哪些其他物质现象所没有的特质"等，这些都是关乎人性的重大问题。谈及人性与心性，就必然会涉及人性善恶的探讨。

对于人性善恶这一问题的判定，需要有一个前提，即对人性本质达成共识。人性究竟是善还是恶呢？若认定人性本恶，那么率性而为岂不是作恶？按照"率性之谓道"的说法，岂不是走向了魔道？如此一来，便可能肆意妄为，任由恶性发展，从而陷入魔道、鬼道、妖道。因此，这一句极为关键，其潜在含义必然是先认定人性本善。只有在人性本善的前提下，才可以率性而为，将善良本性发挥到极致，从而契合人道。对于"率"字，可做两种解读：其一，若自身为领导者，那就引领众人，遵循社会规律，实现可持续发展，这便合了道。其二，若自身并非领导者，那就跟随这种善性，任由其引领自己前行。

基于对人性善恶的判断，儒家思想衍生出了诸多重要理论，如礼治、心学等。后来的儒家大思想家们所探讨的根本问题，几乎都未脱离这一范畴。以朱熹的理学和王阳明的心学为例，阳明心学尤为典型。王阳明大力倡导"致良知"，他认为，人们在面对具体事务时，无须向外寻求他人的意见，只需依照自己内心的良知去行动，便不会犯错。这种反躬自省、扪心自问的方式，本质上是与大道相契合的，也与孔子所倡导的"忠恕"思想一脉相承。所谓"忠"，就是要忠于本心，正如古人所说"尽己之谓忠"；所谓"恕"，则是推己及人，即"推己之谓恕"。如此一来，既合乎了内心的真实感受，又顺应了外在的客观规律。所以，要理解"率性之谓道"这句话，必须以人性本善为前提。上天有好生之德，赋予人类的本性是善良的，在此基础上，充分发挥善良的本质，便能合乎道的要求。

倘若人们真的能够透彻理解"道"的内涵，依据自身善良的人性去体悟，将善良的本性充分挖掘出来，实际上也就找到了为人处世的根本之道，这便是"致良知"的深刻含义。从本质上讲，如果人人都能坚信人性本善，并积极思考如何将这种善良本性发扬光大，那不就与道相契合了吗？然而，现实中为何有人无法做到这一点呢？原因在于，他们缺乏对这一问题的深刻觉悟与体悟，甚至在某些时候，连思考此类问题的意识都没有。我们身边不乏这样的人，他们从不自我反省，总是盲目地自我感觉良好，对于对错全然不放在心上，这种行为属于任性使气，是毫无理性的"任性"，而非遵循规律的"率性"行为。当人们无法做到率性，无法体悟自己的本性时，该怎么办呢？此时，就需要从认识道、学习道、修养道的角度入手，努力提升自己，这便是"修"的意义所在。

所以，"修道之谓教"，当人们对"道"的认知模糊不清时，就需要通过学习与修养来加深理解。学习的终极目标，教育的崇高使命，皆在于让人"知道"，即认清人与天地自然、人与社会、人与自己内心之间的规律与本质特征。学习与教育的根本目的就在于此，故而才有"修道之谓教"的说法。教育的核心任务，便是引导人们"学修传"。谈及"修"，又与其他儒家经典紧密相连。《大学》中明确指出："自天子以至于庶人，壹是皆以修身为本。""修身以道，修道以仁""仁者人也，义者宜也"，仁义便是个人修养所应秉持的价值取向。

儒家思想向来注重入世，倡导脚踏实地，不做空谈。因此，《中庸》开篇的三句话，实际上是从儒家对人性的基本判断出发，对人生道路的选择与践行做出了纲领性的阐述。"天命之谓性，率性之谓道，修道之谓教"，这三句话蕴含着无穷无尽的深意，倘若能够参悟透彻，便可以说对整个儒学思想有了较为深刻的理解。《中庸》之所以难以理解，原因也正在于此。它开篇便直入主题，没有任何铺垫，直接抛出核心观点，需要读者慢慢品味、细细领悟。哲学性的文章往往具有高度的抽象性，属于形而上学的范畴，探讨的是超越有形物质之上的无形之理，而非具体的器物。

道家也常常论及"道"，其论述往往玄之又玄。那么，儒家又是如何强调"道"的呢？《中庸》中指出："道也者，不可须臾离也；可离非道也。"关于这一观点，西方的一些大学者也持有类似的看法。荣格的一句话令笔者感触颇深："不管人生理想多么高远，其实是依据着你基本的感觉生活，你每天都是在做你身边能做的事，这就是你的道。"这表明，依据自身的基本感觉去做力所能及的事情，便是践行道的体现。我们将身边日常所涉及的事情处理妥当，便符合了道的要求。从自身生活的点滴中去体悟，更能深刻感受到"道不远人"。

在《中庸》中，孔子说："道之不行也，我知之矣。知者过之，愚者不及也。道之不明也，我知之矣。贤者过之，不肖者不及也。人莫不饮食也，鲜能知味也。"这句话与《大学》中的观点相互呼应，《大学》中也强调"视而不见，听而不闻，食而不知其味"。这里孔子以饮食为例，指出人们每天都离不开饮食，但很少有人能够真正品味出食物的本味。实际上，孔子是借此比喻，告诫我们要像品味食物的真味一样，用心去体悟生活中的"道"，即那个无过无不及的"中庸之道"。

五、恶紫乱朱

儒家经典著作《中庸》所阐述的"中庸"，与我们在日常生活中提及的"中庸"，有着本质上的区别。《中庸》里所强调的"中庸"，乃是一种适度的哲学标准，蕴含着深刻的哲理与智慧。它是对世间万物运行规律的精准把握，追求万事万物皆能达到恰到好处、不偏不倚的理想状态。而在生活语境中，当我们评价某个人的行为"中庸"时，往往是指这个人为人处世平庸且圆滑，缺乏鲜明的个性与果敢的决断力。从词义表面看，二者有相似之处，但深入探究其内涵，实则大相径庭。我们必须保持清晰的认知，切不可将生活中这种被曲解的"中庸"概念，与儒家经典中所倡导的"中庸"混为一谈。

孔子曾着重强调"恶似是而非者"。世间最令人厌恶的，莫过于那些看似正确，实则谬误的事物。它们往往具有一定的迷惑性，让人难以在第一时间辨别真伪。就如同"恶紫之乱朱也"，紫色由红色和蓝色调和而成，是一种杂色，却因其色泽艳丽，常被误当作正色，从而扰乱了人们对纯正红色的认知。在音乐领域，孔子同样感慨"恶郑声之乱雅乐也"。郑声，作为一种靡靡之音，虽也被称为音乐，但其风格多萎靡、低俗，不仅无法激励人们积极向上，净化心灵，反而如腐蚀剂一般，侵蚀着人们的精神世界，左右着人们的情绪，与庄重、典雅、能滋养人心的雅乐形成鲜明对比。此外，孔子还对"乡愿"深恶痛绝，称"恶乡原，恐其乱德也"。在《孟子·尽心下》中，对"乡愿"有着这样的描述："非之无举也，刺之无刺也；同乎流俗，合乎污世；居之似忠信，行之似廉洁；众皆悦之，自以为是，而不可与入尧舜之道，故曰'德之贼'也。"这类人看似中庸，实则虚伪至极。他们表面上与世俗同流合污，言行举止伪装得忠诚守信、廉洁奉公，实则内心空洞，毫无道德原则，是道德的破坏者。所以，我们务必清晰地区分，日常所讲的"中庸"与儒家经典文献中所倡导的"中庸"截然不同。儒家经典中的"中庸"，是引导人们走上一条合乎"度"的正确道路，追求恰到好处的平衡与和谐；而我们平常所说的"中庸"，往往带有贬义，指的是那些含糊其词、优柔寡断、为求自保而耍小聪明的行为。正如傅雷在其翻译的《名人传》的序言中说："中庸、苟且、小智小慧，是我们的致命伤。"与之形成鲜明对比的是，儒家的"中庸"强调的是对"度"的精准拿捏，追求"恰好"的境界。它既包含在不同情境下"此一时，彼一时"的灵活变通，又体现出"爵禄可辞，白刃可蹈，中庸不可能也"的坚定信念。由此可见，儒家的"中庸"与日常生活中被误解的"中庸"，有着天壤之别，当下人们对"中庸"一词的使用，实际上是对传统文化中"中庸"精神的严重误解。

值得注意的是，孔子并未提及"中庸之道"，而是称"中庸之德"。通过对"道德"概念的深入探讨，我们可知："道"侧重于客观规律，是世间万物运行的法则；"德"则侧重于主观修养，关乎个人内在品德的塑造。孔子将"中庸"视作一种品质修养，体现了他对个人内在品质提升的高度重视。唯有深刻理解这一点，我们才能更好地领会《中庸》中对"中庸"的经典论述："喜怒哀乐之未发，谓之中；发而皆中节，谓之和。中也者，天下之大本；和也者，天下之达道也。致中和，天地位焉，万物育焉。""喜怒哀乐"是人类与生俱来的性情，属于情绪与情感的范畴。当这些情绪情感尚未表露于外时，处于一种内在的潜藏状态，即所谓的"藏于中"；而当它们得以抒发时，若能做到不温不火、从容恰当，符合一定的节度，便是"和"的境界。知晓孔子所强调的"中庸"重点聚焦于性情层面，我们便能深刻理解中华文化为何如此重视"礼乐"。因为"乐以和情，礼以节行"，音乐能够调和人的情感，礼仪则用于规范人的行为。只有真正领悟并运用好这一理念，才能达到孔子所说的"立于礼，成于乐"的境界。内心从容快乐，是人格成熟的重要标志，也是人性的根本素养，更是"中庸之德"的具体体现。

六、执两用中

在《中庸》里，孔子感叹："道其不行矣夫。"孔子认为道难以推行，根源在于人们虽身处生活之中，却缺乏自我反省，未能领悟自身之道。智者行事往往过度，愚者则有所不及；贤者易走极端，不肖者又达不到标准，皆未能合乎中道。不是过犹不及，就是未达火候，致使中道长久以来难以有效推行与贯彻。曾经理想而和谐的正道，如今已被彻底打乱。故而孔子发出"道其不行矣夫"的喟叹，实际上，这指的是在社会生活与政治生活中，难以践行中道。

历史上，哪些人善于运用"中"的理念？孔子紧接着说："舜其大知也与！舜好问而好察迩言，隐恶而扬善，执其两端，用其中于民，其斯以为舜乎！"舜堪称大智之人，他求知欲极为强烈，遇事便虚心求教，不仅好问，还善于"好察迩言"，能够对身边的言语行为进行认真考核与体悟，从日常平凡生活中提炼出为人处世的道理。舜秉持隐恶扬善的态度。社会生活中存在善恶两面，该如何对待？他选择不过多提及恶的一面，而是着重强调善的一面。因为即便持续批评恶，人们的注意力仍会聚焦于此，从而产生负面影响。例如，当下部分新闻媒体热衷于披露、批评社会问题，有些甚至将批评作为主要任务。这固然有一定作用，能促使大家关注并消除负面现象。然而，过度强调负面内容，会导致人们目之所见、耳之所闻、心之所想皆为负面信息，进而产生负面情绪。尤其在儿童教育方面，负面教育远不及正面教育有效。有人主张，儿童教育应以表扬为主，正所谓"好孩子是夸出来的"。在孩子成长过程中，若常听到表扬与肯定，便会更积极地向善的方向努力，不良习惯与毛病也会逐渐被忘却、戒除。反之，若像有些母亲那样，一味挑剔孩子的毛病，最终孩子会觉得自己浑身是错，毫无优点。一旦超出心理承受能力，孩子可能会自暴自弃，朝着不良方向发展。一旦孩子产生逆反心理，再过度批评，反而会将其推向问题的另一端。

舜深知善恶，却能隐恶扬善，"执其两端，用其中于民"。在治理国家、引领民众时，他既不过分追求极高目标，也不将社会上的落后、不健康问题全盘抛出，始终秉持适度原则。在儒家经典记载中，尧传位于舜时，强调"允执厥中"。舜传位于大禹时，这句话进一步细化为"人心惟危，道心惟微；惟精惟一，允执厥中"。随着世风渐下，道愈发难以彰显，怎样才能符合道的要求呢？需"惟精惟一"，专注执着于道，坚守"允执厥中"，这里的"厥中"即"其中"，核心在于执两用中。这便是儒家所崇尚的"执中"思维方式。"执其两端用其中"，这里的"中"并非简单的中间立场，而是要在两种极端、两种可能性中，选取最适宜、最符合目标的那一种。因此，可将中庸理解为：一种不偏不倚、中正平和的人生态度，以及凡事不求绝对、避免偏激的适度原则。

面对原则性问题，《中庸》指出："天下国家可均也，爵禄可辞也，白刃可蹈也，中庸不可能也。"真的无法做到吗？实则是困难重重，但即便不可能做到，也要坚守，绝不改变，这就是一种执中固守的精神。

七、择乎中庸

谈及中庸，若对其进行阐释，我们大多能够理解。中庸并非晦涩难懂，它不就是倡导无过无不及，追求适度、秉持中间路线吗？道理看似浅显，然而关键并非在于理解层面，而在于即便理解了，践行起来却极为困难。在《中庸》第七章里，孔子曾言："人皆曰予知，驱而纳诸罟擭陷阱之中，而莫之知辟也。人皆曰予知，择乎中庸而不能期月守也。"

所谓"罟擭"，乃是捕兽的器具，陷阱则是为捕获野兽而在地上深挖并加以伪装的坑洞，野兽一旦踏上便会深陷其中，难以自行逃脱。人亦如此，人们常宣称自己聪慧有知，可当真正陷入类似机关或陷阱般的困境时，同样"莫之知避也"，难以幸免，这不过是一个形象的例证。

"人皆曰予知，择乎中庸而不能期月守也"，意即人人都表示自己知晓中庸之道，觉得不过如此。然而，若真要依照中庸的标准去生活，实际上连坚持一个月都难。由此可见，仅仅知晓中庸并无实际效用，知晓之后更需践行。有些道理便是这般，看似极为简单，正所谓"三岁孩子听得懂，八十老翁做不到"。从理解的角度而言，并不困难，可若要始终如一地遵循这条道路去行动，那就异常艰难了。正因如此，能够做到这一点，才意味着达到了一定的境界。

在孔子心中，谁能做到这一点呢？毋庸置疑，历史上他所尊崇的舜便是这样的人。在他的弟子当中，其实也不乏践行者。虽说难以始终保持完美，但确有人依照中庸的要求行事，此人便是孔子的弟子颜回。《中庸》中记载，孔子夸赞颜回："回之为人也，择乎中庸，得一善，则拳拳服膺而弗失之矣。"颜回着实令人钦佩，他选择践行中庸之道。何以见得？当他在学习上有所收获、行为上积累经验，或是听到朋友的忠告、老人的叮嘱，乃至对问题有了正确的理解时，便会真诚且认真地依照自己所认知、所理解的"善"去努力践行，并且持之以恒。这正是中庸的一种体现，他在不断追求中庸，亦在践行"用中"之道。

八、中庸之理

《中庸》堪称一篇逻辑性极为严谨的文章，它高度集中地反映了儒家哲学思想，实则是一篇具有总结性质的著作。它旨在依据儒家对世界的认知，将儒家思想的核心精神构建成一种内在的逻辑关联。倘若无法领会这种内在逻辑，阅读《中庸》便会倍感吃力。

《中庸》究竟妙在何处？程颢指出："中庸始言一理，中散为万事，末复合为一理。"从论述方式来看，其逻辑极为严密。开篇先抛出一个观点作为立论基础，接着在中间部分，运用理论与实践等各个层面的事例加以论证，这是一个演绎的过程，即将一个理论进行分解阐述。待把各个层面都剖析透彻后，再进行归纳总结。这便是程颢对《中庸》的评价。若只是浅尝辄止地阅读《中庸》，会觉得它是一篇极为形而上、抽象难懂的文章，然而程颢却洞悉其中奥秘。理论源于实践且高于实践，他从这一理论中洞察到了能够总结出该理论的丰富现实层面，故而称其为"皆实学也"。《中庸》有云："善读者，玩索而有得焉，则终身用之，有不能尽者矣。"意思是善于阅读的人，仔细探究琢磨定会有所收获，并且这些收获能让人终身受益。朱熹极为推崇《中庸》，但他觉得仅凭自己一人的推崇缺乏足够说服力，于是引用了程颢、程颐对《中庸》的评价，作为对《中庸章句》的点评。众人对《中庸》推崇备至，将其地位抬得如此之高，它到底好在哪里呢？实际上，《中庸》开篇便为所有人生道理探寻到了一个源头，并且它对这个源头的认知，可视为整个儒家思想内在逻辑的一种认定。

从这个角度审视"中庸"，它便不再显得高高在上、晦涩难懂。中庸早已深深扎根于万事万物发展的核心规律之中，中庸之道就蕴含在寻常道理之中。然而，正是这种看似再平凡不过的理念，几乎堪称儒家学说中至高无上的精神追求，同时也是最为艰难的处世准则。

《中庸》有言："极高明而道中庸。"即在平实的中庸之道中，能够达成一种完美的境界。正因为"庸"代表着常态，所以难以提炼精髓；又因为"中"意味着恰到好处，所以实践起来困难重重。中庸既是待人接物的态度，也是做事的艺术，更是掌控局面的能力，尤其体现在个人品德修养方面。

九、中庸之用

在《论语》里有这样一段场景。孔子的两个学生，与孔子一同探讨做事的方法。冉有问道："听到了就去做吗？"孔子回答："当然，听到了就付诸行动。"子路也提出同样的问题，但孔子却说道："有父兄在世，怎能听了就做呢？"其他学生听闻，不禁感到困惑："老师，冉有问您，听了就做吗？您说做；子路问同样问题，您却说不能做。这是为何？"实际上，孔子秉持"有教无类"的教育理念，但会因材施教。冉有性格偏内向，孔子为激励他，便鼓励其听到就行动；子路性格鲁莽，孔子为约束他，便告诫不可贸然行事。子路行事易过，冉有则稍显不及，过与不及皆不可取，唯有恰到好处才是正道。孔子如此教导，正是在践行"戒过免不及"的用中之道。

依循中庸理念处理纷争，绝非简单粗暴地快刀斩乱麻，以免留下无穷后患，而是需深入体察各方的顾虑、苦衷、利益以及隐患，进而探寻出能让各方尽可能满意的协调办法。1955年，周恩来总理在亚非万隆会议上提出的"求同存异"方针，堪称中庸思想在当代国际关系交往中的绝佳体现。各国保留自身差异，共同承担责任，使得制度、文化各异的亚非国家得以实现互利共赢。由此可见，中庸的本质就是在平衡各方利益后达成共赢局面。

中庸之道所能企及的最佳境界，便是"致中和"。正如《中庸》所言的"致中和，天地位焉，万物育焉"，意即当达到中和状态时，天地万物与人皆能和谐共生、和平共处。那么，从何处着手实现这一境界呢？答案是从"诚"开始。"唯天下至诚，为能经纶天下之大经，立天下之大本，知天地之化育。"唯有具备至诚之心，才能深谙天地化育之道，进而可与天地并参，与日月同辉。有些未能读懂《中庸》的人，认为此篇有两个主题：一是"中庸"，二是"诚"。实则不然，《中庸》的内在逻辑关系为"本于诚，用于中，至于和"。把握"诚、中、和"这三个字，对中庸的理解便不会出现太大偏差。

胡适曾言："中庸的哲学，可说是一般中国人的宗教。"由此可见，中庸的指导思想在深受传统文化熏陶的华夏大地无处不在。例如，兵家主张"穷寇勿追"，强调给对方与己方都留有余地；政界多信奉"功成身退"，告诫人们不要登峰造极，见好就收；在为人处世方面，追求"光而不耀"，即散发温暖光芒却不灼伤他人，引人注目却不刻意张扬。中庸倡导不张扬的人格、不走极端的发展路径、不过度逼迫的追求方式，推崇安近怀远、与人为善、进退有度、人我皆宜的处世态度。

然而，中庸绝非如许多人误解的那般，是做四面讨好的好好先生。中庸实则是在消解矛盾时坚守原则，在忍让中保持坚定，在平和中蕴含坚韧，在包容中坚守底线。以中庸为根本，面对世间诸事，便能减少因私欲引发的战争、因敌对导致的厮杀、因隔阂产生的冲突以及因极端思想而存在的矛盾。无论是国际关系、民族关系、人际关系，还是自我内心的关系，皆可遵循"本于诚，用于中，致于和"的准则，因赤诚之心而处事得当，因得当处理而实现共赢。做到圆融变通，经世致用。

历经两千余年，中庸的精义愈发展现出蓬勃的生命力。它融会贯通、和谐共融，能够促使理论举一反三，实现知行合一，真正将智慧贯彻于古今生活之中。中庸是一种朴素诚恳的力量，是一种悲悯达观的情怀，是一种守中取正的操守，它既闪耀于至高至圣的哲学殿堂，又体现在平凡日常的点滴之中。可以说，中庸必将成为中华民族奉献给全人类的最高智慧。

　　孔子注重立志，而孟子则强调养气。在《论语·子罕》中，孔子有言："三军可夺帅，匹夫不可夺志。"而在《孟子·公孙丑上》中，孟子则提出了"吾善养吾浩然之气"的观点。孔子所言的"志"指的是人生目标，然而仅有目标并不足够，因此孟子补充了"气"的概念。气，作为动力和能量的象征，体现了人的主观能动性，通俗而言，即人的心气儿。孟子所言的浩然之气，正如文天祥所歌颂的阳刚之气，是一种顶天立地、正大光明的人间正气。

　　志气，这一概念在不同的层面上展现出其独特的意义。对于个人而言，它体现了一种积极向上的人生态度；在家庭中，它则化身为代代相传的家风；在企业中，它凝聚为企业文化的核心；在部队里，它铸就了敢于亮剑的军魂；而对于一个国家来说，它便升华为不屈不挠的爱国精神。

　　儒家文化中，立志教育被赋予了极高的重

视。以《神童诗》中的诗句为证："朝为田舍郎，暮登天子堂。将相本无种，男儿当自强。"这不仅是对孩童的激励，更是儒家强调立志的生动体现。然而，道家持有不同的观点。在《道德经》中，老子提出"虚其心，实其腹，弱其志，强其骨，常使民无知无欲，使夫智者不敢为也"。他并不鼓励百姓怀有过多的理想和追求。对此，儒家持有异议。儒家认为，每个人都可以有自己的理想和追求，而不应受到限制。他们主张在具体而微的层面上，可以保持和谐而各具特色；在宏观的层面上，则应将个人的志气与民族的追求相融合。这种融合，正是儒家所倡导的中国梦的体现。

孔子极为重视立志的重要性，他曾言："吾十有五而志于学，三十而立。"在青年人的成长道路上，首要之事便是立志，尤其是立志于学问。孔子还以松柏为喻，说道："岁寒，然后知松柏之后凋也。"以此强调坚韧不拔之志。在其他场合，孔子也屡次提及"志于道，据于德，依于仁，游于艺"，其中特别强调了"志于道"的重要性。对于这一主题，孔子可谓不遗余力，他甚至表达过对"朝闻道，夕死可矣"的极端重视。此外，孔子还指出"苟志于仁矣，无恶矣"，进一步强调了立志追求仁德的重要性。

一、理想目标

"志"，是内心深处的志向与理想，是我们矢志不渝想要达成的目标。"志"这一概念，最早可追溯至《尚书·盘庚》。盘庚迁都之际，曾留下"若射之有志"的言论，意思是，就如同射箭需要有靶子一样。在中国古代的射箭训练中，箭要射向何处呢？人们会用兽皮蒙住一捆稻草，在其中心位置涂上一个醒目的红心作为标记，这个标记便是"志"。它既是我们射箭的目标，实际上也是"目的"一词中"的"的含义。随着时间的推移，"志"的含义逐渐演变，先是转变为做记号。而后，由于文字的出现，信息得以跨越地域和时间进行传播。于是，用文字对事物进行标记、标识，就有了"记录"的意思。比如，人们用文字将本地发生的事情做些标识留存下来，这便是"地方志"；若以文字为媒介，把当天的事情记录下来，就称作"日志"。这些词义都是从"志"原本的含义衍生转换而来的，而它最初的意义，就是指目标。

孔子极为重视立志教育，高度关注人生理想的树立，常常与弟子们展开关于理想的探讨，培养他们的世界观。孔子所谈论的"志"，本质上就是一个目标。孟子对孔子的这一理念心领神会，他曾说："士何事？尚志！"意即一个能够独立立足于社会的人，他所追求的是什么呢？是崇尚高远的志向，要有崇高的理想。

孔子在十五岁时便立志向学，决心潜心读书。到了三十岁，他已能够在社会上站稳脚跟，运用所学知识为社会贡献力量。为何孔子说"十有五而志于学，三十而立"呢？若想深入理解孔子的这番话，我们不妨参考中国古代的其他文献。班固在《汉书·艺文志》中记载："古之学者耕且养，三年而通一艺，存其大体，玩经文而已，是故用日少而蓄德多，三十而五经立也。"这里强调的是，古代的学者一边从事劳动，一边坚持学习，每三年就能够精通一部经典。如此算来，十五年便能学完《五经》。从十五岁开始立志学习，历经十五年恰好到三十岁。学完五经之后，便领悟了先贤智慧所蕴含的为人处世的准则，从而能够立足社会，这便是"三十而立"的内涵。所以孔子强调，为学的首要任务便是立志。

在中国文化的语境中，若要在民族发展的进程中走好自己的人生之路，同样需要给自己确立一个目标。这个目标是什么呢？依照中国文化中儒家的理想，那便是"格致诚正修齐治平"，即从格物、致知、诚意、正心，一直到修身、齐家、治国、平天下。其中，平天下是终极目标。我们民族文化所设立的目标极为远大，因此，具体到我们每个人身上，实现起来并非易事。也正因如此，它才成为一代又一代中国人心中不懈追求的梦想。有些目标一旦实现便被超越，也就无法再作为我们的理想，而仅仅成为迈向新目标的起点。

二、师生论志

孔子对立志的重视，并非仅停留在概念的阐释上，在日常教学中，他也时常与学生们深入探讨人生理想。他常常询问学生们所立下的志向，而他的几位得意门生也会定期向老师汇报自己的理想追求。

在《论语·公冶长》里，记载了一段孔子与颜回、子路三人探讨理想志向的精彩对话。孔子率先发问："盍各言尔志？"意思是，你们为何不各自谈谈自己的理想与志向呢？子路率先回答："愿车马，衣轻裘，与朋友共，敝之而无憾。"其大意是，自己期望拥有车马，身着华美的裘衣，并且能够毫无保留地与朋友共同享用，即便这些东西在使用过程中有所损耗，也不会感到丝毫遗憾。在子路心中，朋友之间理应共享财物，这种分享体现了他对友情的珍视与豁达。颜回接着说道："愿无伐善，无施劳。"颜回的理想是，当取得些许成绩时，不会自我吹嘘；在从事工作时，不会给他人增添麻烦与负担。颜回的话语，展现出他谦逊低调、为他人着想的高尚品德。这两位学生都是从自身对美好人生的向往出发，阐述了各自的理想。子路性格直爽，与老师交流时毫无顾忌，于是他反问道："愿闻子之志。"意思是，也想听听老师您的理想与志向。孔子回应道："老者安之，朋友信之，少者怀之。"也就是说，希望能让老年人安享晚年，使朋友们彼此信任，奋斗一生能给后人留下值得怀念的东西，让我们的下一代铭记我们。对于"少者怀之"，有一种解释是关怀未成年人，这固然有其合理性，但从更贴合语境的角度来看，给晚辈留下深刻的思想遗产，让后人铭记先辈的功绩与智慧，似乎更为恰当。孔子的这一理想，从个人层面而言，看似并非遥不可及，只要用心去做，就能达成。然而，若人人都能践行这一理想，则大同理想便不再是遥远的梦想，而是能够切实实现的美好愿景。就孔子自身的影响力而言，他的这一理想在当今时代，从某种程度上来说，已经得到了充分的体现。他所留下的儒家思想，历经千年传承，深刻影响着一代又一代的中国人，成为中华民族宝贵的精神财富，真正做到了让后人铭记与敬仰。

《论语·先进》中最为长篇的记载，便是孔子与弟子们畅谈人生理想的深刻对话。

子路、曾皙、冉有、公西华侍坐。子曰："以吾一日长乎尔，毋吾以也。居则曰：'不吾知也！'如或知尔，则何以哉？"子路率尔而对曰："千乘之国，摄乎大国之间，加之以师旅，因之以饥馑；由也为之，比及三年，可使有勇，且知方也。"夫子哂之。"求！尔何如？"对曰："方六七十，如五六十，求也为之，比及三年，可使足民。如其礼乐，以俟君子。""赤！尔何如？"对曰："非曰能之，愿学焉。宗庙之事，如会同，端章甫，愿为小相焉。""点！尔何如？"鼓瑟希，铿尔，舍瑟而作，对曰："异乎三子者之撰。"子曰："何伤乎？亦各言其志也。"曰："莫春者，春服既成，冠者五六人，童子六七人，浴乎沂，风乎舞雩，咏而归。"夫子喟然叹曰："吾与点也！"三子者出，曾皙后。曾皙曰："夫三子者之言何如？"子曰："亦各言其志也已矣。"

曰："夫子何哂由也？"曰："为国以礼。其言不让，是故哂之。""唯求则非邦也与？""安见方六七十如五六十而非邦也者？""唯赤则非邦也与？""宗庙会同，非诸侯而何？赤也为之小，孰能为之大？"

这段文字的大体意思是：某一天，子路、曾皙、冉有、公西华几位学生与老师孔子相聚一处，或许正值课余闲暇，大家随意闲谈。而孔子在教学之余，有意借此机会考查学生。他说道："以吾一日长乎尔，毋吾以也。居则曰：'不吾知也！'如或知尔，则何以哉？"这段话用词文雅，其含义为：我不过是比你们年长些许，你们切莫因我而有所拘束，不要将我视作你们学习的唯一标准与尺度，你们理应青出于蓝，成就超越于我。平日里，你们常常感慨无人理解自己，倘若真有赏识之人出现，你们又将如何作为呢？孔子的教学方式极为巧妙，他善于从学生的内心诉求出发，循循善诱，逐步引导学生畅谈自身的理想与志向。

在《论语·宪问》《论语·学而》和《论语·里仁》中，孔子提及"不患人之不己知，患其不能也""不患人之不己知，患不知人也""不患莫己知，求为可知也"。面对弟子们，他亦如此说：你们总抱怨无人赏识，若此刻有人理解你们、有意任用你们，你们打算做些什么呢？这番话犹如一把火，瞬间点燃了弟子们心中的理想之光。弟子们听闻老师这般询问，顿时来了兴致。率先发言的是孔门的重要弟子子路，他仅比孔子小九岁。子路在孔门弟子中，个性极为鲜明，为人崇尚勇毅。起初，他与孔子交往时，内心并不服气，甚至曾想对孔子不敬。然而，孔子仅通过些许启发与诱导，便令子路心悦诚服，从此拜孔子为师。平日里，子路与孔子交流时，向来心直口快，他本性向善，且性格直率。故而，当老师询问弟子们的志向时，他毫不犹豫，率先起身作答。

《论语》清晰记载，当孔子询问众弟子志向时，子路"率尔而对曰"，只见他极为直率、不假思索地迅速站起身来，满怀激情地说道："千乘之国，摄乎大国之间，加之以师旅，因之以饥馑；由也为之，比及三年，可使有勇，且知方也。"在当时的时代背景下，"千乘之国"无疑属于实力强劲的大国。古代衡量国家国力强弱的一个重要指标，便是军队中兵车的数量。相关资料表明，彼时八百户人家所缴纳的赋税，刚好能够供养一辆兵车。关于"一乘"所配备的马匹数量，存在不同说法，有人认为是四匹，也有人主张是两匹。从安阳殷墟的考古发现可知，殷商时期一乘大多为两匹马，但到了春秋时期，四匹马牵引的马车已十分常见。不过，无论马匹数量如何，拥有千乘的国家必然是大国。子路所阐述的理想与志向便是，即便面对一个处于强国环绕之间，饱受战争磨难且遭遇严重饥荒，百姓甚至连基本温饱都难以保障的千乘之国，若由他来治理，只需短短三年时间，他便能让这个国家的民众充满勇气，并且讲文明、懂礼貌，深刻懂得如何以正确的态度面对生活的种种挑战。

子路慷慨激昂地陈述完这一番充满雄心壮志的话语后，身为老师的孔子又会有怎样的反应呢？《论语》中在此处有一段颇为引人深思的描写——"夫子哂之"。那么，究竟何为"哂之"呢？常见的解释将"哂"理解为微微一笑，即孔子听完子路的话后，只是嘴角微微上扬露出笑容。然而，在笔者看来，这种解释略显刻板与片面，未必能精准契合原意。从汉字的构成来看，"哂"字左边为"口"，右边是"西"，属于典型的形声字，"口"作为形旁表义，"西"作为声旁表声。由此推断，"哂之"实则是孔子发出的一种声音。那会是怎样的一种声音呢？恰似我们在日常生活中，当内心对某事物或某人持有轻蔑态度时，从口中极为不屑地发出的一声"切"。在当今社会，我们依旧会用这种方式来直观地表达不屑。孔子为何会有如此反应呢？这与他的核心思想紧密相关。在孔子的思想体系里，若要成功治理好一个大国，推行礼治乃是首要且关键的任务。而当孔子询问子路理想之时，子路全然没有展现出应有的谦逊态度，一站起来便滔滔不绝、口若悬河地夸夸其谈。在孔子眼中，子路此举无疑有些好大喜功、自我吹嘘。子路自身都未能深刻领会礼让的真谛，不具备谦逊的品德，又怎能期望他去引导所治理之地的百姓做到"且知方也"呢？所以，孔子的"夫子哂之"，实际上更像是带着明显不屑情绪发出的那一声近似"切"的笑，其中蕴含着对子路言行的含蓄批评与谆谆教导。

紧接着，孔子转而询问："求，尔何如？"此处的"求"指的便是冉有。冉有担任季氏的家宰，由于他协助季氏家族向百姓增加赋税，这一行为令孔子极为不满，甚至让其他学生对其加以声讨。此刻，几位弟子正一同与老师探讨志向与理想，在孔子对子路的轻率与吹嘘表示不屑后，便转头询问冉有。冉有回答道："方六七十，如五六十，求也为之，比及三年，可使足民，如其礼乐，以俟君子。"冉有见老师对子路那般态度，自己收敛了许多，言辞也变得谦逊温和。他不敢提及治理千乘之国，而是说在方圆六七十里，或者更小些，五六十里的区域，也有说法认为是长六七十里、宽五六十里的范围。倘若由他来治理，只需三年，便能让百姓过上富足的生活，实现温饱。但要是谈及让百姓知礼好乐，他自觉难以做到，需等待更具德行的君子来完成，故而强调"以俟君子"。相较于子路，冉有的态度明显谦和了许多。

孔子听完，并未点评，紧接着又问："赤，尔何如？""赤"即公西华，他是年龄较小的学生。公西华目睹老师对子路的态度，以及冉有表达完观点后老师的反应，于是态度愈发谨慎、谦恭。他说道："非曰能之，愿学焉。"意思是，自己不敢说能做成什么，只是愿意不断学习。接着又说："宗庙之事，如会同，端章甫，愿为小相焉。"意思是，在宗庙祭祀或是诸侯会盟之时，他愿意身着礼服，头戴礼帽，穿戴得整整齐齐，在其中担任一个小相。用如今的话来讲，小相便是"司仪"。他表示自己期望能担任这样一个角色。如此一来，公西华将自己的姿态又放低了一些。孔子听后，同样未作任何表态。随后，孔子又向另一位弟子发问："点，尔何如？""点"指的是曾晳，他是曾参的父亲，也叫曾点。因正值课余时间，弟子们都较为放松。此时的曾晳在做什么呢？他正在弹奏瑟，瑟是古代的一种乐器，类似于如今的琴。"鼓瑟希"，表明他弹奏瑟正接近尾声，随后"铿尔"一声，发出了最后的收尾音。之后，曾晳放下瑟，站起身来说："异乎三子者之撰。"意思是，自己的理想与其他三位同学的截然不同。孔子回应道："何伤乎，亦各言其志也。"意思是，这并无妨碍，今日大家在此就是畅谈理想，让曾晳尽管说来。曾晳便说道："莫春者，春服既成，冠者五六人，童子六七人。""莫春"即暮春，在暮春三月之时，自己身着春服，与五六个成年友人、六七个孩童相伴。"浴乎沂，风乎舞雩，咏而归"，即在春末夏初之际，能在沂水中畅快游泳，与朋友们在舞雩台上悠然乘凉，"风乎舞雩"描绘出那种轻松惬意、畅快无比的状态。兴之所至时，大家或是高歌一曲，或是朗诵诗歌以抒发内心的情感，尽情玩乐之后，再一同踏上归程。曾晳说，这便是自己的理想。

这是怎样的一种理想呢？这是一种试图摆脱社会上的风云争斗，渴望回归自然、热爱自然、亲近大自然生活，对和谐美好自然人生的向往。孔子听完后"喟然叹曰"，感慨万千地说"吾与点也"，我也想像你这般啊！实则，这需在社会和平发展、人民生活相对富足、无战争且安定的环境下才有可能实现。倘若战争频仍、百姓流离失所、社会动荡不安，又怎能有闲暇时光与朋友带着小孩一同去游泳，而后歌咏而归呢？饭都吃不饱，何来这份闲情逸致？所以，孔子这句"吾与点也"，体现了儒家知识分子期望社会相对安定富足之后回归自然的一种人生感悟。不过，儒家的亲近自然与道家、佛家不同，并非独享其乐，而是与朋友、孩子一起的"众乐乐"。"吾与点也"是儒家美学观点之一。这便是孔子与弟子们之间关于理想和志向的一段对话。

待这段话说完，子路、冉有、公西华三人相继离去。曾皙遂问："夫三子者之言何如？"老师，他们三人说得如何？曾皙心中有些没底，便向老师请教。老师答道："亦各言其志也矣已。"不过是各自谈谈理想志向罢了。

曾皙又问："夫子何哂由也？"那您为何唯独嘲讽子路呢？曾皙对此颇为不解。孔子说："为国以礼。"若想治理好国家，当以礼治国，而子路"其言不让，是故哂之"。子路大大咧咧地站起来吹牛，趾高气扬地说自己能治理千乘之国，且三年内可让老百姓"有勇且知方也"，实则太过不谦虚，如此不谦虚，是难以治理好国家的，故而我讥讽了他一下。

"唯求则非邦也与？"冉有所言并非治国之道吧？孔子说，他怎么不是在谈治国呢？"安见方六七十如五六十，而非邦也者？"谁见过方圆五六十里的地方，那不是邦国又是什么？"唯赤非邦也与？"曾皙又说，那公西华的志向并非治国吧？孔子回应道："宗庙会同，非诸侯而何？赤也为之小，孰能为之大！"宗庙祭祀、诸侯会盟之时，皆是各路诸侯相聚，在这样的会议上，公西华能担任小相，做司仪，若这志向算小，那还有何志向算大呢？用如今的话来说，公西华并非只想治理某一个邦国，其志向是要做联合国秘书长。他在诸侯相会时担任主持人，若认为这志向小，那还有什么理想堪称远大呢？所以，孔子充分肯定了这些弟子们的理想和志向，在肯定之中又有所批评，他强调子路不可无礼，无礼便无法治理好国家。此处其实也体现了孔子一以贯之的思想——中庸之道。中庸为何？乃无过无不及，过分自信亦不可取，过犹不及。故而孔子戒过勉不及，那勉励体现在何处呢？在孔子与弟子各言其志的这段对话中，便暗含着孔子的期许。

有学者称，孔子最后与曾皙的这段讨论，实则是在勉励曾皙。其观点是，看子路，虽有些狂放，但理想高远、志向宏大；冉有的理想亦不小；公西华虽年轻，却也志存高远，唯独曾皙——彼时曾皙年龄较大，其理想并非安邦治国，只想着逍遥自在。所以，部分学者认为，孔子的这段话还有暗暗激励曾皙之意。此即勉不及，故而中庸之道需寻求中道，戒过且勉不及。

三、养浩然之气

气为何物？气，是一种动力，老百姓常称其为"心劲儿"。若用更抽象、哲理化的语言表述，那便是"人的主观能动性"。本质而言，气是一种能量。志，作为目标，恰似汽车行驶时掌控方向的方向盘；气，作为动力，犹如汽车的汽油，由发动机掌控。仅有目标，缺乏能量，显然不行。即便目标宏伟远大，但若自身能量不足，也只能是纸上谈兵，毫无用处。反之，仅有能量却无目标，人这一生便会碌碌无为，庸庸度日。志为目标，气为能量，若能明白气即能量这一要义，那么正气，便是当下我们所倡导的正能量。实际上，正能量正是中华优秀传统文化中正气的体现，而正能量的极致呈现，便是"浩然之气"。

气的概念有着诸多发散性的引申，诸如能量、人的主观能动性以及积极进取的精神等。我们常说"积极性就是生产力"，当下亦有"科学技术是第一生产力"的论断，这无疑是正确的。科学技术是实打实的硬指标，然而，人的主观能动性虽为弹性的软指标，却同样具备生产力的属性。试想，一个人清晨五点便起床学习，与九点才起床应付工作，两者所产生的效果必定大相径庭。所以，这种积极性蕴含着巨大的生产力，希望大家铭记这一点。它不仅对自身大有裨益，日后若为人父母教育子女，或是身为教师培育学生，都务必将"志气"这一积极的人生价值观念传递给他们。一旦成功建立起这种价值观念，它便会转化为一种内生动力。拥有这种内生动力的人，无需依赖外在条件，便能持之以恒地向上发展。正如《论语·雍也》中，孔子对颜回的赞叹："一箪食，一瓢饮，在陋巷，人不堪其忧，回也不改其乐。"即便外部环境艰苦卓绝，但其内生动力却极为充沛。在唐代文学家王勃的《滕王阁序》中有云："穷且益坚，不坠青云之志。老当益壮，宁移白首之心。"这便是生命能量强大的生动体现——志向高远、能量充沛。

究竟什么是浩然之气？气，是一种心劲，一种动力，而浩然之气，则是一种极为纯正且强大的心劲，是一股极为强大的力量。有人或许会问，能否更清晰地描述一下浩然之气？孟子曾言"难言也"。的确，浩然之气乃是一种力量充沛、气势磅礴的气，"其为气也，至大至刚"，它无比博大，又充满阳刚之气。就如同文天祥在创作《正气歌》时，对浩然之气进行了剖析，"天地有正气，杂然赋流形"，天地之间存在着一种正气，它广泛地赋予世间万物各种形态，"在天为日月，在地为河山"，于人而言，便是浩然之气。《正气歌》着重强调的正气，其源头便来自孟子所倡导的浩然之气。

在《孟子·公孙丑上》中，浩然之气"以直至大至刚，养而无害，则塞于天地之间"。对于这股心劲，我们应悉心培养，每日激励自己，时刻保有这样一股心劲、一种正气，绝不能做出猥琐、苟且之事来损害它。倘若今日做些不当之事，明日又心生杂念，整日不思正事，那么这股气便会消散，这便是所谓的"泄气"。所以，浩然之气需至大至刚，通过正直的方式培养且不使其受到损害。《孟子·公孙丑上》中又提到："其为气也，配义与道；无是，馁也。是集义所生者，非义袭而取之也。行有不慊于心，则馁矣。"这为我们提供了涵养浩然之气的最佳方法，即要让气与义、道相匹配。具体该如何理解呢？首先是"配义"，若这股气缺乏正义的支撑，满心都是干坏事的念头，那显然不行，这绝称不上是浩然之气。只有在正义的支撑下，这股气才会充满力量，才称得上是"仗义""义气"。

如今，我们夸赞社会中的男子汉、英雄人物，首先说他讲义气。这里的"气"，必须有"义"作为引导，否则便会沦为胡乱使气、任性妄为。若将这股气用于做坏事，那便是歪风邪气；若稍显强盛，便成了霸气；若沾染些流氓习性，便成了江湖气。所以，这股气必须纯正，是正气，是义气。同时，还得配上"道"，道义往往紧密相连，不可分割。倘若没有正义与道德的加持，这股气便极易萎靡，坚持不了多久便会消散，变得毫无力量。这是为何呢？因为所做之事不正当，自然无法持之以恒。以我们从事传统文化传播、教育工作为例，当我们认定这项工作是正义的、符合正道的行为时，内心的这股心劲便会源源不断地向外迸发，这便是浩然之气的体现。

孟子尤为强调人要养气，并对志与气有着辩证的认识。他说："夫志，气之帅也。"理想，是能量的统帅。"气者，体之充也。"气，是充盈于人体之内的力量。仅有志而无气，即便理想再宏大，也难以实现目标。这就如同一条船在茫茫大海中航行，即便燃料充足，但若不知驶向何方，也只能在原地打转。反之，仅有目标，却缺乏动力与燃料，同样无法前行。所以，孔子倡导立志，孟子则补充了养气，最终实现志气合一，这成了中华民族的核心思想。中华民族之所以能够自强不息、厚德载物，始终保持着积极向上的精神风貌，不断努力奋进，正是主流意识形态的儒家文化历经数代人持续发展的结果。

在传统文化向现代回归的当下，浩然之气作为我们的文化精髓，意义非凡。在传统文化中，那些健康阳光的元素发挥着积极作用，它们无疑正是先进文化的重要组成部分。我们的民族正是在这样的文化氛围中发展、生存并繁衍至今，这种志气早已深深根植于每个人的骨子里。

在《孟子·公孙丑上》中，告子说过："不得于言，勿求于心。

不得于心，勿求于气。"孟子则回应："不得于心，勿求于气，可。不得于言，勿求于心，不可。"这句话蕴含深意，当一个人内心尚未有所感悟时，却要强行展现出相应的气势与精神状态，这是难以做到的。实际上，内心感受与精神状态相辅相成，良好的精神状态能让心中的理想更加明晰，志向更为坚定。"不得于言，勿求于心，不可"，不能仅因一个人言语上不善表达，就认定其内心没有想法，有些人虽不善言辞，内心却有着丰富的思考。这表明言语与内心并非完全一致，而内心与精神气质却紧密相连。所以说，在认识上没有心得，就不应强求从精神面貌上展现，而对于言语与内心的关系，则不能一概而论，因为语言和思想并非总是同步。这四句话重点强调了内心精神、理想与气质之间的统一性。

我们常说一个人，尤其是青年人或孩子，在人生道路上积极健康，会夸赞其"有志气"，这里"志"与"气"连用，实则包含两层含义，意味着这个人既有明确的人生理想，又有朝着理想积极追求的实际行动。我们现在强调，一个成功的人生必须具备多方面因素：第一，需树立明确目标，此为"志"。第二，必须拥有积极心态，这便是"气"。第三，离不开不懈努力，即付诸"行动"。第四，必须选择正确道路，这就是"道"。第五，必须认清自己，找准出发点。从儒家文化角度而言，这种出发点基于人性本善，须守住那份真诚。"诚"是做好一切事情的起点，是成就人生的基础。"诚、志、气、道、行"，这些正是中华文化为我们提供实现人生成功所必备的关键要素。

只要我们坚持做正义之事，走正道，始终追求积极、健康的人生，内心便会充盈着一股正气。如此一来，每天的生活都会充满干劲，会觉得阳光格外明媚，空气格外清新，天气格外晴朗，工作起来也会精神饱满、充满活力。

学习

《论语》开篇便言"学而时习之，不亦说乎"。

学习这一观念，无疑是古圣先贤馈赠给后人最为珍贵的精神财富。身为华夏子孙，重视学习乃应尽之责。孔子以自身经历，为我们树立起终身学习的典范。在《论语·为政》中，孔子自述："吾十有五而志于学，三十而立，四十而不惑，五十而知天命，六十而耳顺，七十则从心所欲，不逾矩。"他自十五岁立志向学，秉持着活到老学到老的态度，直至暮年，仍展现出"学而不厌，诲人不倦""发愤忘食，乐以忘忧，不知老之将至云尔"这般纯粹的学者形象。正是由于孔子树立的这一光辉形象与典范，使得中国人始终致力于打造学习型的社会模式。就个体而言，追求学习型人生；对于组织来说，构建学习型组织，推而广之，整个社会亦朝着学习型社会迈进。故而，我们所不懈追求的，便是全员学习、终身学习的理想状态。

于儒家思想体系而言，学习堪称实现理想智慧的必由之路。正如"好学近乎智"所点明，积极向学能让人趋近于睿智。同时，"学而不思则罔，思而不学则殆"，又精准地阐述了学习与思考需相辅相成，缺一不可，唯有如此，方能在求知之途稳步前行。

在《论语·阳货》中有云："好仁不好学，其蔽也愚；好知不好学，其蔽也荡；好信不好学，其蔽也贼；好直不好学，其蔽也绞；好勇不好学，其蔽也乱；好刚不好学，其蔽也狂。"

一、学习出处

"学"与"习"二字，在中华文化中有着深厚的渊源与丰富的内涵。从字形来看，"学"的繁体字"學"，上部仿若两只手，小心捧着"爻"，这"爻"原是古时计数的草棍，下部是房屋，屋内有个孩子，恰似孩童在屋内专心算数，形象地展现出中国古代汲取知识的场景。而"习"的繁体字"習"，上部为"羽"，象征小鸟双翅，下部经甲骨文考证为"臼"，代表鸟窝。《说文解字》将"习"释为"鸟数飞"，仲夏时节，山崖间羽翼渐丰的小鹰开始练习飞翔，这便是"习"的由来。"学习"一词最早出自《礼记》中的"鹰乃学习"。

鸟类学飞需多次练习，人类亦如此。"学"是汲取知识，"习"则是运用知识，未经练习，所学知识难以真正掌握与运用。在当下知识爆炸、信息海量的时代，单纯记忆知识价值有限，关键在于将知识转化为能力，实现"文化"从名词到动词的转变，如同冰雪融化、草木绿化，教育的使命便是通过知识实现人的转化，而途径便是做到"专业知识常识化"。以会计学为例，专业账本外行看来晦涩难懂，对会计而言却是常识；法律知识于普通人较为专业，律师却了如指掌。如何做到常识化？百姓所言"习以为常"便是答案。

学习与我们的日常生活紧密相连。比如，听国学讲座，若不复习，三个月后记忆便支离破碎，三年后甚至忘得一干二净。作为讲授国学的教师，讲课时对专业知识应信手拈来，像"之乎者也"这类内容，虽对大众陌生，却是教师必须掌握的常识。要让专业知识常识化，就得通过练习、温习、复习、见习、实习等方式加强。经典知识亦是如此，晋代陈寿在《三国志·魏志·王肃传》中提到"书读百遍，其义自见"，读《大学》等经典，初读无甚感觉，读上八十遍虽仍存疑惑，但后续二十遍会让理解层层深入，到一百遍时难点便会清晰浮现，此时结合正确注释，便能牢记于心。《中庸》亦有云："人一能之，己百之，人十能之，己千之。果能此道矣，虽愚必明，虽柔必强。"将《大学》《中庸》等经典读上千遍，其智慧便能融入思维，成为思考、判断、表达的依据，用经典智慧思考问题、表达思想、判断对错，让经典在现代生活中焕发光彩。

二、学而时习

"习"的概念源于小鸟日复一日地训练飞翔，后来逐渐演化为我们在学习过程中对知识的反复复习与实践应用。在此，"学而时习之"中的"时"字尤为关键。对于"时"，一种观点认为是时时复习，强调不间断地巩固知识。另一种观点则认为是按时复习，意味着要及时将所学知识应用到社会实践当中。孔子教学以六艺为纲，六艺有两种解读：其一指六经，即《诗》《书》《礼》《乐》《易》《春秋》。其二指六种技能，包括书写、算术、射箭、驾车、礼仪规范和音乐。无论是六经理论的研习，还是六种技能的掌握，学生不仅要从理论层面吸收知识，更要及时付诸实践，通过持续训练让知识掌握得更为扎实、熟练。这与当下追求"专业知识常识化"的理念一致，只有让专业知识在心中熟透，才能更好地运用于社会实践，做到运用自如、"左右逢源"。

学习讲究时机，无论是学习六经还是六种技能，都宜趁早开始。康熙自幼便开启学习之路，根据史料，他五岁时从《三字经》《百家姓》《千字文》等启蒙读物入手，少年时期深入研习四书五经，还常与学识渊博的大臣探讨儒家经典。此后，他命儒臣编纂《日讲》系列书籍留予后人。这种早期奠定的坚实学习基础，对其日后治国理政大有裨益，这正是注重"时"的体现。中国传统农耕社会讲究"不违农时"，民间有"过了芒种，不可强种"的说法；孔子被孟子誉为"时圣"，这些都凸显了"时"的重要性。

儒家认为，提升智慧的关键在于学习，《中庸》中提到："好学近乎智，力行近乎仁，知耻近乎勇。"儒家倡导的仁义礼智信，需通过知识的汲取与积累来涵养，这既包括书本知识的学习，也涵盖实践经验的积累。明代书画家董其昌在《画禅室随笔》中有云："读万卷书，行万里路。"经典承载着数千年的智慧，无需历经五千年的人生百态，人们便能通过阅读经典汲取其中精华，实现智慧的提升。当然，每个人对知识的接受能力各异，有些人读书能心领神会，有些人则需通过实践才能深刻感悟，但无论何种方式，皆属于学习的范畴。

在《论语·卫灵公》中，孔子曾言："吾尝终日不食，终夜不寝，以思；无益，不如学也。"孔子自述曾整日不食、彻夜不眠地思考，却发觉并无太多收获，反不如投身学习。他极为重视"学"，但也并非否定思考的价值，而是强调"学而不思则罔，思而不学则殆"，学与思相辅相成。通过学习获取知识，借助思考消化知识，最终将其转化为自身本领与实际行动，用以指导社会实践与日常生活。

儒家所倡导的学习理念，适用于人生成长的各个阶段，在当下倡导终身学习的时代背景下，其意义愈发凸显。随着社会的飞速发展，只有不断更新知识储备，才能紧跟时代步伐。在当今社会，学习已成为个人立足社会的优秀品质与重要能力，即所谓的"学习力"。若能养成每日手不释卷的学习习惯，人生之路往往不会差，领袖人物亦是如此。美国前总统尼克松访华时，在书房见到毛泽东，大为惊叹，认为毛泽东更似一位隐居的智者，而非统帅十亿民众的风云人物，因为毛泽东的书房里有一张斜放且带有坡度的大床，便于躺着或坐在藤椅上翻阅书籍。正如唐代诗人卢照邻在《长安古意》中所写："寂寂寥寥扬子居，年年岁岁一床书。"

阅读经典书籍，犹如与智者对话。向经典学习，是儒家鼓励人们积极进取、追求"苟日新，日日新，又日新"的重要途径之一。拥有强大的学习力，人生也将更具价值。

三、以学破蔽

孔子极为重视学习的作用，他指出，人生的修养以及诸多美好的德行，倘若缺乏学习的辅佐，便容易偏离正轨，难以臻于完善。在《论语·阳货》中，孔子与学生子路的一段对话，对我们理解学习的意义大有裨益。孔子问道："由也，女闻六言六蔽矣乎？"意即子路，你可曾听闻过六种品德及其对应的六种弊病？这里的六言，指的是儒家文化所强调的道德标准，而孔子意在探讨，这些看似美好的道德，实则存在不足之处。子路回答"未也"，表示并不知晓。此时，孔子郑重地说道："居！吾语女。"一个"居"字，尽显师长的威严，仿佛在告诉子路：你坐端正了，我来给你细细讲述六言六蔽的内涵。

首先，"好仁不好学，其蔽也愚。"仁，在儒家文化中占据着核心地位，是孔子最为推崇的理念。然而，孔子对仁的阐释充满了辩证思维。他认为，若仅仅怀有仁爱之心，却不努力学习以分辨社会中的善恶，只是盲目地施予仁爱，就容易陷入"愚"的境地，恰似"农夫与蛇""东郭先生与狼"的故事那般。这种仁爱实则是一种迂腐，是不辨是非的愚昧，最终可能导致好心办坏事，甚至在无意间助纣为虐。孔子在其他场合也曾强调："唯仁人为能爱人，能恶人。"真正践行仁道之人，不仅要有爱人之心，更要有憎恶人、明辨善恶的能力，做到敢爱敢恨、爱憎分明，这才是真正的大仁者。

其次，"好知不好学，其蔽也荡。"有些人天生聪慧、富有智慧，但倘若不勤奋学习，便会出现弊端。所谓"荡"，即缺乏规范、原则与约束。一个人若空有聪明才智却不学习，其聪明往往会毫无节制地肆意发挥，有时会沦为小聪明，有时甚至会演变成狡黠。正如"贼是小人，智过君子"所言，虽有智慧，却需通过持续学习加以补充，使其在规范与理性的框架内发挥作用，如此方能成为真正有益于人的大智慧。由此可见，学习对于智慧有着不可或缺的约束与补充功效。

第三，"好信不好学，其蔽也贼。"这里的"贼"，意为被贼害、受伤害。一个人若极为守信，一旦许下承诺便坚决履行，然而若不学习，就极易被小人利用。因为他无法分辨善恶好坏，难以判断哪些诺言应当信守，哪些则需视情况而定，正如《孟子·离娄下》中所说："夫大人者，言不必信，行不必果，惟义所在。"若缺乏学习，没有"义"作为信守诺言的原则与参考，其守信之举便容易被他人利用，从而遭受伤害。这清晰地表明，学习对于守信起着约束、参考与指导的重要作用。

第四，"好直不好学，其蔽也绞。"倘若一个人本性直率，却不注重学习，那么在处理问题时便不会讲究方式方法。其行事往往直来直去，时常不合时宜，有时甚至表现得固执己见，陷入胡搅蛮缠、不懂得运用策略的状态。所以孔子强调"好直不好学，其蔽也绞"，学习能够帮助直率之人更好地把握行事的分寸与方法。

第五，"好勇不好学，其蔽也乱。"一个人若空有胆量与勇气，却缺乏学习的辅助，便无法明确哪些事情值得勇敢去做，哪些情况下应当适当示弱。这样的人极易惹出麻烦，制造混乱。因此，学习对于勇气有着约束与引导的作用，使其能够在正确的情境下得以恰当发挥。

最后，"好刚不好学，其蔽也狂。"倘若一个人性格刚烈，又不热衷于学习，其弊端便会体现在刚愎自用、狂妄自大上。这类人往往刚愎自用，听不进他人的意见，行事特立独行。若不通过学习加以修正，就很容易陷入狂妄的泥沼。由此可见，仁、知、信、直、勇、刚这些性格品格方面的特质，虽在本性中可能存在优良的一面，但要充分发扬其善的一面，就必须借助学习的力量。孔子在对这些道德规范进行评价时，着重强调了学习所具有的意义、影响力，以及学习在其中所发挥的参与作用、平衡价值与修正力量。

四、为己之学

学习的目的究竟为何？有一种观点认为，儒家文化倡导"学而优则仕"，便将学习目的简单归结为做官。实则不然，"学而优则仕"中，做官并非终极目标，为官之后，是要借助权力之力，致力于改造社会，践行"亲民，新民，明明德"于天下的理想。

孔子自身强调"古之学者为己，今之学者为人"。其含义是，古时真正热衷于学习、潜心钻研学问之人，学习是为了提升自身道德修养。并非学了知识后，为在他人面前彰显自己学识渊博，凭借知识与学问高人一等、成为人上人。学习的核心目的应是修养的精进。孔子在日常生活中，面对他人对其社会影响力的夸赞时，也有自我评价。在《论语·公冶长》中，他说："十室之邑，必有忠信如丘者焉，不如丘之好学也。"意思是，即便在仅有十户人家的小地方，也必定有像我一样忠厚诚信之人，甚至在待人宽厚方面，可能还有比我更出色的。那为何自己能有所成就？关键在于自己好学，始终保持对学习的热忱。

在学习的具体态度与方法上，《论语·述而》记载孔子所言："默而识之，学而不厌，诲人不倦，何有于我哉！""默而识之"，即学习知识时，对于知识要点，需在内心中牢牢记住，用现代的话说就是背诵、默记，务必将知识铭记于心，随后不断复习，使其熟练掌握。"学而不厌"的"厌"意为满足、餍足，学习不应满足于现状，要有不断进取之心。"诲人不倦"则是在教学过程中，将自身所学知识传递给学生，同时以自己对人生的理解持续开导、教育他们。在刻苦学习这一点上，《论语·子罕》中有云："譬如为山，未成一篑，止，吾止也。譬如平地，虽覆一篑，进，吾往也。"如同堆积土石成山，若在只差一筐土便能成功时停下，那是自己主动放弃；又像在平地上填土，即便仅倒下一筐土，只要决心前进，便会努力为之。这深刻表明，学习在于自身，能否努力学习取决于自身是否全力以赴，恰似积土成山，全在个人的坚持与付出。

学习的范畴并非仅局限于书本知识。那么，怎样才算得上是好好学习呢？《论语·学而》中，孔子指出："君子食无求饱，居无求安。敏于事而慎于言，就有道而正焉。可谓好学也已。"若真能做到"敏于事慎于言，就有道而正焉"，即做事高效、说话谨慎，且行事符合道义准则，如此便近乎达到"好学"的境界。孔子整个学习的目的实则是求道，他在追求道的历程中曾坚定地表示："朝闻道，夕死可矣。"倘若真能领悟"道"，即便付出生命的代价也毫无怨言，足见其对求道的执着与热忱。

孔子所言"敏而好学，不耻下问"，与"三人行，必有我师焉"如出一辙，均彰显了好学的特质。孔子不仅从书本中汲取知识，更在与社会各界人士的交往中博采众长。他一方面以身作则，强调终身学习的重要性，自身始终保持对学习的热忱。另一方面，也谆谆教诲弟子要勤奋向学。在孔门众多弟子里，颜回备受孔子称赞。《论语·雍也》记录了孔子与季康子的一段对话，季康子询问："弟子孰为好学？"孔子答道："有颜回者好学，不幸短命死矣。今也则亡。"颜回堪称孔子最得意的弟子。孔子曾与子贡探讨颜回的聪慧程度，他问子贡："你与颜回相比，谁更聪明？"子贡在孔门弟子中出类拔萃，听闻老师询问，谦逊回应："赐也何敢望回"，表示自己远不及颜回，颜回能"闻一以知十"，而自己仅能"闻一以知二"。孔子听后，既对颜回的聪慧表示认同，又为子贡的谦虚感到欣慰，师徒二人就此达成共识，孔子亦感慨：

"弗如也,弗如也",坦言比不上颜回。

彼时,孔子已因好学,聪慧与多智而闻名于世,有人赞誉他为圣人、仁人。在《论语·述而》中记载了孔子的回应:"若圣与仁,则吾岂敢。抑为之不厌,诲人不倦,则可谓云尔矣。"他谦逊地表示,不敢妄称圣人或仁人,不过是"为之不厌,诲人不倦"罢了,这与前文提及的"学而不厌,诲人不倦"在本质上相通,只是措辞略有差异。弟子们则感叹:"正唯弟子不能学也。"正是因为这份坚持,他们才难以企及。

那么,孔子都学些什么呢?韩愈在《师说》中写道:"圣人无常师,孔子师郯子、苌弘、师襄、老聃。"孔子一边求学,一边以六经六艺教导弟子。《论语》记载了孔子学《易》的刻苦,"韦编三绝""居则在席,行则在橐",足见其对《易》学钻研之深;也记录了他学乐的用功。"孔子在齐闻《韶》,三月不知肉味。不图为乐之至于斯也。"孔子在齐国听闻《韶》乐后,沉醉其中,三个月都忘却了肉的滋味,且据文献记载,他学音乐时极为投入。有一次,他跟随音乐家学琴,老师认为孔子达到一定程度可以继续往下学,孔子却认为自己尚未掌握好当前阶段,要求再学一遍。又弹了一回后,老师觉得可以了,孔子却称虽熟悉了旋律,但尚未领悟音乐所蕴含的形象。又过了一段时间,孔子对乐曲极为熟悉,演奏时能清晰地想象出音乐所描绘的人物形象,他说此人定是文王。老师大为震惊,起身行礼,惊叹孔子所言极是,原来这首曲子正是《文王操》。

孔子的好学并非局限于文献,也绝非为了学习而学习。在《论语·雍也》中有云:"君子博学于文,约之以礼,亦可以弗畔矣夫。"他主张学以致用,所学知识不仅要广博,行为更要用礼仪加以规范,而礼仪本身也是学习的成果。这实际上是一个将内在学习外化为行动的过程,以内在修养为根基,外化为符合礼仪的行为标准,即内修外用。在中国文化史上,这种内修外用的理念被推崇至极致,便是内圣外王之道，通过不断完善内在修养，实现齐家、治国、平天下的目标。孔子认为做到"博学于文，约之以礼"，便能在社会生活中行事得当，学习知识最终要服务于社会。

然而在现实社会中，即便学有所成，也未必能顺利将知识应用于实践，且学了知识也不一定能得到他人认可，被全面、正确地了解。针对这一问题，在《论语》中有诸多孔子的论述。在《论语·宪问》中，他说"不患人之不己知，患其不能也"，告诫人们不必担忧他人不了解自己，而应忧虑自身能力不足；在《论语·里仁》中，又说"不患人之不己知，求为可知也"，强调应担忧自己缺乏知识，要深入学习真理；在《论语·学而》中，还说"不患人之不己知，患不知人也"，表明不应以他人不了解自己为憾，而应以不了解他人为忧。孔子的学生子夏对其学习理念进一步引申，在《论语·子张》中，子夏说："日知其所亡，月无忘其所能，可谓好学也已矣。"即每日要知晓哪些时间被浪费，时刻反省时光流逝中学习时间的被挤占；每月不要忘记自己擅长与专注之事，明确自己的目标。"日省月试""学有缉熙于光明"，每日反省、每月考核，审视自己的学习与追求，确保所学知识转化为自身本领，如此可称好学。正如俗语"日计不足，而月计有余"，日常学习或许看似平淡，但长期积累便能收获显著成果。《论语·卫灵公》中记载孔子云："君子病无能焉，不病人之不己知也。"君子应将自身能力不足视为忧患，而非担忧他人不理解自己，这体现了孔子一以贯之的思想。

在学习与教育的过程中，孔子有时也会感慨自己不被理解。《论语·宪问》记载，子曰："莫我知也夫！"子贡曰："何为其莫知子也？"子曰："不怨天，不尤人，下学而上达，知我者其天乎？"孔子感叹无人理解自己，尽管此前他多次强调"不患人之不己知"，但仍向弟子倾诉心声。子贡疑惑询问，孔子解释自己努力学习是为了学以致用，对社会有所贡献，而真正能理解自己的或许只有上天。这里的

"天"并非异己的神灵，而是命运，正所谓"谋事在人，成事在天"。

《论语·述而》还记录了孔子的一段话：子曰："二三子，以我为隐乎？吾无隐乎尔，吾无行而不与二三子者，是丘也。"孔子向弟子表明，自己毫无保留，将所知倾囊相授。他通过自身努力学习与言传身教，培养出一批优秀学生，旨在通过学习与实践，构建或恢复如周王朝般繁荣的社会局面，推动社会由小康迈向大同。这便是孔子强调为学、重视学习的根本目的。正如笔者在自序中所说，今日学习者读《论语》，"博学而笃志，切问而近思，可以为仁矣"，这句话最能切中自身，对读书之人而言是极为有益的忠告。孔子的学习思想，对当下人们的终身学习以及构建学习型社会，依然具有重要的现实意义。

　　智勇双全，向来是令人倾慕的英雄特质，在众多文学艺术作品中，诸多鲜活的人物形象便展现出这一特质，而其背后的精神根源，恰恰来自儒家文化所倡导的"智"与"勇"。

　　《论语·子罕》中提到："知者不惑，仁者不忧，勇者不惧。""知"通"智"。智、仁、勇，被儒家视为"三达德"，是极为高尚的人格品质。这一概念并非孤立，其背后关联着一套庞大且深奥的理论体系。正如《中庸》所云："好学近乎知，力行近乎仁，知耻近乎勇。"

　　为何儒家文化能够成为我国主流文化，而道家文化更多扮演着对儒家文化的平衡、制约乃至反作用力的角色呢？这是因为道家对于许多儒家积极宣扬、热衷倡导的理念持有不同态度，起到了一种"降温"作用。道家认为"智慧出，有大伪"，并且指出"民之所以难治，以其智多"。然而，道家对于"勇敢"有着清晰且独到的区分，这对于青少年为人处世以及成长有着深刻的启迪。《道德经》有言："勇于敢则杀，勇于不敢则活。"这里的"勇"指的是源自内心的勇气，而"敢"却近乎莽撞、逞匹夫之勇。在现实生活中，面对不健康的行为，例如，喝酒时盲目拼酒，或是打牌从娱乐滑向赌博，此时若能勇敢地说出"不敢"，绝非怯懦之举。韩信甘愿受胯下之辱，管仲曾做临阵逃兵，他们并非胆小怕事，相反，这体现了他们强大的心理承受能力，能够做到宠辱不惊，这才是真正的大勇，恰是"知耻近乎勇"的生动诠释。

一、智

在儒家文化体系里，"智"占据着极为重要的地位，它是儒家五常"仁义礼智信"的关键组成部分。这里的"智"是一个宽泛的概念，既涵盖了智商水平、理解能力、洞察能力、知识储备量以及知识运用的熟练程度，也涉及一个人分辨"仁义礼"等儒家核心理念的能力，以及在生活中践行"仁义礼"从而达成"信"这一境界的认知深度与理解程度，这些均属于儒家"智"的具体体现。在儒家经典《论语》中，孔子常常将"智"与"仁"相提并论，他既着重强调"智"的价值，又对"仁"予以高度重视，认为二者相辅相成、不可偏废，从人的全面发展与进步视角而言，唯有二者相互作用，才是最为理想的状态。

（一）通往智慧的途径

道家思想充满了深邃的智慧，然而对于普通百姓层面的"智"，似乎缺乏兴趣。老子在《道德经》中直言："民之所以难治，以其智多。"

佛教对"智"持肯定态度，常将其与"慧"并举，倡导"转识成智，定静生慧"。众多佛菩萨被称为智者，它们皆是智慧的象征。儒家则格外强调，若要成为智者，必须勤奋学习。随着知识积累的不断增多，智慧便能得以提升，这同样契合"转识成智""好学近乎知（智）"的理念。学习理应成为我们每个人所秉持的良好生活方式。在古代，对于我们如今所说的"学习"，古人有着不同的表述，如"学而时习之"，其中"学"意为汲取知识，"习"则是运用知识。身处知识爆炸的现代社会，即便我们拥有过目不忘的超强记忆力，也难以与电脑的存储及运算能力相提并论。所以，学会将知识转化为能力显得尤为重要。那么，如何才能实现这一转化呢？有一个衡量标准，即让专业知识常识化。而要达成专业知识常识化，就需要不断实践，使之成为日常习惯。正如孔子所言："学而不思则罔，思而不学则殆。"通过学与习的结合、学与思的互动以及学与行的统一，方能迈向智慧的境界。由此可见，获取智慧的必经之路便是勤奋学习。需要明确的是，智慧绝非小聪明，学习恰恰是摒弃小聪明的缺陷、提升大智慧的最佳途径。孔子曾警示："好仁不好学，其蔽也愚；好知不好学，其蔽也荡；好信不好学，其蔽也贼；好直不好学，其蔽也绞；好勇不好学，其蔽也乱；好刚不好学，其蔽也狂。"这深刻表明，若想避免迂腐、轻狂、放荡、胡搅蛮缠以及犯上作乱等不良行为，持续学习是关键。如此一来，我们便有望成为像孔子那般的贤达之士。在《论语·宪问》中，孔子说："君子道者三，我无能焉：知者不惑，仁者不忧，勇者不惧。"子贡则回应道："夫子自道也。"所以，学习的根本目的就在于提升自身的智慧水平。

（二）能使枉直

儒家探讨"智"时，将知人善任视为"智"的一种重要体现。孔子的弟子们常常就这一概念向孔子请教，希望老师给出更为具体的解释。在《论语·颜渊》中，便记录了孔门弟子樊迟与孔子这样一段对话。樊迟向孔子询问什么是"仁"，孔子回答道："爱人。"随后，樊迟又追问什么是"智"，孔子给出的答案是"知人"。这里孔子所言之"智"，意即若能做到知人善任，精准了解人心，不仅明晰自身需求，还能洞察他人所想，在人际交往中透彻把握对方心理，便可称之为"智"。

然而，樊迟在孔子的学生中，性格较为憨直，理解能力稍显不足，并非能对孔子的教诲一听即通。面对樊迟满脸的疑惑，孔子进一步解释道："举直错诸枉，能使枉者直。"这句话的含义是，要推举正直之人，褒扬他们正确的行为，将正确之事置于错误之事之上，把正直之人推至领导岗位，此为"举直错诸枉"。让正直之人去管理品德有所欠缺者，持续强调并弘扬正确与正气的一面，不良现象便会逐渐萎缩，错误也能在正确的引导下得以纠正，这便是为社会与民族树立善恶标准，属于道德建设范畴，正是智者的作为，亦彰显了仁爱之心。

这一理念虽历经岁月变迁，但在现实生活中，尤其是家庭教育方面，仍具有深远的借鉴意义。当下，部分家长在教育子女时，过度关注孩子的缺点，常将自家孩子与他人比较，一味强调别家孩子如何专注学习，却忽视了自家孩子的闪光点。实际上，更为明智的教育方式是，即便孩子存在不足，家长也应善于发现并夸赞其优点，让孩子明确正确的行为方向，引导他们在成长过程中主动改正不良行为。这种激励式、表扬式的教育，对孩子的身心健康发展更为有利。

樊迟在听完孔子"举直错诸枉，能使枉者直"的解释后，依旧未能领会其中深意。由于不便再向老师追问，他退下后便向同学子夏请教。子夏聪慧过人，不仅自己对孔子的教诲理解深刻，还深受触动，感慨道："富哉言乎！"子夏通过举例阐释了孔子言论的深刻内涵，他提到，大舜能够坐拥天下，关键在于"选于众，举皋陶"。舜称帝后，大力推行选贤任能之举，从众人之中选拔出皋陶等贤能之士，委以重任。正因舜能任用贤才，使得各项事务得以妥善治理，无须事必躬亲，这无疑展现出卓越的智慧。由此可见，领导者具备知人善任的能力，能够将德才兼备之人选拔至合适岗位，是其智慧的首要体现。

选拔贤才，体现了对高尚品德的尊崇，这是"仁"的彰显；选拔有能之人，则是"智"的体现。贤与能皆为优良品质，任用贤能之士担任要职，既能提升社会道德水准，又能增强领导效能，造福民众。在当今时代，"智"还体现在科技创新等推动社会进步的领域，这同样是造福于民的体现，亦是"仁"与"智"的结合。正如《论语·颜渊》所记载："汤有天下，选于众，举伊尹，而不仁者远矣。"伊尹原本只是一名厨师，却凭借以调味作喻阐述治国之道的非凡见解，得到商汤的赏识与重用。商汤独具慧眼，提拔伊尹，实现了天下大治。在仁政与正气的弘扬下，不仁之人逐渐远离朝堂，无法干预政治，这无疑也是一种"智"。回顾历史，古代圣贤能够从社会治理的施政方式中洞察国家未来的命运走向，这充分印证了"读史使人明智"的道理。

（三）务民之义

樊迟追随孔子期间，曾向孔子请教何为"智"。在《论语·雍也》中记载，樊迟问智，孔子答曰："务民之义，敬鬼神而远之，可谓知矣。"这展现了"智"的另一个维度。那么，究竟何为智慧？孔子认为，需将心思聚焦于如何为民众服务。在孔子所处的时代，鬼神的存在与否既无法证实，亦难以证伪。面对此般情况，聪慧之人该如何抉择？孔子给出的答案是"敬鬼神而远之"，即远离那些荒诞无稽之事。这与部分管理者"不问苍生问鬼神"的行径形成了鲜明对比。

在对待这类问题上，孔子展现出了非凡的清醒与智慧。他秉持"子不语怪、力、乱、神"的态度，从不谈论社会上的奇闻异事，不宣扬暴力行为，不传播地方乱象，也不涉足鬼神话题。在孔子所处时代流传的诸多传说，包括一些神话故事，都被他以正面思想加以解读。例如，传说"黄帝四面"，从神话角度理解，黄帝似有四张面孔，分别朝向东南西北。然而孔子却解释道，黄帝垂拱而治天下，凭借贤臣作为耳目，得以兼听兼视，正所谓"兼视则明，兼听则聪"，故而黄帝如同拥有四面。又如传说中有贤臣夔，神话称"夔一足"，意为夔仅有一只脚。但孔子却解释为，夔虽毛病众多，却有一技之长，有一个优点便已足够。孔子通过这种方式，将这些传说进行了合理化阐释，充分彰显了"子不语怪、力、乱、神"的理念。

谈及鬼神问题，孔子态度极为慎重。有弟子曾向他请教如何对待鬼神，孔子回应道："未能事人，焉能事鬼？"意思是，若连如何与人相处都未能掌握，又怎能知晓如何侍奉鬼神？人间之事尚处理不清，又何谈处理鬼神之事？在当时，祭祀是一项极为严肃且重大的社会活动，人们对祭祀的态度，更能凸显其理性与愚昧、冷静与迷狂，同时也是"智"的重要体现。孔子在祭祀时亦遵循特定原则，毕竟祭祀对象非天即地，或是祖宗。孔子对此的态度是："祭如在，祭神如神在。""如在"二字表明，内心或许并不确定鬼神真实存在，但在祭祀时需当作其存在。为何如此？因为唯有秉持这种态度，内心才会生出敬畏之感。孔子还说："吾不与祭如不祭。"意即若自己不亲自参与祭祀，便如同未曾祭祀一般。这一观点着重强调了祭祀过程中应保持严肃态度。正如"子所慎者：齐，战，疾"所体现的，祭祀前需斋戒，以表庄重。从孔子对待祭祀及鬼神的态度中可以看出，他极为智慧，始终强调要"务民之义"，坚持"敬鬼神而远之"。这种面对既无法证实又无法证伪之事的巧妙处理方式，时至今日，仍对许多人具有深刻的借鉴意义。在当下社会转型期，面对百年未有之大变局，部分人将命运寄托于不可知的迷信活动，甚至误将其视为传统文化。殊不知，早在两千五百年前，孔子便已对这类糟粕予以摒弃。

（四）智者乐水

在《论语·雍也》里，孔子曾言："知者乐水，仁者乐山；知者动，仁者静；知者乐，仁者寿。"为何智者钟情于水，而仁者偏爱山呢？仁，首要的是怀有仁爱之心，所谓仁者爱人。拥有仁心之人，堪称精神上的富有者。无论其物质生活何等匮乏，思考问题时，总是秉持给予的思维模式。见到他人，便会思索：我能给予他什么？我该如何帮助他？若有财物，便慷慨解囊；若无钱财，也会设法提供其他援助。这般人，即便身无分文，内心亦富足充盈，心存济物便是富相。高山滋养万物，山林蕴藏丰富，山中之资源取之不尽、用之不竭。仁者恰似高山，修养臻至这般境界，能保持沉静、和乐，如大山般厚重，予人踏实、可依赖之感。故而，仁人之于山，有着相同的品质、气象与境界，此即"仁者乐山"的缘由。

再者，关于"知者乐水"，智者缘何喜爱水呢？水在儒家经典中多有寓意。儒家另一位代表人物，战国时期的荀子，在其文章中载了孔子对"智者乐水"的阐释。在《荀子·宥坐》里，子贡问孔子："君子为何见到大水必定观赏呢？"孔子答道："水浩大无比，普遍地施予万物而无所作为，好似德；水流动时趋向低下之处，且必定遵循一定的纹理，好似义；水浩浩荡荡永不枯竭，好似道；若决堤放水，其奔腾之迅速犹如声响回应，奔赴百仞深谷而无所畏惧，好似勇；衡量水量必定精准公平，好似法；水满之时无需借助刮平的器具，自然平正，好似正；水柔和细微却能通达各处，好似察；万物在水中出入，变得新鲜洁净，好似善于化育；水历经万折也必定向东流，好似志。所以君子见到大水必定观赏。"

贤能之士每逢山水，往往流连忘返。欧阳修曾言："醉翁之意不在酒，在乎山水之间也。"范仲淹亦憧憬登岳阳楼时"不以物喜，不以己悲"的心境。孔子同样钟情于水，《论语·子罕》中记载："子在川上曰：逝者如斯夫，不舍昼夜。"孔子向子贡解释道：水具有丰富的象征意义。水滋养万物，始终奉献，如同德行，人类生活须臾离不开水，它只给予，从不索取。水在流淌过程中，遵循河道规律，该拐弯时拐弯，该直行时直行，恰似坚守水的道理与做人的正义。其源头源源不断，取之不尽、用之不竭，仿若遵循规律。

水静止时平缓流淌，一旦遭遇险阻、障碍，便汹涌澎湃、奔腾不息，即便面对万丈悬崖，也毫不畏惧地纵身跃下，此为勇的体现。水静止时，水面平正，如同公正的律法。水可海纳百川，无论多污浊的东西排入其中，经过一段时间的沉淀、循环，流出时依旧清澈纯净。它在接纳污垢的同时，还能吐故纳新，如同化育万物，将不良之物转化为有益之物，此乃化育之功。水始终坚定不移地向东流入大海，百折不挠，展现出志向坚定的美好品质。

正因水具备诸多优秀品质，孔子才会说"知者乐水"，才有了"知者不惑，仁者不忧，勇者不惧"的论断。孔子崇尚智慧，亦喜爱水。孔子与弟子们探讨人生理想时，其弟子曾点，即曾参的父亲，谈及自己的理想："浴于沂，风乎舞雩，咏而归。"孔子赞许道："吾与点也。"意为我也向往如此的生活。"浴于沂"正是孔子对生活的憧憬之一，"吾与点也"也成为儒家亲近自然的审美观念之一。

好学近乎智，强调智慧的来源；"智者知人"则侧重于智慧的运用。《尚书·皋陶谟》中说："知人则哲，能官人。"官人，即能够为官、善于管理，名词为官，动词为管。能知人善任，便是智者的一种表现。西方文化中提到："哲学，是爱智的学问。"在《道德经》中，老子说："自知者明，知人者智。"孔子亦云："智者知人。"综合这些论述可以发现，尽管表述各异，但大道相通。从哲学范畴、管理艺术，到儒家与道家的自我修养及人格塑造，乃至古今中外认知的提升，"智"始终是人类不懈追求的优秀品质之一。

二、勇

儒家文化对"勇"有着极为丰富且深入的论述。在儒家经典《论语》所描绘的孔门弟子群像中，子路无疑是展现"勇"这一性格特征的突出代表。子路在孔门弟子之中，好勇的个性极为鲜明，周身洋溢着一股武士的豪迈气概。在其与孔子初相识时，内心满是不服，甚至一度萌生过欺凌孔子的念头。然而，孔子凭借着非凡的智慧与耐心，对子路循循善诱、谆谆教诲。最终，子路心悦诚服，恭恭敬敬地拜入孔子门下，成为孔门的忠诚追随者。在孔门的价值体系里，颜回象征着"仁"，子贡代表着"智"，子路则诠释着"勇"，"智""仁""勇"被尊称为"三达德"。遗憾的是，子路后来为了践行心中的"勇"，英勇就义，以生命书写了"勇"的壮丽篇章。

（一）义以为上

《论语·阳货》中记载了这样一段对话，子路问孔子："君子尚勇乎？"子路虽生性好勇，但自从追随孔子后，一心向道，向善而行。因其性格中勇的特质显著，便向孔子发问：君子崇尚勇吗？孔子一听，便洞悉了子路内心的想法，于是回应道："君子义以为上，君子有勇而无义为乱，小人有勇而无义为盗。"孔子并未直接正面回答君子是否崇尚勇，而是着重指出，勇必须以义来加以限定。倘若缺乏义这一道德规范的约束，君子有勇无义，就极易引发祸乱；而小人有勇无义，肆意妄为且不以义来规范自身行为，便容易沦为强盗。由此可见，勇与义必须相辅相成。正因如此，我国早期的军队被称作"义勇军"，这是一支既有义又有勇的军队，唯有这样的军队，才敢于为了人民的利益舍生忘死。

若对中国文化概念进行一番梳理排序，其顺序为道德、仁义、勇敢。"敢"之上为"勇"，而"勇"之前需有"义"作为引领。"义"又常常与"仁"相互配合，"仁"乃是道德品质中"德"的重要组成部分。"德"，即遵循客观规律之"道"，并在此基础上培养美好品质。老子在《道德经》中曾言："失道而后德，失德而后仁，失仁而后义，失义而后礼。""大道废，有仁义。"这是基于社会价值观模糊、道德水准滑坡的状况所做出的判断。而儒家则认为，既然大道已然衰微，就必须匡正时弊，故而率先倡导仁义。正如《尚书·虞书·大禹谟》中所说："人心惟危，道心惟微，惟精惟一，允执厥中。"强调在人心浮躁不安、道心幽微难明的情况下，要专心专注，秉持中正之道。在儒家的理念中，"勇"绝非孤立存在，它与"义"紧密相连，共同构建起儒家道德体系的重要基石，激励着人们在追求正义与美好的道路上勇敢前行。

（二）子路言勇

子路在日常与孔子的交流中，向来心直口快，其从善如流且直率的性格展露无遗。《论语·先进》中有这样一段记载：一次，孔子询问众弟子的志向，子路率先起身发言。他说道："千乘之国，摄乎大国之间，加之以师旅，因之以饥馑；由也为之，比及三年，可使有勇，且知方也。"子路这番话的意思是，倘若让他去治理一个拥有千辆兵车的大国，即便此国处于众多大国的夹缝之中，面临着战争的威胁，国内又遭遇饥荒，百姓生活困苦、食不果腹，在如此艰难的处境下，若给他三年时间治理，他也能让该国百姓拥有勇往直前的勇气，并且懂得为人处世的道理，知道如何面对生活。子路的这番言辞，充分彰显了他非凡的担当。他敢于直面困境，主动请缨去治理一个内忧外患的大国，这份勇气令人敬佩。

（三）孔子论强

子路生性勇武，内心始终向往强势的人生。勇与强，在内在逻辑上紧密相通：勇，是勇气，意味着强大的心理承受能力；强，则是坚强，体现为坚毅的性格与强大的力量。在儒家经典《中庸》里，便记载了子路与孔子关于"强"的探讨。子路向孔子请教何为强，孔子反问：你所问的强，从何种角度出发？是南方之强，还是北方之强？抑或是你所理解的强？不同视角下，强有着各异的特征与解读。

那么，什么是南方之强呢？《中庸》记载："宽柔以教，不报无道，南方之强也。"所谓宽柔，首先体现在待人宽厚，严于律己、宽以待人。从内在品性而言，柔和不刚，态度和气，并以此种宽柔精神教化民众。"不报无道"，即他人对自己不仁，自己却不以不义回应，而是秉持宽恕思想面对人生，即便遭遇错误对待，也能以宽容心态接纳他人。从外在形式看，这似为软弱，实则不然，其内在品格极为刚强，这便是南方之强，一种内心的强大。君子践行此道，君子之强在于外柔内刚，以柔克刚。因内心富足，故而所作所为皆为施予；因内心从容，展现出的皆是宽容；因胸怀广阔，所以对无道之事不予计较。《尚书》中有两段相关论述，其一为"直而温，宽而栗，刚而无虐，简而无傲"。其二是"宽而栗，柔而立，愿而恭，乱而敬，扰而毅，直而温，简而廉，刚而塞，强而义"，细细品味，其中蕴含的智慧令人赞叹。

《中庸》又提到："衽金革，死而不厌，北方之强也。""金革"指金戈铁马，"金"是兵器，"革"为护甲。即便枕着兵器、身着盔甲生活，也毫不畏惧，视死如归。只要国家有需要，便将生死置之度外，捐躯为国如同平常之事。"葡萄美酒夜光杯，欲饮琵琶马上催。醉卧沙场君莫笑，古来征战几人回？"这般勇武展现出的强，便是北方之强，强者以此为准则，尽显内外皆强的刚强。

孔子继而阐述，真正的强是"故君子和而不流，强哉矫。中立而不倚，强哉矫。国有道，不变塞焉，强哉矫。国无道，至死不变，强哉矫"。强，是君子的心理素质。"和而不流"，既能融入众人，与不同角色之人和谐共处，又能坚守自己的做人原则与主张，不随波逐流、不盲目附和。"流"指的是"乡愿"，此乃小人行径。君子和而不同，小人同而不和。君子能够融入不同文化背景、不同世界观、不同社会阶层的人群，不引发矛盾；小人则不然，因差异而挑起冲突，划分阵营，制造对立。君子坚守独立的做人准则，行中庸之道，这便是一种自强。只有不同质的事物相互交融，才谈得上"和"，若完全同质化，便无所谓"和"了。所以，中庸才是真正的强，讲究"执两用中"，不偏不倚。

"中立而不倚，强哉矫"，即立身于中道，不偏向任何一方。在人生道路上前行，既不阿谀奉承上级，也不拉帮结派搞小团体，如此中立不倚便是强，且是真正的强。"国有道，不变塞焉，强哉矫"，身处健康的社会环境，即便尚未实现理想抱负，仍坚守困境时的追求；在国家无道之际，更是坚定信念，至死不渝，不惜付出生命捍卫理想与追求，这亦是强。由此可见，中庸之强绝非遇事退缩、置身事外的消极态度，那是庸俗的犬儒哲学。中庸强调的是哲学层面的"度"，落实到社会生活中，是一种做人的原则、坚定的信念。且这种原则与信念需持之以恒、专心致志、始终如一、至死不变，这才是真正的强。这段关于子路问强的论述，进一步深化了我们对强与勇的理解，让我们明白，真正的强与勇，扎根于内心的坚守与对道义的执着。

（四）自反而缩

在《孟子·公孙丑上》里，记录着曾子与子襄的一段对话。曾子问子襄："子好勇乎？"即询问子襄是否崇尚勇。曾子继而说道："吾尝闻大勇于夫子。"表明自己曾听闻孔子对大勇的见解。那么，究竟何为大勇呢？曾子解释道："自反而不缩，虽褐宽博，吾不惴焉。"意思是当你准备做一件事时，若内心进行自我反思，发现此事违背自己的意愿，如同蜗牛伸出触角后无法回缩，也就是不符合自己的本心，用孔子的话说便是"己所不欲"。在这种情况下，即便面对身份卑微的普通人，如身着粗布衣裳的农民工，也不应恃勇欺负他们，不能做出在其面前彰显自己勇力的不当行为。

而"自反而缩，虽千万人，吾往矣"才是真正的勇。当对某件事进行内心反思，发现它符合自己的价值观，扪心自问，无愧无悔，内心予以认可。此时，即便前方是千军万马的敌对阵营，也能毅然前行。这体现的不仅是一种果敢的行动，更是一种坚定的意志与毅力。为何说这也是一种"志"呢？因为这是在艰难困苦的环境中，依然坚守理想的精神。孔子在不同场合对这类问题有着极为精辟的论述，他说："岁寒，然后知松柏之后凋也。"意思是只有到了寒冷的季节，才会知晓松柏是最后凋零的，不像杨柳，秋风刚起，叶子便纷纷飘落。孔子还讲过："三军可夺帅，匹夫不可夺志。"此为倒装句，实际意为"可夺三军之帅，不可夺匹夫之志"。在军队中，即便能够取上将首级，像关羽温酒斩华雄那般英勇无畏，如探囊取物般容易，但对于一个普通百姓，却无法剥夺他内心的理想。因为理想是个人内在的强烈愿望，他人可以夺取其生命，却无法磨灭其志向。能够坚守住内心理想与志愿的人，便是大勇者。孟子在此引用曾子的话，并加以引申发挥，进一步阐释了儒家对于勇的深刻理解。君子就应当如此，正如所言："无众寡，无小大，无敢慢，斯不亦泰而不骄乎？"即无论面对的人数多少、地位高低，都不敢轻慢，这不正是既安详坦然又不骄傲自大的表现吗？这种态度同样也是勇与内心坚守相结合的体现，彰显出君子在面对各种情境时，始终坚守道义与理想，以无畏的勇气和谦逊的态度立身行事。

（五）勇于不敢

道家对勇同样有着独特的论述，这可与儒家文化中的勇相互参照，以深化对"勇"这一概念的理解。日常我们常将"勇敢"并称,但道家却对其有着细致区分。老子以深邃的智慧提出:"勇于敢则杀,勇于不敢则活。"这里的"敢",指的是行事鲁莽、仅凭一腔热血,做事前不经过深思熟虑,如同战场上只知冲锋陷阵的"敢死队"。

不妨设想这样的场景,当他人邀你豪饮,甚至聚众斗殴时,你是否敢应允?若不假思索地应下,极有可能触犯法律,伤害自己。此时,真正需要的是拥有说"不敢"的勇气。就拿韩信来说,他甘愿忍受胯下之辱,难道是因为胆怯懦弱吗?显然不是。倘若他逞一时之勇,回应"敢",那便会陷入与泼皮无赖般的街头斗殴,而他选择说"不敢",实则是出于对自身志向的坚守,对眼前无理挑衅的不屑,这背后蕴藏的正是非凡的勇气。与之形成鲜明对比的是《水浒传》中的杨志,面对泼皮牛二的挑衅,他未能克制情绪,内心不够强大,没能忍住,一刀将牛二杀死,最终触犯法律,自毁前程。由此可见,在简单的"敢"这一行为之上,"勇"有着更为深刻的内涵。

然而,"勇"作为一种心理力量,在道德层面区分善恶时,有时界限并不明晰。正如儒家所言:"勇而无礼则乱。"那么,如何让勇在道德的框架内得以正确彰显呢?儒家给出了明确答案:"知耻近乎勇。"也就是说,真正的勇,源于对廉耻的深刻认知。知晓何事可为、何事不可为,坚守荣誉与尊严,对凡庸和苟且之事嗤之以鼻,树立正确的荣辱观,这便是勇在道德层面的前提。所谓"义者,宜也",只要是符合道义的事,就理应坚持,"见义不为,无勇也"。所以,在"敢"之上有"勇","勇"之上有"义",而在"义"之上,还有更为崇高的正义、道义、仁义与忠义。智慧蕴含于内,为思想指引方向;勇力展现于外,化作行动的力量,二者刚柔相济,这正是我们应当追求的,成为一个智勇双全之人,方能在复杂的人生中,以正确的"勇"面对一切挑战。

知行

"思想可以在天空中自由翱翔，要想获取成功，必须一步一个脚印去丈量。"这是笔者研读《西游记》中孙悟空从"心猿"蜕变成为"行者"历程所获得的深刻启示。

阳明心学着重强调"致良知"与"知行合一"。王阳明在《传习录》中有言："知是行的主意，行是知的功夫""知而不行，只是未知""知者行之始，行者知之成"。这些论述极为精准地剖析了知与行的内在关系。在《中庸》里，孔子亦有论述："或生而知之，或学而知之，或困而知之，及其知之，一也；或安而行之，或利而行之，或勉强而行之，及其成功，一也。"这表明，无论是生来就知晓道理从而安然践行，还是通过学习知晓道理后为利益而行，抑或在困境中艰难探索才明白道理进而勉强践行，从获取知识的途径来看，虽各有不同，但就最终掌握的知识而言，结果是一致的；从行动的动力与方式来说，虽有差异，然而在取得成功这一结果上，并无二致。

一、言出必行

谈及知行，古圣先贤们见解深刻，他们的诸多思想即便跨越千年，仍对当下有着重要启示。然而，部分言论在解读时存在歧义，若要做到古为今用，便需我们仔细推敲。

以孔子"先行其言而后从之"为例，常规理解为行动应先于言语。但如此解读略显单薄。从断句来看，若为"先行，其言而后从之"，强调先做后说；而若将其理解为当言语在前时，行动必须即刻跟上，即只要承诺，就务必兑现，这样便能与现实生活紧密相连。解读古人言论，一方面要遵循古训，尊重文献原意。另一方面，在运用其思想时，需结合当下实际，如此方能与古人心灵相通，让古人思想在书本之外，也能如与古人面对面交流般鲜活。

孔子另一句"君子欲讷于言而敏于行"，刻画了谦谦君子的言行准则。君子应少言慢行，多做快行。行动要敏捷高效，言语则需谨慎，甚至给人木讷之感也无妨，正所谓"刚毅木讷，近仁"。在《论语·阳货》中，孔子与子贡的对话便能体现这一点。孔子称"予欲无言"，子贡疑惑道："子如不言，则小子何述焉？"孔子借此引申："天何言哉？四时行焉，百物生焉，天何言哉？"天地无言，却让四季有序更迭，万物蓬勃生长。孔子此语意在强调行动的重要性。但身为教师，需言传身教以传播知识，这似乎与少言产生矛盾。孔子或许也曾有此困惑，故而发出"予欲无言"之叹。但学生求知若渴，孔子便借自然现象引导，告诫人们应重视行动，效仿自然，用切实行动化育万物，而非空谈误事。

在《论语·子路》中，孔子提出"其身正，不令而行；其身不正，虽令不从"这一观点。针对执政者而言，若自身行为端正，即便不刻意驱使，民众也会心悦诚服地追随，政务自然顺遂；反之，若自身行为不端，即便三令五申，民众也不会听从。因为只有言行一致，才能影响和教化他人，实现"政者，正也"的目标。

　　孔子弟子子路在"行"方面表现突出，堪称身体力行的典范。《论语·公冶长》记载有"子路有闻，未之能行，唯恐又闻"。子路每当学习有所感悟，便急于付诸实践，在实践中深化理解，确保理论落地。他担心知识积累过多却无法转化为行动，充分体现了对言行一致的执着追求。

　　《论语·公冶长》中的"季文子三思而后行。子闻之，曰：'再，斯可矣。'"这段对话饶有趣味。季文子行事前总是深思熟虑，而孔子强调行动的作用，认为思考两次便足够，应避免成为思想上的巨人、行动上的矮子，一旦考虑成熟，就应果断行动。然而在现代，人们常引用"三思而后行"劝诫他人行事勿鲁莽。实际上，《论语》中部分言论并非孔子所说，甚至来自其对立面，但只要言辞合理，能对生活有所助益，我们都应兼收并蓄。例如，"阳虎曰：'为富不仁，为仁不富矣。'"虽阳虎为人品行不佳，但这句话却具有社会教育意义。我们应秉持孔子"不以言取人，不因人废言"的态度，从各类言论中汲取有益思想，以此指导生活、规范行为，有则改之，无则加勉。

二、达道内涵

　　知与行宛如一副相互呼应的对联，明代思想家王阳明所倡导的"知行合一"理论，精准地指出"知而不行，不是真知""行而不知，只是妄行"。知与行作为一组相互关联的概念，最早可追溯至《中庸》中孔子的论述："或生而知之，或学而知之，或困而知之，及其知之，一也。或安而行之，或利而行之，或勉强而行之，及其成功，一也。"孔子的这一观点，深刻影响了后世中国知识分子的治学与处世态度，衍生出"生知安行，学知利行，困知勉行"的努力范式。并且，出于自谦以及对不懈努力的强调，许多人常以"困知勉行"来自我反省。

在探讨知与行的关系时，老子在《道德经》中也留下了深刻见解："上士闻道，勤而行之；中士问道，若存若亡；下士闻道，大笑之。不笑不足以为道。"与之相似，孔子在《论语·雍也》中提到："中人以上，可以语上也，中人以下，不可以语上也。"这表明人的禀赋与才智不仅影响其认知能力，更在很大程度上左右着行动力与执行力。

知的至高境界是知命，进而知晓，最终达至知天。知天，本质上是洞察天命与天性，明晰做人的最高准则。《中庸》中提到："天下之达道五，所以行之者三。曰：君臣也，父子也，夫妇也，昆弟也，朋友之交也；五者，天下之达道也。"若能明晰这些道理，并妥善处理其中关键问题，便能领悟天下之达道。

所谓"达道"，涵盖五个关键方面。其一为君臣之道，即探讨如何做好领导并处理好与下属的关系。其二是父子之道，关乎父子间的相处模式。其三为夫妇之道，涉及夫妻间的相处之道。其四是昆弟之道，聚焦兄弟间的相处准则。最后是朋友之交，阐述朋友间的交往规范。实际上，这是从人与人的两两关系层面进行剖析。从关系的本质来看，君臣之间，"君事臣以礼，臣事君以忠"，礼与忠构建起君臣关系的基石；父子之间，讲究父慈子孝；夫妻之间，倡导夫唱妇随、男主外女主内，彼此相敬如宾；昆弟之间，追求兄友弟恭；朋友之间，则以取信为要。由此可见，仁义礼智信等抽象的道德观念，切实体现在人际交往之中。若能透彻理解这五个层面的关系，便等同于领悟了社会运行的达道。

在这五对关系里，夫妻关系处于中间位置，具有特殊意义。君臣关系体现了社会治理的最高层面，朋友之交是步入社会后的重要关系纽带，而这一切的根源恰恰是夫妻关系。深入探究，其中蕴含着严密的逻辑。从夫妻关系起始，才有父子关系，进而衍生出兄弟姐妹关系，随后发展为君臣关系，最终形成错综复杂的人际关系网络。

"天下之达道五，所以行之者三。"这里的"三"指的是智、仁、勇。人们应当依据智、仁、勇的标准来处理事务，因此智、仁、勇被尊称为"天下之达德"。若能真正达到智、仁、勇的境界，便意味着登上了道德的巅峰。"德者，得也"，内心有所得，而后施惠于人。通常所说的德，既包含自身具备的良好品质，即德性；更强调将这种品德推己及人，形成德行，使他人受益，如此方能被认定为有德之人。所以，德既关乎个人素质，又着眼于社会效果，而智、仁、勇便是天下达德的核心要素。当智、仁、勇达到至高境界时，便实现了真善美的圆满融合。

　　在《论语·子罕》中，孔子对"智、仁、勇"有专门论述，他说："知者不惑，仁者不忧，勇者不惧。""知者不惑"，意味着对真理有着透彻的认知，达到了智的境界；"仁者不忧"，因为仁者爱人，精神富足，施予他人的过程中收获快乐，实现了从真到美的升华；"勇者不惧"，彰显出无所畏惧、自信自强的品质，仁与勇相结合，体现出至善的境界。善并非懦弱，而是仁爱与无畏的完美结合。因此，智、仁、勇本质上代表了真善美，是天下之达德。那么，如何才能做到呢？关键在于持之以恒、一以贯之。只要坚持践行，就能修炼智、仁、勇这些达德，从而明晰君臣、父子、夫妇、昆弟、朋友之交这些达道，做到言行一致、知行合一。

　　或许有人会疑惑，自身资质有限，是否能够理解这些深刻的道理。对此，孔子给出了答案："或生而知之"，有些人天赋异禀，生来便聪慧；"或学而知之"，大多数人需通过后天学习来获取知识，孔子虽被尊为圣人，却自称好学不厌，亦是学而知之；"或困而知之"，例如，"久病成良医"，有些人原本并非医学专业出身，因自身患病，为恢复健康，不断接触药物、了解药理，最终掌握了一定的医学知识，这便是困而知之。

　　无论生知、学知还是困知，就"知"的结果而言，都是一致的。

只要真正实现了致知，都会得到同样的认可。尽管起点不同，初始层次有别，但最终殊途同归。这无疑给予我们莫大的信心，即便我们并非生而知之，也可通过学而知之；即便过往学习不够系统，也能在应对社会与自身问题的过程中，困而知之，只要达到知的程度，皆能在人生道路上收获成长。

三、知行合一

在知行的探讨中，"行"的意义尤为关键。《中庸》中提到"或安而行之，或利而行之，或勉强而行之，及其成功，一也"，这深刻揭示了知与行必须统一的道理。仅仅停留在认知层面而不付诸行动，称不上真正的知，如此知而不行亦毫无用处，唯有学以致用才是正途。知，是个体内在的认识；行，则是将内在认知转化为外在的实践。人生理想与目标的实现，终究要依靠行动。有些成功来得顺遂自然，仿佛水到渠成，此为"安而行之"；有时人们因利益驱动而行动，这里的"利"并非单纯指经济利益，凡是权衡利弊后趋向积极方向的，皆可视为"利"，这便是"利而行之"；还有时，人们处于一种不得不为的境地，即便内心不情愿，却因形势所迫而勉强为之，此乃"勉强而行之"。然而，无论以何种方式行动，就成功这一目标与标准而言，结果并无差异。就如同孙悟空，若仅凭一个筋斗云直抵西天，那仅仅是念头与想法，此时的他不过是"心猿"。但当他陪伴唐僧踏上十万八千里的取经之路，历经十余年的风霜雨雪，一步步踏实前行，成为"行者"，最终才取得真经。这清晰地表明，唯有通过切实行动获取的成功，才是真正的成功，行动是达成成功的唯一途径。

这段论述给予后人深刻的警醒。有些人天赋异禀，凭借先天优势轻松取得成功，可谓"生知安行"；而资质普通之人则需通过后天努力学习，在利益的激励下不断前行，即"学知利行"。若条件欠佳、天资不足，又该如何应对？我们应秉持"困知勉行"的态度。无论以何种方式起步，成功的价值与幸福的人生并无二致。许多人在分享成功经验时坦言，自己既非"生知安行"，也非"学知利行"，不过是在困境中努力求知、勉强践行罢了。这无疑是对众人的一种激励，只要能够做到"困知勉行"，同样能够收获成功。

《中庸》里，孔子对"三达德"做出了更具实操性的阐释："好学近乎知，力行近乎仁，知耻近乎勇。而知斯三者，则知所以修身；知所以修身，则知所以治人；知所以治人，则知所以治天下国家矣。"天下与国家的治理遵循同一道理，若想治理好国家，必先明白如何治理民众、管理团体；而欲治理好团体，又需懂得修身之法；要实现修身，就必须知晓"道"，进而达到智、仁、勇的"达德"境界。或许有人觉得智、仁、勇的要求过高，难以企及。但孔子指出，"好学近乎知"，即便天赋不如他人，只要勤奋努力，秉持好学不厌的态度，亦能趋近于智。

在孔子的思想体系中，学习占据着核心地位。《论语》开篇便强调"学而时习之，不亦说乎"。所谓"学"，即汲取知识；"习"，则为运用知识，涵盖温习、复习、实习、见习等多重含义。通常，人们将"学而时习之"中的"时"理解为"时时"，认为学到的知识应时时温习，从而实现温故而知新，达到为师的境界，即在原有知识储备中阐发新意。但有时，将"时"解释为"及时"亦十分恰当，学习知识后及时付诸实践同样重要，这体现了学以致用的重要性。孔子倡导学习型人生与学习型社会，主张从起始便投身学习，并将学习贯穿一生，正因如此，"好学近乎知"。只有持续学习，不断积累知识，积极将知识转化为行动，才能在知行合一的道路上稳步前行，逐步实现修身、治人、治理天下国家的宏伟目标，让知与行相辅相成，共同铸就有意义的人生。

四、力行近仁

切实地付诸行动，本身就是仁的一种彰显。这背后蕴含着深刻的哲学逻辑，倘若孔子不认可人性本善，假设人性为恶，那么力行便可能导向作恶。然而，在孔子的思想体系中，人性本善是一个既定且无须过多论证的前提，基于此，他着重强调力行。只要人们积极行动并产生积极效果，便与仁相接近。通过实际行动为社会贡献力量，将自身的爱向外传递，这正是"力行近乎仁"的体现。这里所说的仁，绝非仅仅停留在内心的善意，更需通过实际行动来呈现，不仅要有仁心，更要有仁行。而且，孔子对仁有着明确的界定，他认为唯有仁人，方能真正做到爱人且能憎恶恶人。仁，并非无原则的爱，既要关爱好人，也要对坏人予以打击，做到爱憎分明。若对坏人也一味施爱，实则是对好人的伤害，便是不仁之举。

仁也存在着因个人认知差异而产生的不同表现。孔子率先强调学习的重要性，他指出"好仁不好学，其弊也愚"。若一个人仅仅崇尚仁，却不注重学习，便会陷入问题之中。这类人往往显得迂腐、愚笨，有时甚至会因缺乏知识和智慧而做出蠢事。再看"知耻近乎勇"，勇并非简单的当街拔剑、无所畏惧、胆大妄为。在中国古代，"勇"与"敢"有着明确区分，勇是一种内在的担当精神。当意识到自己做错事，并敢于承认错误，这便是勇的体现。古代君子注重行己有耻，知晓何事可为、何事不可为，这同样近乎勇。老子也曾论及此问题，他说"勇于敢则杀，勇于不敢则活"。"敢"表现为胆大妄为，肆意行事；而敢于承认自己的不足，敢于说"不敢""不行""不能"，实则展现出一种勇气，这与当下我们所理解的勇敢一脉相承。当我们能够明确分辨光荣与可耻之事，树立起正确的荣辱观，便是具备了勇的特质。

由此可见，知、仁、勇这三者，不仅在概念层面将我们的认知拓展至"达德"的高度，更从行为层面为我们提供了切实可行的切入点。孔子强调"好学近乎知，力行近乎仁，知耻近乎勇"，一旦我们理解了知、仁、勇的内涵，便知晓从何处着手修身。这是一个由自我认知的明晰走向内心真诚，再由内心真诚达到行为端正的过程。通过"格致"实现"诚正"，因为明白了这些道理，才能够在修身中践行。学习促使观念转变，观念进而转化为实际行动，由此我们懂得如何修身。知晓这三者，就明白如何修身；明白如何修身，便懂得如何治理他人。内修与外用紧密相连，自身行为端正成为他人的典范，凭借自身修养和身体力行，为世人树立榜样。懂得修身，就知道如何治理他人；知道如何治理他人，就知晓如何治理天下国家。当一个人的言论成为天下的准则，行为成为天下的典范，影响身边的人，使周围的人都能跟随自己向善，这便是齐家。

一个家庭因个人的良好修养而优秀，在工作单位中，凭借自身修养打造出优秀集体，在管理范围内治理出优秀部门，同样是齐家的体现。由于个人言行处处彰显修养，同事会尊重你，在某些情况下，你的话语或许比名义上的领导更具效力，这便是齐家的具体表现。以此为基础，将影响范围进一步扩大，便能够治国，进而实现平天下。当然，要达成这一系列目标，过程极为艰难。因此，有人将自己的人生目标设定为格致、诚正、修齐，而将治国平天下视为更为宏大、需逐步追求的目标。

知与行宛如一副相互呼应的对联，是修身过程中不可或缺的一体两面。正如在"身心行"专题中所讲的"心—身—行"，对内是知识与认知的提升。王阳明与朱熹在此处存在分歧，王阳明着重强调"良知"，朱熹则侧重"知道"。因而王阳明倾向于"格心理"，朱熹倾向于"格物理"。尽管侧重点不同，但二者的目的皆是追求"真知"，致力于内修。而后将内修所得转化为行为，便是"实行"，便是"外用"，最终实现"知行合一，内圣外王"的理想境界。

诚信

诚信，在儒家文化的宏大体系中占据着极为重要的地位，是儒家所倡导的核心价值观之一。

"诚"是诚于中，而"信"是形于外。

古人对诚信的认知更为深刻，他们将重点放在"诚"上。在古人看来，唯有内心真正愿意，才是守约的根本所在。内心的真诚，能够源源不断地为守约提供强大的动力。因为当一个人从心底认同并坚守诚信原则时，其外在行为自然而然地会符合守信的要求，而不仅仅是迫于外在压力或功利目的去履行承诺。

有宗教信仰的人常说"诚则灵"，而普通人也坚信"精诚所至，金石为开"。这两句俗语从不同角度反映了人们对"诚"的力量的深刻认知。在儒家文化中，对于"诚"的论述同样丰富多彩。儒家认为，"诚"是一种至高无上的道德境界，是连接个人与社会、自我与他人的精神纽带。一个内心真诚的人，能够以真实的自我面对世界，赢得他人的信任与尊重。

在互联网时代，诚信不仅是一种道德要求，更是一种关乎个人和社会发展的战略资源，值得我们每个人去珍视和践行。

一、诚意、意诚

儒家文化的入德之门——《大学》，提出了人生的三纲领、六要素、八条目。其中，三纲领为"大学之道，在明明德，在亲民，在止于至善"。而八条目则是"古之欲明明德于天下者，先治其国；欲治其国者，先齐其家；欲齐其家者，先修其身；欲修其身者，先正其心；欲正其心者，先诚其意；欲诚其意者，先致其知。致知在格物"，也就是人们常说的"格物、致知、诚意、正心、修身、齐家、治国、平天下"。

"格物致知"着重强调学习。格物，意味着通过对世间万物的探究去学习；致知，则表示达到了真正理解、掌握知识的程度，相当于学懂学会。学习的目的在于改变心态，提升认知，深化思想，丰富内心世界。"格物致知"需要有明确的指向、归宿和落脚点，即对内心产生影响，其最终要达成的标准与形成的影响便是"诚意"。

研读《大学》时会发现，书中在提及"诚意"时才开始详细阐释，而对"格物致知"却未做过多解释，但明确指出"诚意"就是根本，所谓"此谓知本，此谓知之至也"。朱熹毕生钻研《大学》，认为《大学》篇章中对"格物致知"缺少解读，或许是因简牍丢失所致，故而自行补充了一段对格物致知的解释。实际上，《大学》对人生进行三纲领、六要素、八条目式的分解，本身就是"格物"的体现，而我们能如此清晰地分析认知，这便是"致知"，无须再额外强调这就是"格物致知"。所以，《大学》将学习改变人生的切入点定位于"诚意"，以"诚"为本。这一理念贯穿儒家经典《大学》《中庸》《孟子》，乃至后来周敦颐、张载等人的论述，成为他们探讨问题的出发点。值得注意的是，在《论语》中，关于"诚"的论述极少，仅有"诚不以富，亦只以异"这一句直接使用了"诚"字，却未对其进行阐释。这或许是整理《论语》记录孔子思想时的一处疏漏，如同《论语》中对"中庸"的论述，也仅有孔子的两句感叹。正因如此，曾子、子思等孔门弟子认为"诚"是老师的重要思想之一，不能因疏漏而使其被忽视，于是在《论语》之外的作品中集中探讨"诚"。至此，"诚"成为儒家重要的思想理念之一。《大学》强调以"诚意"为本，"诚"是一个人立足社会、拥有良好征信记录、构建正确人生观与价值观的立身之本。

《论语》是孔子去世后，孔门弟子聚会时怀念先师，回忆孔子当年授课内容编撰而成。当时大家相互讨论，你一言我一语，将孔子的语录结集成书，因其编撰方式是相互讨论，所以得名《论语》。《论语》涵盖了诸多儒家文化的核心观念，然而，关于"诚"的讨论却相对匮乏。由于这一概念探讨不够充分，孔门弟子在后续加大了研究力度。曾子在《大学》里强调"格、致、诚、正、修、齐、治、平"八条目，且从"诚意"展开论述。若能理解这一点，在研读《中庸》时，对其中相关思想的解读便会更加明晰，因为"诚"的理念在儒家经典中一脉相承，是理解儒家思想体系的关键线索之一，从《大学》的"诚意"出发，能更好地领会儒家对于个人修养、社会治理等方面的深刻见解。

二、至诚无息

《中庸》将儒家文化的哲学思想提升到了新的高度。在研读《中庸》时，人们往往会注意到，开篇论及"致中和"，而后话题逐渐转向对"诚"的探讨。书中提到"唯天下至诚，为能经纶天下之大经，立天下之大本，知天地之化育"，并着重强调"不诚无物"。这使得一些人产生疑惑，《中庸》的思想是否偏离了"中庸"这一核心概念？甚至有哲学家认为，《中庸》存在"中庸"与"诚"两个主题。

实则不然，若将《中庸》与《大学》相互参照，便会清晰地发现，《中庸》着重强调以"诚"为本，即"本于诚"，而"用于中"，最终的目标与境界乃是"致于和"。在这里，"诚"是一切的起点，"用中"是实现目标的手段，"和谐"才是终极目标。"诚"贯穿始终，是儒家整个思想体系的基石。

三、诚实真诚

探究"诚"这一概念，需从其字源入手，最初是没有言字旁的"成"。"成"，在古代多与"收成"相关，指的是粮食灌浆的状况，即颗粒是否饱满。百姓常问"年收成如何？""今年粮食能打几成？"这里的"成"便是此意。粮食仅仅结粒还不够，如果颗粒不饱满，产量依旧低下，品质欠佳。所以，"成"所反映的是粮食颗粒灌浆状态这一客观事实，蕴含着真实的意义，是一种真实的客观存在。当这种客观真实反映到主观认识层面，便形成了"诚"。

故而，在中国文化语境中，"诚"意味着"真"，二者相连即为"真诚"。

作为中国文化的主流，儒家经典蕴含着丰富的思想内涵。研读儒家书籍会发现，儒家思想在伦理层面展现出善，在艺术层面彰显出美，然而，在科学层面的"真"似乎略显不足。人生追求真、善、美，倘若缺失了"真"，善便可能沦为伪善，美也可能变成矫情，因此"真"至关重要。善与美，本质上是主观与客观的统一，而客观真实是美与善感受的基石。在儒家文化体系中，能够等同于"真"或与之高度契合的思想便是"诚"。

"真"与"诚"相结合，构成"真诚"，指向真实的客观存在。一方面，客观世界本就如此，其运行规律、万物状态等皆为客观真实。另一方面，主观意识需与这种客观存在达成高度统一，这便是"诚意"，抑或"意诚"。当客观的"真诚"与主观的"意诚"实现统一时，外在表现即为"诚信"。所以，"诚信"是主观愿望与客观效果的完美融合。

在当今社会，不诚信现象屡见不鲜。诸多履约行为并非源自内心的意愿，有的是受利益驱使，有的则企图凭借小伎俩谋取私利，内心并非真正认同所承诺之事，即便应允，也难以切实履行。这充分凸显出内心意愿对于守约的根本性作用。"诚"在前，"信"在后，只有内心深处生发"真诚"，外在行为才会践行"信约"。若缺失"诚"作为根基，"信"便如无本之木，无从谈起。

《中庸》有言："诚者，天之道也；诚之者，人之道也。"作为"真"的"诚"，即"诚者"，是客观存在的自然法则。而作为人的"诚"，即"诚之者"，意味着人要遵循这种客观存在。人性本善，挖掘出人性中善的一面，使"人道"契合"天道"，人的"诚"与天的"真"相融合，这便是真正的"诚意"。所以，"诚之"的第二层含义指向人性之"诚"。在天，"诚"是一种实在；在人，"诚"是一种理念，这种纯粹的"诚"是内在情感的深厚积蓄，即"诚于中"。当这种内在情感向外发散，便表现为"形于外"。

此外，"诚"还是一种内在的积极动力，体现为对事物的热衷程度，蕴含着坚定的意念与强烈的愿望。常言"心诚则灵"，便是强调从内在情感出发，只有发自内心地愿意去做，才是真正的"诚"。例如，在教育领域，教师只有怀着对教育事业的赤诚之心，真心关爱学生，期望学生成长进步，才能在教学过程中投入全部精力，耐心教导，这便是"诚"的体现。在科研工作中，科研人员对真理的执着追求，对探索未知世界的强烈渴望，驱使他们潜心研究，不畏艰难，也是"诚"的生动体现。这种源自内心的"诚"，不仅是个人品质的彰显，更是推动社会发展、实现个人价值的重要力量。

四、诚与诚之

《中庸》有言："诚者，不勉而中，不思而得，从容中道，圣人也。"此句至关重要，需与前文所述之"诚者，天之道"加以区分。前文之"诚者，天之道"，乃客观世界所固有之真诚；而此处"诚者，不勉而中"之诚，指的是天资纯诚，即先天素质极佳，这种人的诚令人羡慕。其"不勉而中"，不必刻意积极努力，便恰好契合纯诚之境，"不思而得"，命运顺遂，无须殚精竭虑地谋划，自然有所收获，一切皆水到渠成，且"从容中道"，行事从容不迫，并非对诸事皆积极紧张地追逐，却能合乎道的准则，如此之人堪称圣人。

《中庸》又云："凡为天下国家有九经，所以行之者一也。"此处之"一"为何？乃是"诚"，是一种恒定的态度。内心怀有诚意，秉持正心，因拥有诚正的心态，真心渴望将国家治理好，真心愿与人为善，如此在处理方方面面事务时，方能将这一原则贯彻始终。若"诚于中"能让众人皆切实感受到，便会"形于外"，这种热忱、真实的心态会由内而外、表里如一地散发出来，此即为"诚"。

那么，究竟如何才能做到"诚"呢？欲达"诚"之境，不同的人有不同的途径。一种人天生聪慧、天性善良，其行事自然契合天地规律，认知世界亦顺应自然，顺理成章，此乃"自诚明，谓之性"。然而，更多的人是通过学习，经由格物致知，达到热忱的状态，此即"自明诚，谓之教"。教育促使我们从愚昧走向智慧，从不甚在意转变为满怀热忱。这两种方式，最终所达成的结果是一致的。"诚者，天之道也；诚之者，人之道也。""诚"与"诚之"有何区别？"诚"是客观世界固有的实在，而"诚之"是达成"诚"的过程。虽不能生来便"诚"，但可朝着"诚"努力，此即为"诚之"。故而，"诚者"体现的是天之道，而"诚之者"则是经过主观努力，实现与客观要求的统一，这才是人之道。

当然，"诚"属于内在的品质，难以直观察觉，我们所能看到的是"信"。因此，在《论语》中，孔子多次强调"信"的问题。

五、无信不立

在《论语·颜渊》中记载，孔门弟子子贡向孔子请教，国家发展应当具备哪些条件，社会的良性发展又该呈现何种状态。孔子给出了三个条件："足食，足兵，民信之矣。"子贡勤于思考，随即与老师展开探讨，他问道，若在这三个条件中迫不得已要舍弃一个，该去掉什么呢？孔子果断回答："去兵。"子贡接着追问，倘若还需再去掉一个，又该去除什么？孔子坚定地说："去食。"如此一来，唯一留存的便是"信"。这是为何？原来，孔子认为对于群体生活而言，"民无信不立"。由此可见，"信"这一概念在孔子的思想体系中占据着极为重要的地位。

六、信乎朋友

《中庸》有云："获乎上有道，不信乎朋友，不获乎上矣。"这深刻阐明了一种处世的智慧与逻辑。在现实生活中，若渴望得到上级的赏识，于同志间崭露头角并获得晋升机会，首要之举便是取信于同事。唯有众人皆认可你，领导才会对你给予肯定。孔子常提及"修慝"这一重要概念，极具现实意义，在此有必要深入阐释。"慝"字，上为匿名信的"匿"，下为"心"。一方面，它意味着他人对你心存意见却隐而不宣。比如，你对父母不孝，旁人看在眼里，虽可能嘴上不说，但内心已然对你做出"不可交"的评判。另一方面，"怨慝而友其人"的行为，为孔子、左丘明等君子所不齿。正直之人绝不会既厌恶你，又与你假意交往。故而，自身的不孝之举会直接导致朋友逐渐疏远。

那么，究竟怎样才能真正"信乎朋友"呢？《中庸》给出答案："信乎朋友有道，不顺乎亲，不信乎朋友矣。"意即若真心想赢得朋友的信任，就必须孝顺父母，善待亲人。毕竟，一个对自己父母都不孝的人，怎能与之深交呢？所以，若"不顺乎亲"，自然就难以"信乎朋友"，一切需从孝顺父母这一根本做起。有些人天性愚钝、性格执拗，自幼便倔强难驯，难以顺乎亲意。尤其当父母自身缺乏学识、不明事理、文化修养与见识不足，无法以良好方式培养子女时，家庭矛盾便极易频繁发生。

要做到顺乎亲，关键在于懂事明理。《中庸》亦指出："顺乎亲有道，反诸身不诚，不顺乎亲矣。"这要求我们具备热诚的心态，依照天地人伦的正道去对待亲人。倘若只因父亲有所不足，便对其态度恶劣，甚至在父亲管教时打骂相向，那必然会引发严重后果。若自身缺乏诚意，便无法做到顺乎亲。而要实现反诸身"诚"，则需全身心投入。当我们将这些事理都领悟透彻后，便能将自身心态调整至健康、正确、积极的状态，而这本质上便是诚意、正心的体现。可见，诚意、正心并非与生俱来，而是需要通过学习、经由格物致知来达成。昔日舜从一个桀骜不驯的孩童，转变为令父母兄弟皆改变看法与态度的孝子，向天号泣，正是因为他明晓"善"的真谛，回归于"诚"，才实现了巨大的自我提升与改变。

综上，明乎善是诚身的前提，诚乎身是顺亲的前提，顺乎亲是取信于朋友的前提，而取信于朋友则是获乎上的前提，这便是其中环环相扣的逻辑关系。它深刻揭示了个人品德修养从家庭伦理延伸至社会交往，进而影响个人事业发展的内在联系，为我们在为人处世、追求发展的道路上提供了宝贵的指导。

七、法家立信

儒家对"信"极为重视，而法家同样看重这一品质。回溯到商鞅变法之时，为赢得民众的信任，商鞅精心设计了一个颇具深意的"小游戏"。他于城门旁竖起一根木杆，并向全城百姓宣告：谁能将此木杆扛至另一城门，便可获得十两黄金的奖赏。实际上，那木杆并不沉重，然而民众皆以为这只是一场玩笑，第一天无人响应。见无人行动，第二天商鞅将赏金提高了一倍，直至增加到五十金。此时，有人心想：真假未知，不妨一试，即便受骗也无妨。于是，此人扛起木杆走到了另一城门，果不其然，商鞅依照承诺如数支付了酬金。

仅仅这一件看似微不足道的小事，却因商鞅言出必行，在社会中产生了深远影响。"一言既出，驷马难追"，这种极高的信誉度，对政府乃至国家而言至关重要。政府的信誉、国家的信誉正是通过这些点滴积累逐步建立起来的。国家堪称最重视信誉的主体，公信力是国家将制度优势转化为实际效能的关键保障。无论是在古代还是当下，无论是法家的实践还是现代国家的治理，立信都是推动社会进步、稳固国家根基的重要基石。

八、信近于义

欲达"信"之境界，需先从"诚"着手。"诚"为内在品质，"信"则是外在表现，正所谓"诚于中，形于外"。若内心缺乏纯粹的真诚，即便作出承诺，也极有可能违约，无法履行诺言。

那么，答应之事是否必须兑现？在此问题上，儒家的观点颇为灵活。在《论语·颜渊》中，孔子着重强调"自古皆有死，民无信不立"，凸显了"信"对于国家和民族的重要性。然而，在具体事务的处理上，《论语·学而》里孔子又指出："信近于义，言可复也，恭近于礼，远耻辱也。"《孟子·离娄下》中亦言："夫大人者，言不必信，行不必果，惟义所在。"这些言论值得我们深入思索。真正具备卓越思想见识之人，所言所行皆会考量是否契合道义。若不符合道义，便不一定会依言行事，做事也未必会一味遵循最初设想坚持到底。这是为何呢？倘若答应之事或听从之语，实则是遭受愚弄欺骗，一旦自我反省察觉，就应即刻改变。即便是已签订的合同，若发现不合理，也可违约、重新签订，甚至诉诸法律。又或者，已着手之事若属于形象工程、面子工程或政绩工程，在后续意识到不妥时，便应毁约，立即纠错并停止行动。究其根源，乃是因为背后存在一个评判标准——"义"。"义"，简言之，就是判断事情该做与否的准则，行事需"唯义所在"。可以说，"义"是答应之后纠错机制的重要参照标准。

　　孔子便有过此类经历。孔子带领弟子周游列国期间，行至某地，被当地人误认作季氏家的阳虎。由于孔子与阳虎身形皆高大，一群人遂将他们围困，双方发生冲突，打斗至疲惫之时，对方提出条件：只要孔子一行人不进入此城，不踏入该国，便可休战。孔子应允下来，双方就此罢战。待对方离去后，弟子询问孔子接下来的行程，孔子果断回应："进城。"弟子们十分诧异，说道："老师，咱们不是刚答应人家，与他们订立了不入城的盟约吗？"孔子解释道："要盟也，神不听。"意即受要挟逼迫之下所做出的承诺，本就缺乏可信度，连鬼神都不会庇护。

　　在儒家文化体系中，仅仅坚守这种不顾道义的小信，被称作"谅"，"谅"体现的是仅仅为了守小信，只要答应了就盲目去做的行为。而儒家所着重强调的"信"，背后需要有两大关键因素支撑：其一，守信行为应当符合正义原则，始终秉持"义"，做到"唯义所在"。其二，守信必须源自内心的真诚力量，也就是"诚"。只有当"诚"与"义"相互交融，才能铸就儒家所推崇的真正的"信"，使其在为人处世、社会发展中发挥积极且正确的导向作用。

格致诚正

　　儒家文化极为重视立志教育，《大学》开篇便提出了著名的三纲领："大学之道，在明明德，在亲民，在止于至善。"这为我们确立了崇高的人生目标。那么，如何才能实现这一目标呢？《大学》紧接着列出了八个具体步骤："古之欲明明德于天下者，先治其国；欲治其国者，先齐其家；欲齐其家者，先修其身；欲修其身者，先正其心；欲正其心者，先诚其意；欲诚其意者，先致其知，致知在格物。"用朱熹的话说，这便是八条目。八条目犹如一张清晰的行动指南，引导我们从目标出发，脚踏实地、循序渐进地去努力，逐步接近并最终实现"明明德""亲民""止于至善"的理想境界。

　　我们深入梳理《大学》中的这段论述：若想将光明正大的人生道理由自身推及他人，进而在社会中广泛传播，以个人现有的条件往往难以达成。在古代，要实现将光明正大的德行广布于天下的宏伟志向，需先从治国做起。这里的"国"指的是诸侯国。周灭殷商夺得天下后，实行分封诸侯的制度。例如，将齐地分封给姜太公，把鲁地赐予武王的弟弟周公，如此逐一分封。较大的封国称作邦国，面积不足五十里的则为附庸。到了汉代，为避皇帝刘邦的名讳，这些封国一律改称"国"。其规模大致相当于我们现今的地区，这在《诗经》的"国风"中有所体现，十五国风就对应着十五个地区。当无法直接实现明明德于天下的宏愿时，退而求其次，先致力于治国。

倘若治国之举在当下力不能及，毕竟并非每个人都能成为一方长官，拥有足够的权力和影响力，此时便可以将目光聚焦于齐家。家，是每个人生活的根基。那么，怎样才能把家治理好，营造出良好的家风，使家庭按照理想的状态发展呢？

进一步深入探讨，要实现齐家的目标，必须先从修身做起。修身意味着行事端正、心怀公心，能够推己及人、将心比心，言行举止恰到好处。如此一来，家人们自然会对你心生敬佩，纷纷向你看齐，齐家的目标也就得以实现。所以说，欲齐家，先修身。当个人修身达到一定境界时，诸多家庭乃至社会问题都能迎刃而解，因为良好的品德修养会潜移默化地影响他人。

那么，怎样才能做到修身呢？《大学》明确指出，修身的关键在于正心。要想行为端正、行事公正，首先要有一颗正直的心，秉持正确的心态和指导思想，凡事出于公心。只有心正，才能做到身正。因此，想要修身，必须先正心。

　　正心亦有其前提条件，那便是要有真诚的意念，渴望拥有健康、积极的生活态度，这就是诚意。若意念不诚，心便难以端正。所以，欲正其心，必先诚其意，诚意是正心的必要条件。

　　那么，我们该如何做到诚意待人呢？是否有人天生便能诚意待人、行事呢？或许存在这样的人，但对于大多数人而言，以诚待人的理念和行为习惯并非与生俱来。那么，我们怎样才能以诚待人呢？

　　诚意、正心、修身、齐家，这些对于个人的成长发展以及整个人生都具有极为积极的推动作用。而要明白其中的道理，就需要致知，即懂得这些理念，进而朝着这个方向去追求。那么，怎样才能懂得这些道理呢？答案是学习，这便是"致知在格物"的内涵，"格物"的本质就是通过学习去探索、认知世界万物的道理。

一、致知在格物

欲实现"明明德于天下"这一宏伟目标，需遵循由远及近、循序渐进的路径，将抽象的理想逐步具象化，层层落实，步步明确。而这一过程的终点，聚焦于"学习"，这便是《大学》为助力人们达成人生目标、践行三纲领所精心罗列的八条目。八条目宛如一座宏伟的阶梯，从最基础的起点出发，逐步引领人们迈向至高的理想殿堂。

《大学》先是由远及近、从外向内着重强调了八条目，深恐世人对此有所忽视，继而又从内向外，以一种反向回溯的方式，再次将八条目细细阐述——"物格而后知至，知至而后意诚，意诚而后心正，心正而后身修，身修而后家齐，家齐而后国治，国治而后天下平"。

若要达成"天下平"这一终极愿景，就必须从治国、齐家、修身、正心、诚意、致知、格物这些基础环节开始努力。这一系列步骤，是朱熹在深入研读《大学》之后所认定的修行路径。简而言之，可用"格、致、诚、正、修、齐、治、平"八个字来概括。历经岁月的沉淀，这八个字已然深深扎根于中华思想文化传统之中，成为无数中国人矢志不渝的人生追求。传统文化如同一股无形却强大的力量，早已悄然融入我们生活的方方面面，渗透进我们的内心深处。在漫漫人生道路上，无数仁人志士正是沿着格物、致知、诚意、正心、修身、齐家、治国、平天下这条道路不断前行，努力实现个人价值与社会理想的统一。

二、修身为本

《大学》有云："自天子以至于庶人，壹是皆以修身为本，其本乱而未治者否矣，其所厚者薄，而其所薄者厚，未之有也。"这清晰地表明，无论贵为天子，还是身为平民百姓，无一例外都应以修身作为立身行事的根本。倘若修身这一根本未能夯实，却妄图达成良好的结果，这无疑是天方夜谭。修身，堪称万事之根本，而平天下则为最终的目标；修身如同大树的根基，齐家、治国、平天下则是在此基础上茁壮成长的树干和枝叶。若根基不稳固，树干便难以坚实挺拔，枝叶亦无法繁茂。

若未能用心培养内在的德行，却期望日常行为能完美契合社会规范，这显然是不切实际的。因为该着重培育、使其厚实坚固的根本之处，未得到妥善的巩固。故而《大学》着重强调："其所厚者薄，而其所薄者厚，未之有也。"这深刻揭示了忽视根本、本末倒置的荒谬性。

深入理解《大学》的内涵，不难发现修身在个人的整体发展进程中占据着极为重要的地位。它既是齐家、治国、平天下的起始点，又是格物致知、诚意正心的外在彰显。古人将其视为"本"，原因在于修身乃是一个人内在修养的集中体现。通过学习，人们积累知识，对客观世界形成清晰认知，进而塑造自己的人生观、价值观与世界观。在此过程中，不断调整心态，对积极健康的事物满怀热忱地去追求，这便是一个人在踏入社会之前进行自我内修的必经之路。所以，修身可被视作格致诚正的外化标志。与此同时，只有通过修身，个人才能以良好的品德修养为基石，逐步实现齐家、治国、平天下的宏伟抱负。正因为如此，《大学》始终强调修身在这八个关键过程中处于"本"的核心地位，它犹如一座灯塔，为人们在人生道路上指引正确的方向，引领人们不断追求卓越，实现个人价值与社会价值的有机统一。

三、格物理

若欲达成修身之目标，其起点何在？《大学》有云："欲修其身者先正其心，欲正其心者先诚其意，欲诚其意者先致其知，致知在格物。"从整个八条目体系来看，格物乃是起始之点。那么，究竟何为格物？对于"格"字，解释各异。有人认为"格"意为"至"，如《尚书·大禹谟》中所言"有苗来格"；也有人将其解释为"修正、纠正"，即格其不正使之归于正，《孟子·离娄上》便有"唯大人为能格君心之非"的表述。朱熹则称格物为"穷尽事事物物之理"，意即要将世间万事万物的道理都探究清楚，此谓格物。

朱熹的解释固然深刻，然而单就格物的阐释，则与我们的日常生活关联稍显不足。其实，欲了解格物，不必执着于探寻该词的词源，不妨从现代生活出发，逆向追溯至古代。毕竟，现今"格"字的含义，正是从古汉语逐步演化而来。故而，若能明晰当下"格"字的内涵，便能理解"格物"的真谛。从某种意义上讲，"格"如同尺子，用于衡量事物是否符合规范，若不符合，便设法使其合乎规范，此即为"格"的要义。

在现代语境中，"格"常被赋予"分析、区别"之意。以青少年写字为例，常用的方格、田字格、米字格，乃至笔者研究的"金蛋格"，皆是为了让汉字在固定平面上均匀分布，本质上就是对汉字结构进行分解、分析。若想深入理解格物，去中药铺一探究竟不失为良策。走进中药铺，便能直观地领略到格物的体现。药铺中设有众多格子，不同格子存放着不同的中草药，如天麻、地黄、半夏等，借助这些格子，人们能够清晰地区分各类药物，这便是通过"格"来区分不同事物。

同理，用既定标准衡量产品，符合标准的即为合格，不符合则为不合格，此乃对物的区分，也就是格物；而对人的区分，则衍生出"人格"这一概念，形容人的性情好坏称为"性格"，透过外在现象洞察人的品质则称为"品格"。

"格"在《文选》的引证中被解释为"度也、量也"，陈立夫在《四书道贯》中对此加以注明，张岱年在补充中国哲学概念时亦有提及，陈来的研究同样关注到这一点。由此可见，格物的过程本质上是一个区别、分析的过程。人类思维主要有两种：一种是演绎性、发散性思维，这是一个持续分析、不断细化的过程。另一种是归纳式思维，即将诸多不同的具体事物归纳总结为规律。

格物正是从整体出发，不断进行细化、分析的过程。这一过程恰好契合人类认识世界、认知社会的规律。在原始先民时期，人们对天地自然的认知远不如现今这般清晰，那时对世界的认知实则是一个从整体到部分逐步细化的过程。格物，便是这样一个细化、分析事物的过程。

人类对世界的认知进程，就是一个不断区分的过程。起初，人类对世界毫无认知，处于物我两忘的状态，恰似无极之境；随后逐渐察觉到自身处于大千世界之中，混沌一片，此为太极状态；继而发现世界有天有地、有日有月、有男有女，这便是两仪；再后来，认识到世界并非仅有日月，还有星辰，人类有男女老少，时间有春夏秋冬，方位有东西南北，此为四象；但对世界的认知并未止步于东西南北的划分，人们开始追问自身的来源，于是有了东北等八方的概念，进而衍生出八卦，乃至六十四卦、三百八十四爻，对世界的认知愈发精细，这无疑是一个不断细分的过程。

人类对知识的获取同样遵循这一规律。上小学之前，所学知识多为常识；进入小学，主要学习语文、数学；到了中学，科目逐渐细化，不仅有语文、数学、外语，还增设了化学、物理、生物、历史、政治等；九年义务教育结束后升入高中，学科分类更为细致；步入大学，开始分专业学习；到了研究生阶段，专业进一步细化；博士阶段则聚焦于某一特定主题或某一方面的问题，展开深入细致的研究。可见，整个学习过程就是一个格物的过程。

朱熹所说的格物是穷尽事事物物之理，我们对格物的理解不应仅局限于对自然物的区分，还应涵盖对社会生活中"理"的区分。唯有将社会生活中的"理"辨析清楚，方可谓真正做到了格物。这意味着格物不仅关乎对客观事物的认知，更涉及对社会现象、人际关系等复杂领域中道理与准则的探寻与把握，从而使我们能够以更加理性、深刻的角度去认识世界，指导自身的行为与实践。

四、格事理

有一副对联写道："言之高下在于理，事无古今唯其时。"还有一副对联称："世事洞明皆学问，人情练达即文章。"这两副对联皆着重强调了明理的重要性。而格物，既涵盖对物理的探究，也包含对事理的辨析。《礼记·檀弓上》记载："事亲有隐而无犯，事君有犯而无隐，事师无犯无隐。"此句清晰地表明，对待父母、君王以及师长的方式各有不同，这正是在事理层面进行区分。

以诚实为例，虽然人们普遍倡导诚实这一美德，但并非在所有情形下都能直言不讳。当前往探望一位病危的病人时，若如实告知其已不久于人世，显然不合时宜。此时，需要给予安慰，告诉病人熬过这段艰难时期就会康复，即便明知这些话语与事实不符。这便是在特定环境下，对事理进行权衡与把握的体现，即如何"格"这个理。

相比之下，物理层面的"理"相对容易探究，而事理层面的"理"则复杂得多，难以捉摸。有些事理若不经实践的磨砺，便难以获得深刻的认知。在研读史书时，有一则故事令笔者印象深刻。越国的著名思想家范蠡，堪称一位格事理的高手。在吴越争霸时期，越王勾践卧薪尝胆、奋发图强，最终成功报仇雪恨，灭掉吴国。范蠡敏锐地察觉到越王勾践的面相与为人，其"鹰视狼顾"，只可共患难，难以同享乐。于是，范蠡在功成名就之后，毅然决然地辞官离去，远离越国。临行前，他给同朝为官的文仲写信，深入剖析了"飞鸟尽，良弓藏，狡兔死，走狗烹"的道理。然而，文仲并未采纳范蠡的劝告。后来，事情的发展果如范蠡所料，文仲惨遭越王杀害。范蠡辞官后，泛舟江湖，转而经商，凭借其卓越的商业才能，成为富甲一方的陶朱公。

不过，即便睿智如范蠡，也有在格理上判断失误、酿成惨痛教训的时候。范蠡育有三个儿子，一次，他的二儿子在其他诸侯国触犯当地法律，依照当地法律极有可能被判处死刑。当时，那个诸侯国的一位当权者与范蠡交情深厚，范蠡便打算前去求情。求情自然不能空手前往，需备下礼物。范蠡家中富有，钱财并非问题，此时他纠结的是该派谁去办理此事。范蠡本欲让小儿子前往，然而大儿子却坚决要求自己去，他认为自己作为家中长子，理应承担此重任。范蠡心中有所犹豫，他原本期望小儿子去处理，并不想让大儿子涉事，但大儿子救弟心切，据理力争，最终范蠡无奈同意大儿子前往。大儿子带着丰厚的礼物，找到父亲的故交，呈上礼物并说明了来意。对方收下礼物后，仅表示让他回去等候消息，大儿子便只能回去等待。

等待了一段时间，却始终没有音信。就在大儿子焦急万分之时，恰逢国家大赦，众多罪犯都被赦免，他的弟弟也在赦免名单之中。大儿子心想，这份礼物送得似乎有些冤枉，本就是政策变动使然，对方并未实际帮忙。于是，他又找到父亲的朋友，提及当下国家大赦之事，并询问之前送的钱财该如何处理。对方一听便明白了他的意思，回应道礼物未动，让他拿走。大儿子觉得这样也好，便取走了礼物。

可谁能想到，礼物刚被拿走，国家随即颁布了一项特殊法令，他的二弟被判定为不在赦免之列，最终惨遭杀害。

大儿子悲痛欲绝，载着二弟的尸体回到家中，详述事情经过。范蠡听闻后，悲痛懊悔不已，自责道："此事不能怪罪他人，皆因我决策失误！我本就该让小儿子去，而非大儿子。"究其原因，大儿子自幼跟随范蠡历经创业的艰辛，深知钱财来之不易，对金钱格外看重，不舍得轻易花费。二儿子被杀正是因为大儿子送礼又取回这一行为导致的。范蠡的朋友收下礼物后，虽未明言，但已暗中运作国君，使老二被纳入赦免范围，实则是以政策手段解救了二弟。然而，大儿子将钱取回的举动，令对方深感不悦，于是再次进谏，致使老二又被判定为罪在不赦，最终丢了性命。而小儿子出生时，家庭已然富足，未曾经历创业的困苦，对钱财看得较为淡泊。若派小儿子前去，他到那里将礼物一放，便会自行游玩，无论事情是否办成，都不会在意钱财的得失，如此一来，事情反而极有可能办成。范蠡对这一事件的分析极为精准，充分展现了他对事理透彻的把握，也从反面警示我们，在处理事务时，对事理的准确判断是何等重要。

由此可见，格事理并非易事，它需要我们在生活实践中不断积累经验，深入思考，细致权衡，才能在复杂的世事人情中做出恰当的判断与抉择，真正领悟事理的真谛，做到处事得当、游刃有余。

五、格心理

格物的范畴，不仅涵盖对物理、事理的探究，还延伸至对心理的洞察与剖析。明代大儒王阳明在研读《大学》时，对"格"字的理解别具一格。孟子曾解"格"为"惟大人为能格君心之非"，即将不正之物纠正，使其归于正道。王阳明在此基础上，将格式化的"格"进一步演绎为革命的"革"，或者切割的"割"，寓意把错误的部分剔除，保留正确的内容。这独特的理解也导致他的理论方向发生了偏移。

年轻的王阳明曾亲身实践，跑到竹林中试图"格竹子"。他每日目不转睛地观察竹子，却没有明确的问题导向，仅仅是单纯地凝视。如此格了几日，不仅毫无收获，还累垮了自己，他由此认为自己天分不足。经此挫折，王阳明不再执着于向外格物，转而将目光投向内心，专注于"格心理"。朱熹主张格尽事事物物之理，致力于探究"物理"，而王阳明则独辟蹊径，专注于"格心理"。朱熹的理念中，格物穷理最终是为了知晓"道"，这也是理学又被称为道学的缘由。其理论之所以被归为客观唯心主义，是因为他坚信在客观事物产生之前，就已然存在一种理、一种道。故而朱熹引导人们去认知"道"。与之不同的是，王阳明因对向外格物的尝试受挫，便将心力集中于内心世界，最终形成了"良知"的概念。一个侧重于外部世界的探索，一个专注于内心世界的发掘；一个是"致知道"，一个是"致良知"。

哲学家曾言，世界上有两个领域蕴含着无穷的魅力，一是浩瀚无垠的星空，一是深邃伟大的心灵。从某种程度而言，若能将王阳明与朱熹的思想融合，或许能达到一种更为理想的境界。但深入思考便会发现，朱熹所提及的事事物物，实际上已包含人的内心，它们皆为客观存在。如此看来，朱熹的学问根基更为纯正。而王阳明强调无需向外寻求，只需反求诸己，问心即可。儒家向来强调忠恕之道，倡导将心比心、推己及人，这与王阳明"问心"的理念有相通之处。道家也有类似观点，老子在《道德经》中说："不出户，知天下；不窥牖，见天道。其出弥远，其知弥少。"人们的基本需求和喜好存在共通性，了解自身想法，便能推知他人所想。不过，阳明先生凡事问良知的做法，在实践中更为便捷高效。用宗教语言来表述，二者的差异在于，阳明先生强调的是方便法门，朱熹侧重的则是人生根本；一个关注的是切入点，一个阐述的是根本义。若能将二者融会贯通，做到内外融合，无疑是极为理想的状态。朱熹侧重于构建世界观，而王阳明更注重方法论的运用。

由于王阳明将"格"理解为纠正内心的不正，使其回归正道，进而提出了著名的"四句教"思想："无善无恶心之体，有善有恶意之动。知善知恶是良知，为善去恶是格物。"从逻辑顺序来看，只有先做到知善知恶，才能进一步为善去恶，这意味着良知是格物的前提。然而，《大学》中明确指出"物格而后知至"，强调格物是致知的前提。由此可见，应将格物理解为区别分析，通过对事物的辨析，达到"知"的境界，先有认知而后行动。不过，阳明先生大力提倡知行合一，这在一定程度上弥补了他对事物理解的偏差。事实上，他所强调的先知后行的理念，对后世产生了深远影响。我们熟知的教育家陶行知，最初便是受王阳明知行合一思想的启发，取名陶知行。后来，通过教育实践，他开始坚信"行是知之始，知是行之成"，后来又改名为陶行知，这一转变体现了从先知后行到先做后知的观念转变，强调了实践在认知过程中的基础性作用。

六、致知

前文提及格物即学习，那么致知又为何意？致知意味着学懂弄通，达到了获取知识的程度。实际上，当格物的功夫做得扎实、精细，将物理、事理、心理等事事物物之理都探究明白，便能抵达致知的状态。可以说，格物致知是学习过程的两个阶段，本质上都是学习行为。格物是踏入学习的起始环节，而致知则是因学习而收获知识的成果阶段。在从格物到致知的进程中，存在着一个从一般到特殊、由普遍到个别的思维转化过程。学习恰似一个持续细分的旅程，在这细分过程中有着先后顺序，从这一顺序视角审视，我们会发现有些时候某些问题并不符合逻辑。

以中国唐代大诗人李白的《古朗月行》为例，其中"小时不识月，呼作白玉盘"一句，单从文字表面看，极具美感。但深入剖析，此句描写基于李白个人的想象，并不符合儿童认知客观事物的正常顺序。试想，少儿连月亮都尚未认识，又怎能将其称作白玉盘呢？在尚未认识月亮之时，却先认识了白玉盘，这是怎样一种特殊的家庭环境呢？笔者曾与学生打趣道，除非是厨子家的孩子，在对社会生活其他知识还懵懂无知时，先对盘子有了认知。正常的认知过程应是，小孩首先认识父母、爷爷奶奶等身边亲人，在牙牙学语阶段，大人会告知他们何为天、何为地、何为日、何为月。所以，连月亮都不认识就先认识白玉盘，这显然不符合认知规律。

从格物角度深入分析，在社会生活的学习进程中，是一个从整体到局部逐步细分的过程。只有将世间的物理认知清晰，把社会生活中的事理也研究透彻，对事事物物之理都能辨析明白，才算是完成了致知的过程。因为唯有达到致知，才能够实现意诚，进而心正、身修、家齐、国治，最终迈向天下平的理想境界。

《中庸》中有言："自诚明谓之性，自明诚谓之教。"因天性纯诚而对事事物物皆有所认识，这是源于天性，然而这种情况实属罕见。在个人成长历程中，大多是"自明诚"的过程，即通过认识社会生活中的对错，明晰应该怎样做、不应该怎样做，从而不断调整自身心态，朝着人生正确目标思考，沿着积极道路奋进。所以，人的成长是一个"自明诚谓之教"的过程，通过认清社会生活中的是非曲直，将道理领悟透彻，使自己做到诚意、正心、修身，最终达成齐家治国平天下的宏伟目标。

《中庸》里的"修道之谓教""自明诚谓之教"，与《大学》中由格物致知通向诚意正心的过程，虽表述不同，但核心主旨一致，都着重强调了只有通过学习，人才能够取得进步。学习就如同开启智慧之门的钥匙，引领我们从懵懂走向明悟，从混沌走向清晰，不断完善自我，实现人生价值。

修齐治平

本专题与上一专题恰为上下两篇,上一专题聚焦"内修",本专题侧重"外用"。内修若修得好,可达内圣之境;外用若用得妙,则成外王之功。内心世界的修炼关键在于认识的深入提升,而外在行为的修炼核心在于建功立业。建功立业并非要幻想着建立什么旷世奇功,而往往体现在实实在在的日常的平凡行为之中。修身是这一理念的第一层体现,一个人修身的成效如何,从其对待身边人的态度便可窥见一斑。是否会因为"亲爱""贱恶""畏敬""哀矜""敖惰"等情感而出现情感偏颇、行为失当,都是修身好坏的具体表现。

儒家经典《大学》着重强调:诚意为本,心正为要,修身为门,齐家为落脚点。格致诚正的内省功夫在何处得以彰显呢?首先便是在家庭生活中。人自出生便身处家庭之中,最终叶落归根,回归家庭。而走向社会,是人成熟之后的事情。齐家与治国，不过是小大之别。在当今社会生活中，无论是治理企业、担任事业单位领导、地方政府领导，还是成为社会组织领袖，都涉及治国之策。能够把一方土地治理好，既体现了个人的人生价值，又造福了一方百姓。

新时代背景下，伟大的思想、伟大的政治、伟大的胸怀，成为构建人类命运共同体的主观条件。秉持民胞物与、悲天悯人的情怀，追求天人合一、世界大同的理想，终将实现"天地位焉，万物育焉"的美好愿景。这不仅是儒家"修齐治平"理念在新时代的回响，更是我们每一个人在当下社会中应积极践行的使命，从自身修身开始，逐步拓展到齐家、治国，乃至为构建一个和谐美好的世界贡献力量。

一、先齐其家

人从呱呱坠地，来到这个世界，首先接触的便是家庭。家庭作为个人成长的第一环境，其重要性不言而喻。若能将家中事务妥善处理，积累经验与品德，推而广之，才有机会迈向治国平天下的宏大目标。正如《大学》所云："所谓治国必先齐其家者，其家不可教而能教人者，无之。故君子不出家而成教于国。孝者，所以事君也；弟者，所以事长也；慈者，所以使众也。"

在《大学》的八条目体系中，从格物起始，历经致知、诚意、正心、修身，皆为自我修养。而这一系列内修成果的应用与落实，家庭生活便是首要的展现舞台。欲治国，必先"齐其家"。若在家庭生活中的言行无法赢得其他家庭成员的折服、尊敬与认可，却妄想在天下推行教化、治理国家，无疑是天方夜谭。所以，君子在尚未走出家门之际，其学养与见识能否获得家庭的认同，在很大程度上决定了他未来是否具备治国平天下的能力。

需注意的是，中国古代的"家"与现代的家庭概念存在显著差异。现代家庭通常指的是核心小家庭，如三口之家、四口之家，在统计范畴中，更倾向于作为"户"的单位，如今的"户口"统计便是如此。而在中国古代，"家"往往是四世同堂的大家族。从爷爷辈开始，爷爷的兄弟及其家庭共同生活；到父亲这一代，叔叔、伯伯各自组建的家庭也融合其中；再到自己这一辈，自己的小家与哥哥、弟弟的家庭同样共处一室。若有子女，儿子成家后，无论排行老几，都需与大家庭共同生活，堂兄弟之间亦是如此。唯有女儿外嫁，娶进其他姓氏的女子为媳，如此这般的组合，构成了中国古代的大家庭。

在这样庞大复杂的家庭结构中，无论处于嫡长子的核心位置，还是旁支的从属地位，个人唯有做到修身养性，才能在言行举止间成为周围亲人的表率，进而实现"齐家"的目标。只有将家治理得井井有条，才有资格谈及向外拓展，治理国家。

我们所面对的家庭，首先是基于血缘关系形成的自然之家。《三字经》中描述："高曾祖，父而身，身而子，子而孙，自子孙，至玄曾，乃九族，人之伦。"由九族构成的大家庭，涵盖了丰富的亲属关系。在现代语境下，类似概念也有所延伸，如单位有职工之家，年轻人相聚形成青年之家。在这些小型集体或特定范围内，个人若能率先垂范，以良好的修养成为众人的榜样，即便并非家庭或集体的首领，大家也会自然而然地对你的言行信服，因为"身修而后家齐"。

所谓齐家的"齐"，蕴含两层深刻含义：其一，个人品行高尚，行事得当，成为全家人学习的榜样与表率，引领家人积极向上。其二，凭借自身的优秀品质与行为，带动全家人共同进步，实现整体的和谐与提升。基于此，在中国传统家庭中，家教、家训应运而生，并逐渐发展形成家规、家风，成为维系家庭传承与发展的重要纽带。

"故君子不出家而成教于国。孝者，所以事君也"，实际上，侍奉君王的品德与行为，正是从"孝"这一基本的家庭伦理观念中衍生而来。那么，孝的内涵究竟是什么？孝，是对父母的顺从与敬畏，源于家族成员间的血亲关系，晚辈对长辈应怀有的孝敬之心。并且，这种孝敬之心不能仅仅局限于家庭内部，更应推而广之，延伸至社会层面。当臣子以对待父母的赤诚之心去侍奉君王，社会便能趋于稳定。这便是孝可用于事君的内在逻辑。它强调以孝亲之心事君，如此一来，臣下与君王之间便不易产生矛盾，臣子能够尽职尽责，避免出现逆臣、恶臣。毕竟，一个对父母不孝的人，又怎能期望他成为国家的忠臣呢？所以，侍奉君王与孝顺父母，本质上具有相通之处。

当然，在后世的社会生活中，诸多为国家奉献了生命的英雄们生前常感慨忠孝难以两全。若选择在家孝顺父母，便无法全力为国尽忠；若投身于为国尽忠的事业，在孝顺父母方面往往难以尽如人意。这一现象也从侧面反映出家庭伦理与社会责任之间有时存在的艰难抉择。

"慈者，所以使众也。"孝悌体现的是晚辈对长辈的敬重，而"慈"则侧重于长辈对晚辈的关爱。在传统文化的家庭伦理道德体系中，倡导父慈子孝。为人父母者，以慈爱之心教育、养育子女，并将这份慈爱之心推及社会，便能践行"幼吾幼以及人之幼"的理念。当以慈爱之心走向社会，即便安排他人做事，众人也会心悦诚服。因为出发点是善意的，所安排之事是正当的，且能让大家从中受益。由此可见，个人在家庭中的行为表现，往往决定了其在社会中的地位与影响力。

朱熹所强调的《大学》之道，涵盖格致诚正、修齐治平的步骤。对于普通人而言，治国平天下往往是难以企及的宏伟目标，并非每个人都有机会涉足其中。然而，齐家却是每个人切实能够努力践行的。在人生中，选择"格致诚正、修身齐家"，并将齐家做到位，实为不易。

《大学》又言："所谓平天下在治其国者，上老老而民兴孝，上长长而民兴弟，上恤孤而民不倍，是以君子有絜矩之道也。"这表明，若要实现明明德于天下、平定天下的抱负，必须从治国入手。那么，如何治理好国家呢？关键在于"上老老，上长长"。"上老老"即君王以老人为尊，敬重老人，体恤老人的生活与心情，将天下老人视为自己的长辈般关怀，践行"老吾老以及人之老"。倘若君王能够做到这一点，百姓自然会受到感染，兴起孝顺之风。

"上长长而民兴弟"，若君王能做到尊敬兄长，以天下长者为长者，始终怀着尊崇之心对待长者，百姓便会受到影响，心怀兄友弟恭之情，在人际交往中礼仪有序，彼此关爱。这充分体现了上行下效的道理。因此，要想平定天下，必先治理好国家；而要治理好国家，首先要从倡导孝悌入手，这是最为贴近民生、切实可行的举措。

"上恤孤而民不倍"，倘若君王特别关注、体恤那些鳏寡孤独的弱势群体，百姓便不会做出伤天害理、违背国家利益的事情。所谓"恤孤"的"孤"指的是孤儿。在家庭生活中，鳏者为老而无妻，寡者为丈夫早逝，孤者为幼年失亲，独者为没有兄弟姐妹，这些人都属于生活不幸的群体。若君王能时刻将这些弱势群体的生活挂在心上，给予他们关怀与爱护，百姓之间也会相互关爱，不会做出违背情理之事。

那么，如何成为君子、仁君，如何做一个贤明的帝王呢？"是以君子有絜矩之道"，无论是治国、齐家，还是平天下，关键不在于向外寻求方法，而在于内心的端正与自身修养的提升。要以己心度人心，自身行为端正，才能要求他人。当自身行为合乎规范，整个世界也会朝着积极美好的方向发展；当内心平静，世界仿佛也会倾听你的心声，静待美好结果的出现。这便是"絜矩之道"的深刻内涵。《大学》所提出的"絜矩之道"，是一个至关重要的概念，它要求我们时常审视自己，衡量自身的所作所为是否符合规范。通过这一标准，我们能够判断自己是君子还是小人，进而不断修正个人修养与人生追求，明确下一步努力的方向。《大学》中讲道："所恶于上毋以使下，所恶于下毋以事上，所恶于前毋以先后，所恶于后毋以从前，所恶于右毋以交于左，所恶于左毋以交于右，此之谓絜矩之道。"这意味着要用自己的"忠恕之心"去对待周围的人和事，衡量行为的标准无需向外探寻，就在自身。正如《诗经》中的"伐柯伐柯，其则不远"，拎着斧子上山砍树制作斧柄，合适的标准就是手中现有的斧柄。

《诗经》中有云："殷鉴不远，在夏后之世。"这警示我们，务必以殷商灭亡为鉴，兢兢业业地承担起治国为民的重任。所以，最后总结得出"道得众则得国，失众则失国"。那么，怎样才能治理好一个国家呢？关键在于赢得民众的支持与拥护。如何才能得众？这就需要与民同好，与民同乐，"民之所好好之，民之所恶恶之"。又该如何做到与民同好、同乐，知晓民众的喜好与厌恶呢？答案便是将心比心，以自己认定的健康美好生活为标准，去对待他人，面向社会。唯有如此，才能践行君子之道，治理出一个繁荣昌盛的国家。所以，若要实现明明德于天下、平定天下的目标，就必须先治理好国家。《大学》围绕这一问题进行了大量且深入的阐述，为我们提供了宝贵的治国理政智慧与道德修养准则。

二、德本财末

从"平天下在治其国"这部分内容可以看出，尽管同样强调从个人自我修养出发，但此层面已非普通民众所能轻易企及，更多的是着重探讨君王应当如何作为。有一种观点认为，所谓"大学"，乃是"大人之学"，一方面可理解为蕴含大道理、大学问，另一方面则特指为那些肩负治国平天下重任之人所讲的道理。

我们进一步研读《大学》中的这段话："是故君子先慎乎德。有德此有人，有人此有土，有土此有财，有财此有用。德者本也，财者末也。"此段集中阐述了财与德之间的关系。在当时诸侯争霸的社会背景下，有国者必然会思考如何积聚财力，这是每个国家都无法回避的关键问题。

以孟子与梁惠王的会面为例，梁惠王一见到孟子便急切问道："叟，不远千里而来，何以利吾国？"彼时梁惠王年事已高，而孟子年龄也不小，梁惠王的言辞略显不客气，直白地询问孟子："老头儿，你不远千里来到我这里，能为我的国家带来何种利益呢？"孟子则回应道："王何必曰利？亦有仁义而已矣。"孟子认为梁惠王不应一见面就只谈利益，而应关注仁义。然而，由于孟子所表达的观点与梁惠王的需求大相径庭，双方最终未能达成一致。倘若孟子当时能够因势利导、循循善诱，或许他会说：能给您国家带来利益的，不仅有物质层面的，更有文化层面的，是能使民众品德高尚的仁义之利。但孟子秉持原则，与梁惠王形成对立，导致交谈陷入僵局。不过，这也从侧面凸显了君子治国时，务必先"慎乎德"。"德者得也"，意为得之于内心，并施惠于他人，这便是"德"的本意。德，不仅要求自身具备良好品质，还需将这种品质转化为施惠于人的行为与结果，这也是当今我们对"德"的评判标准。身为君子，首先要培养德行，当德行良好时，他人自然会团结在身边。作为君王，若自身有德，国人与百姓便会觉得在其领导下生活愉悦，故而"有德才能有人"。有了民众的拥护，才能稳固统治区域，正所谓"有人才能有土"。

《诗经·商颂·玄鸟》中提到："邦畿千里，维民所止。"无论国家疆域多么辽阔，唯有拥有百姓的拥护，这片土地才真正属于国家。倘若行政管理区域内的百姓对君王不忠，即便疆界名义上属于该国，实则民心已失。这种情况不仅使土地名不副实，更可能成为国家覆灭的祸根，历史上此类事件屡见不鲜。所以，君子必须注重培养自身品质，有了人民的支持，拥有了土地，才能借助土地积累财富，即"有土此有财"。积累财富后，便可"取之于民，用之于国"，合理使用财富，实现国家的良好运转。在传统观念中，"土"代表"地盘"，而在现代意义里，"土"可理解为市场。

这便涉及德、人、土、财、用之间错综复杂的关系，那么该如何理顺它们呢？究竟哪个在先，哪个在后？《大学》中指出："德者本也，财者末也，外本内末，争民施夺。"这句话意义重大，但我们需辩证看待。常有人认为，传统文化，尤其是儒家文化，重本轻末，重德轻财，强调义而忽视利。然而，这种观点未必符合事实。在儒家早期，便有子贡等因经商而致富之人。

在《论语·述而》中，孔子曾言："富而可求也，虽执鞭之士，吾亦为之，如不可求，从吾所好。"孔子认为，若富贵可通过正当途径获取，即便从事执鞭这样的卑微工作，他也愿意尝试。但倘若富贵不可求，他便会遵循自己的喜好行事。由此可见，孔子并非不追求富贵，只是强调"见得思义"。孔子还说过："饭疏食饮水，曲肱而枕之，乐亦在其中矣。不义而富且贵，于我如浮云。"这表明，若富贵是通过不义手段得来，那么在他眼中毫无价值。但如果是取之有道，又有谁不想生活富足，通过积累更多财富，让日子过得更好呢？

所以，此处强调"德者本也，财者末也"，其中的"本"与"末"，主要指的是先后顺序，并非单纯地比较谁更重要。这就如同树木，根若不坚固，枝干便无法枝繁叶茂。"本"与"末"恰似树的根与梢，只有根深，才能叶茂；唯有德厚，方可财来。若人人都不注重培养德行，只知唯利是图，必然会引发诸多问题。因此，务必以培育德行为首要任务，通过提升德行来获取财富。

　　回顾整个逻辑链条，想要平定天下，必须先治理好国家；要治理好国家，一定要管理好家庭，只有小单位、小团体运作良好，才具备治国的基础。而要管理好家庭，需先做到修身，修身方能齐家。若想修身，就需不断学习、调整心态，将格致诚正做好，才能实现修身的目标。

三、大同小康

　　《礼记·礼运》记载："大道之行也，与三代之英，丘未之逮也，而有志焉。大道之行也，天下为公。选贤与能，讲信修睦，故人不独亲其亲，不独子其子，使老有所终，壮有所用，幼有所长，矜寡孤独废疾者皆有所养。男有分，女有归。货恶其弃于地也，不必藏于己；力恶其不出于身也，不必为己。是故谋闭而不兴，盗窃乱贼而不作，故外户而不闭，是谓大同。"这段以孔子之口阐述的文字，为我们勾勒出一幅令人向往的大同世界图景。

　　那么，大同世界究竟是何种模样？当"大道之行"，真正实现明明德于天下，达到至善之境时，便是"天下为公"的局面。所谓"贤"，以品德作为衡量标准；所谓"能"，则依据才能进行评判。选拔德才兼备之人，构建一个讲诚信、重和睦的社会环境。在这样的社会里，人们不仅关爱自己的亲人，更将这份爱推己及人，践行"老吾老以及人之老，幼吾幼以及人之幼"的理念，真正做到"不独亲其亲，不独子其子"。老年人能够安享晚年，尽享天伦之乐；壮年人皆有适合自己的工作，得以施展才华，为社会贡献力量；儿童在良好的环境中茁壮成长，接受优质教育。更为重要的是，鳏寡孤独以及残疾人，都能得到妥善的照顾与关怀，不会因身为弱势群体而被社会遗弃。整个社会和谐有序，一片繁荣美好之象。

小康社会的概念同样源自孔子的《礼记·礼运》。我国在21世纪初提出的全面建设小康社会这一理念，便是对传统文化的一次有力传承。当然，当今所说的小康社会与孔子在《礼记》中所描述的小康社会存在诸多差异。

且看孔子笔下的小康社会："今大道既隐，天下为家，各亲其亲，各子其子，货力为己，大人世及以为礼。城郭沟池以为固，礼义以为纪；以正君臣，以笃父子，以睦兄弟，以和夫妇，以设制度，以立田里，以贤勇知。以功为己，故谋用是作，而兵由此起。禹、汤、文、武、成王、周公，由此其选也。此六君子者，未有不谨于礼者也。以著其义，以考其信，著有过，刑仁讲让，示民有常。如有不由此者，在埶者去，众以为殃。是谓小康。"

在当下，已不再是"大道之行，天下为公"的理想状态。那个所谓的君子之大道，在现实社会中，似乎已渐渐隐没。人们不再单纯地思考如何为社会奉献，而是将关注点更多地放在自身与家庭上，以天下为家。从普通百姓的生活视角来看，努力让自身得以发展，使家庭和睦幸福，拥有富足的物质生活，维系良好的家庭关系，对父母尽孝，为子女创造美好的未来，这便是大家奋斗的目标。

"大道既隐，天下为家，各亲其亲，各子其子"，在这样的社会情境下，人们虽无法即刻顾及他人，但能够悉心照顾好自己的亲人，对父母尽孝，用心培养子女，倘若人人都能做到这一点，社会也将变得更加美好。由此可见，尽管与大同世界相比，小康社会稍逊一筹，但实际上，这样的社会状态同样令人满意。人们为社会努力工作，积极谋取财富，付出的同时也能收获相应的回报，实现自身价值。

子曰诗云

《论语》为中国人塑造了一种独特的思想表达方式，即"子曰"。别小觑这两个字，部分学者对其尊崇至极。那么，何为"子"？所谓"匹夫而为百世师"。何为"曰"？乃"一言而为天下法"。由此可见对"子曰"二字的重视程度。这里的"子"指的是孔子，但凡提及"子曰"，便是孔子所言。实际上，"子"是一种尊称，与我们如今所说的"先生说""老师说"并无二致。正是《论语》中的"子曰"，造就了中国人表达思想的一种特殊方式——引经据典。

孔子在探讨问题时，提出了"四毋"观点，即"毋意、毋必、毋固、毋我"。下面详细解释一下，这四者意思相近，但存在细微差别，需格外留意。"毋意"意为不要主观臆测；"毋必"是指不要认定事情必定如此；"毋固"即不要固执己见；"毋我"则是不要自以为是。

既然表达思想要注意这四个"毋"，那又

该如何表达思想呢？对普通百姓而言，最佳方式便是说"子曰"，若要进一步论证，甚至可以用"诗云"，引用一些经典内容，表明这并非自己的观点，而是孔子所说。事实上，这种"引经据典""子曰诗云"的方式，是中国人表达思想的一种极为有效的途径。

运用经典的智慧去思考问题，用经典的语言来表达思想，以经典的标准规范行为，如此一来，人生岂不是也变得经典了吗？《论语》中的众多名言警句，在当今社会乃至全球范围内广泛流传。相较于长篇大论的论述性散文，这种语录体的名言警句更易读、易懂、易记、易用。其文字简洁，句式短小，却言简意赅，蕴含深刻道理。直至今日，许多《论语》名言仍频繁出现在我们的日常用语中，例如，"任重而道远""三人行必有我师焉"等。正因《论语》中"子曰"之后的诸多话语，已演化为中国人常识性的语句，常被我们引用，就如同《诗经》里的许多诗句也常被人广泛引用，如"窈窕淑女，君子好逑""青青子衿，悠悠我心"等。于是，《论语》和《诗经》这两部儒家经典衍生出一个专属词汇——"子曰诗云"。"子曰诗云"专门用于描述人们引经据典的语言状态，或是形容言语具有权威性、言之有理。"子曰诗云"也反映了一种文化现象，表明自儒家思想成为中国文化道统后，人们对儒学的信服与奉行。

西方哲学家如黑格尔等人，对《论语》并未给予足够重视，认为它不过是一位东方老人的生活感悟。这恰恰显示出他们对中国古代圣贤智慧的无知。试问，究竟是哲学逻辑的缜密系统对百姓更有益，还是让百姓掌握经典智慧、用以指导人生更为重要？中国哲学的核心在于"以文化人"。

一、引经据典

常言道："学了《周易》会算卦，学了《诗经》会说话。"中国人说话向来喜好引经据典，常常提及"子曰诗云"，这无疑是一种极为精妙的文化现象。中华民族历经五千年的沉淀，诸多事理古人早已洞悉。当我们想要表达思想，却又不能妄称自己的发现时，该如何是好？此时，一句"子曰"，一句"诗云"，便恰到好处。

引经据典的益处不胜枚举。其一，所言并非出自自身，而是源自古圣先贤，如此一来，彰显出个人的谦逊。然而，听者却能从这信手拈来的经典引用中，感受到说话者的满腹经纶与博学多才。主观上追求谦逊，客观上展现博学，二者相辅相成，相得益彰。

其二，经典构成了一个民族的共同语境，在日常生活中被广泛使用。例如，"三人行必有我师焉"，无须额外解释或翻译，大家皆能心领神会。无论是你、我还是他，都频繁使用这类经典语句，足见其使用频率之高。

其三，经典具有无可比拟的权威性。历经数代人的反复使用与验证，在生活中被不断实践，人们用后觉得受益匪浅，遂将其传承下去，如此循环往复，直至今日。试想，以一个民族五千年积累的智慧来指引我们短短百年的人生，难道还不够吗？这无疑是一笔宝贵的财富。

其四，说话时引用经典，即便偶有差错，自身也只需承担一半责任，因为是孔子等先贤所言，并非一己之见，无形中有人与之共同分担风险。

但这些仅仅是引经据典的表面现象。深入探究便会发现，语言作为思维的载体和思想的符号，我们所说的话实则反映着内心所想。倘若思想境界不高，语言表达必然难以达到相应的高度。正如西晋陆机在其《文赋》中所言："只有思风发于胸臆，言泉才能流于唇齿。"语言不过是内在思想的外在呈现。从这一角度审视，当下的中华民族正处于一个至关重要的时期，此问题的意义也显得尤为重要。改革开放四十余年来，我们积极向西方学习经济，为实现与西方的接轨，国家大力倡导青年人学习外语。然而，我们却不难发现，如今许多具有话语权的专家学者，由于学习外语，进而深入学习西方文化、哲学、政治、意识形态以及价值观，最终形成了一种语言使用上的病态。一旦涉及概念，便动辄引证黑格尔、康德等西方哲学家的观点；谈及词语，就搬出拉丁语、希腊语的解释；撰写文章时，满篇皆是西方学者的观点。需要强调的是，笔者并非民粹主义者，既不主张盲目自大，也不拒绝吸收其他思想。但长此以往，即便说得再精妙，也不过是拿别人的标准衡量自己的生活。长此以往，我们会发现许多高端学者已然丧失了用自身语言表达思想的能力。从民族的角度来看，这无异于患上了失语症，后果不堪设想。这种影响潜移默化，甚至导致许多青年教师在授课时也出现类似问题。同样是讲述故事，他们选择《伊索寓言》中的"农夫与蛇"，却对中国寓言《东郭先生与狼》视而不见。实际上，这两则寓言寓意相近，且从表意的丰富性而言，《东郭先生与狼》还包含拟人的对话。但他们却弃之不用，只因讲述《伊索寓言》会让自己显得更有学问、更洋气。这一现象着实令人担忧。因此，当下我们关注国学，绝非仅仅是为了掌握点滴知识，更是关乎一个民族重建自身文化体系、重构民族语言系统的重大问题。否则，若总是用他人的语言表达自己的思想，始终站在别人的立场思考问题，又谈何"文化自信"？又怎能从文化大国迈向文化强国？所以，我们应当亲近经典，熟悉传统语言。以文化人，实则是在维护一个民族的文化，而保护民族文化就如同守护民族的血脉。中华民族正是凭借这些文化经典，才使得中国文化得以代代相传，延续至今。

研读《论语》时，我们会留意到一个有趣的现象：孔子并未亲自教导自己的儿子，圣人不亲教子。他的儿子孔鲤与学生一同学习。一日，孔鲤从庭院中经过，孔子瞧见后唤他过来问道："学诗乎？"孔鲤回答："未也。"孔子便说："不学诗，无以言。"意思是，若不学习《诗经》，说话便难以达到高雅的境界。《诗经》温文尔雅，用诗意的语言描绘生活，表达既含蓄又富有艺术性，正所谓"言之不文，行之不远"。孔鲤听从了父亲的教诲，认真学习《诗经》。还有一次，同样是孔鲤从庭院走过，孔子问："学礼乎？"孔鲤答："未也。"孔子又说："不学礼，无以立。"意为若不懂得人与人之间交往的礼数，又怎能在社会上立足？孔鲤表示会好好学礼。后来，中国人便将这种在庭院中的教育称作"庭训"。康熙皇帝教育子女的言论在雍正皇帝继位后被其整理成一本书，名为《庭训格言》。《庭训格言》读来令人受益匪浅，从中能深切感受到一位帝王对子女的殷切教导，言辞恳切，既有高瞻远瞩的见识，又贴近生活实际。

务必牢记，我们应阅读那些蕴含人生阅历、饱经人生磨难且具备高端思想的书籍。就像上文提及的《庭训格言》，这是康熙皇帝的智慧结晶，还有毛泽东极为喜爱的《资治通鉴》，它由司马光耗时十九年编纂而成，书中不仅涵盖丰富的史料，还融入了深刻的史评。中国的史书因有了评论，便具备了更高层次的见识，这正是中国文化的精妙之处。我们所熟知的四书经典以道理阐述观点，而历史经典则用事实加以证明。这就如同撰写议论文，经典中的道理如同论点，历史事实则如同论据，二者相辅相成，相得益彰。这类书籍值得我们用心研读，因为它们探讨的是永恒的人生课题，是日常生活中做人做事的准则，即便在当下，依然具有重要的指导意义。学习中国文化，并非仅仅是学习几句古语，拾得些许纸墨之华，更重要的是重拾话语权，重构民族语言体系。

二、赋诗言志

古人向来强调学习应从诗入手，所谓"兴于诗，立于礼，成于乐"。诗具有"感发志意"的独特作用，"可以兴，可以观，可以群，可以怨"。在中国文化的长河中，诗深刻地影响着中国人的气质，极大地提升了中国人的表达能力。借助诗来抒发思想感情，语言会更为精粹优美，思想得以更加清晰明确地展现，让人气质儒雅，谈吐不凡，写出锦绣文章。以诗的视角去审视世界，便能在生活的各个角落发现诗意之美。

"赋诗言志"堪称春秋时期用诗风尚的典型特征。刘勰在《文心雕龙·明诗》中提到："春秋观志，讽诵旧章，酬酢以为宾荣，吐纳而成身文。"《诗三百》在春秋中叶之后结集，然而它并未即刻引发创作的热潮，也未形成某种严格确切的解读，正所谓"诗无达诂"。相反，这些已成之诗在政治、外交、社会活动等诸多领域得到广泛运用，逐渐从一种文学艺术形式，演变为一种关乎人生的经典文化现象。据统计，《国语》引诗三十一条，《左传》引诗二百一十七条，也有说法认为是一百三十四条。这种对诗的运用，常常是取用诗的引申义。正如《左传·襄公二十八年》中所讲："赋诗断章，余取所求焉。"杜预注释为："譬如赋诗者，取其一章而已。"所以皮锡瑞在《经学通论》的《诗经》卷中提到："《左传》载当时君臣之赋诗，皆是断章取义，故《杜预注》皆云取某句。"运用诗中凝练的现成语句来表达内心的想法，既简洁又便利。

赋诗言志的经典范例，当数《论语》中子贡与子夏两位弟子问诗的故事。其一，在《论语·学而》中，子贡问道："贫而无谄，富而无骄，何如？"孔子回答："可也，未若贫而乐，富而好礼者也。"子贡接着说："《诗》云：'如切如磋，如琢如磨'其斯之谓与？"孔子称赞道："赐也，始可与言《诗》已矣，告诸往而知来者。"在这个例子里，子贡引用《诗经·卫风·淇奥》中"切磋琢磨"之句，以此来比喻"贫乐好礼"相较于"无谄无骄"，有着更高的境界。这是引诗用诗、灵活发挥的绝佳例证，连孔子都兴奋地夸赞子贡能够举一反三。

其二，在《论语·八佾》中，子夏问道："'巧笑倩兮，美目盼兮，素以为绚兮。'何谓也？"孔子答："绘事后素。"子夏又问："礼后乎？"孔子感叹道："起予者商也！始可与言《诗》已矣。"子夏可以说是孔子诗学与诗教的重要传人。孔子研读《诗经·卫风·硕人》时，起初仅提及"素"是绚烂至极的体现，当时孔子的解释是色彩在素白之后。没想到子夏巧妙转语，从诗转而论及礼，提出"礼后乎"，这里的"后"指的是后于"诚敬"。朱熹在《四书章句集注》中说："敬者，礼之所以立也。"没有敬意的礼，不过是流于表面的客套与礼貌罢了。正因如此，连孔子都深受启发，欣喜地将子夏视为能与之畅谈诗的"知音"，充分体现了教学相长的道理。

用诗的风尚一直延续至今。就拿《关雎》来说，其古老的意蕴在当下也有了新的运用。《关雎》作为《诗经》三百篇之首，旧时被认为体现了文王太妃的德行，《毛诗序》说："《关雎》后妃之德也，风之始也，所以风天下而正夫妇也……是以《关雎》乐得淑女以配君子，忧在进贤，不淫其色。"以《关雎》来类比人生理想追求，它正是王国维提出的人生三境界的源头之一。孔子也曾评价《关雎》"乐而不淫，哀而不伤"，甚至说："诗三百，一言以蔽之，思无邪！"如今审视《诗经》三百篇，其中确有一些诗作思想并非全然无邪，但要说思想纯正无邪的代表，《关雎》无疑可位列榜首。

诗书礼乐

儒家向来是对学术传承最为重视的学派。至圣先师孔子删定《诗》《书》，制定礼乐规范，为《易》作序并撰写《春秋》。他集尧、舜、禹、商汤、文王、武王、周公等先贤思想之大成，不仅传承发扬了先辈们的经验与智慧，还倾其一生投身于教学事业，致力于传播中华优秀文化。

诗书礼乐，堪称孔子继往开来的卓越典范。据《礼记》记载："乐正崇四术、立四教，顺先王《诗》《书》《礼》《乐》以造士。春秋教以《礼》《乐》，冬夏教以《诗》《书》。"在当时，邹鲁之地的士人以及那些有学识的先生们大多对诗书礼乐颇为精通。孔子开展教学活动之初，并非振臂一呼便能应者云集。然而，在他四十三岁之后，采用"诗书礼乐"作为教学内容与形式，弟子数量便日益增多，甚至有从远方慕名而来的，皆前来接受他的教诲。

时至今日，诗书礼乐既是我们"为往圣继绝学"中的"绝学"，又能够引领中国文化迈向未来、走向世界。诗，是中国语言的精粹表达；书，承载着中国文字的深厚内涵；礼，展现出中国的形象气质，乐，则传递着中国独特的声音。在讲好中国故事、传播中华文化的征程中，诗书礼乐责无旁贷。诗可表达志向，书能启迪智慧，礼用来规范行为，乐能够调和情感。因此，诗书礼乐尤其适合中华少年用以启蒙养正，帮助优雅女性提升气质，助力国学师资培养专业素养，营造书香家庭的文化氛围。

　　在本章关于诗书礼乐的探讨中，目标在于将其转化为现代课程体系，应用于新文科教育改革之中。在互联网时代的大背景下，通过这一转化，切实提高民族文化素养，实现传统文化的落地生根与创新发展。

一、教以六经

孔子，作为儒家文化的集大成者，其教学内容一直备受关注。一般而言，孔子以"六艺"施教，而"六艺"涵盖两个层面。

其一为礼、乐、射、御、书、数。"礼"着重教导学生在日常生活中的言行举止应遵循规范，以彰显个人修养与社会秩序。"乐"包含音乐知识，无论是歌唱还是抚琴伴奏，其目的在于通过音乐来调适人的性情，滋养心灵。"射"即射箭，"御"指驾车。尽管年龄过小的学生难以实际参与射箭和驾车活动，但学习相关知识有助于培养他们的身体素质与技能意识，这两项大致相当于现今的体育课。"书"涉及写字与书法，在中国古代，对文字书写有着极高的要求，它不仅是交流工具，更是艺术的呈现。"数"则是数学与计算领域，孔子本人在数学计算方面造诣颇深。据金景芳、吕绍纲先生所著的《孔子传》记载，孔子的首个职业便是现代的会计，这足以证明他在数学方面的能力非凡。上述这些内容，侧重于基础能力的训练以及与社会生活实践的紧密结合。

其二是《诗》《书》《礼》《乐》《易》《春秋》"六经"。如今人们常提及"五经"，这是因为《乐经》失传，虽保留"乐"的名称，却无实际经典留存，故而在汉朝时设立的是"五经博士"。

《春秋》是孔子晚年周游列国返回鲁国后，依据鲁国历史删述而成。它起始于鲁隐公元年，记录了鲁国十二位诸侯在位期间的事迹，并以此为线索，带出其他诸侯国发生的重要事件，涵盖了二百四十二年的历史。这一时期社会动荡不安，司马迁的《史记·太史公自序》对这一时期有如此的记载："弑君三十六、亡国五十二，诸侯奔走，不得保其社稷者，不可胜数。"孔子依据鲁国历史脉络，如实记录各国大事，在删述《春秋》时，秉持"笔则笔，削则削，子夏之徒不能赞一辞"的严谨态度。在撰写史书方面，孔子极为严格，往往在一字之间便蕴含褒贬之意，这一做法成为后世著史所遵循的重要原则。正因如此，孔子作《春秋》，令乱臣贼子心生畏惧。

由于《春秋》具有极高的史学与文学价值，后人便以这本书的名字命名那个时代，称其为"春秋时代"。孔子创作《春秋》时已年近七十，且在完成《春秋》后不久，于七十三岁时与世长辞。由此可见，在孔子的大部分教学时段与内容中，《春秋》涉及较少，诸多弟子所记录的《论语》里也未曾提及《春秋》相关内容。

综合来看，在孔子的大部分教学过程中，《周易》和《春秋》的内容涉及有限。而且，《周易》和《春秋》后来分别独立发展为哲学和史学领域。所以，从培养文化素养和普及常识的角度考量，"诗书礼乐"更为适宜。在"六经"之中，排除《周易》和《春秋》后，余下的便是《诗》《书》《礼》《乐》。这四门经典，在孔子的教学体系中占据着核心地位，对后世文化传承与教育发展产生了深远影响。

二、圣人四教

孔子所处的时代，其教学内容中涉及最为广泛的当数《诗》《书》《礼》《乐》。《礼记·王制》篇记载："乐正崇四术，立四教，顺先王《诗》《书》《礼》《乐》以造士。春秋教以《礼》《乐》，冬夏教以《诗》《书》。"从中可知，《诗》《书》《礼》《乐》乃是当时官办教学的主要课程。

《庄子·天下》中提到："《诗》《书》《礼》《乐》者，邹鲁之士、缙绅先生多能明之。"这表明在孔子所在的鲁地，运用《诗》《书》《礼》《乐》开展教学极为盛行，是知识分子的必修课程。朱熹在《四书章句集注·论语序说》中称："孔子年四十三，而季氏强僭，其臣阳虎作乱专政。故孔子不仕，而退修《诗》《书》《礼》《乐》，弟子弥众。"司马迁在《史记·孔子世家》里也记载："故孔子不仕，退而修《诗》《书》《礼》《乐》，弟子弥众，至自远方，莫不受业焉。"从这两段记载可以看出，孔子四十三岁时，社会动荡不安，"陪臣执国命"。齐桓公九合诸侯之后，周天子名存实亡，诸侯各自为政。而诸侯又难以管控下属，诸侯不听命于天子，其家臣也不听命于诸侯。在这种局势下，孔子放弃出仕的想法，转而潜心修编《诗》《书》《礼》《乐》，广纳弟子，传播文化。《史记·孔子世家》还记载："孔子以《诗》《书》《礼》《乐》教，弟子盖三千焉，身通六艺者七十有二人。"孔子的三千弟子、七十二贤人，在中国文化史上留下了极为深远的影响，而他们所学的知识皆源于"诗书礼乐"。由此可见，"诗书礼乐"教育体系取得了显著的教学成效。

孔子作为中国历史上首位以社会力量办学的教育家，其办学之路并非一帆风顺，也曾经历门下"三盈三虚"的波折。当年孔子授课时，也有学生在课堂上睡觉。例如，孔子的学生宰予就曾"昼寝"，孔子对此十分生气，斥责他"朽木不可雕也"，这便是孔子教学过程中的一个真实场景。然而，儒家强调"失诸正鹄，反求诸其身"。若做事效果不佳，不应抱怨客观对象，而应反思自身主观原因，思考是否自身做得不够好，未能让学生全神贯注、兴致勃勃，甚至达到不想睡觉的程度。正因如此，直到采用"诗书礼乐"教学体系，孔子的学说才得以广泛传播。

"诗书礼乐"堪称至圣先师孔子教学成功的关键内容。孔子曾自述："吾十有五而志于学，三十而立，四十而不惑，五十而知天命，六十而耳顺，七十而从心所欲，不逾矩。"孔子十五岁立志求学，三十岁凭借学识能够在社会立足，四十岁拥有丰富的人生阅历，不再被一般现象所迷惑。对于教师这一职业而言，更应重视这一点。所谓

"师者，传道授业解惑也"，若教师自身未到四十岁，学识尚未通透，又怎能"以其昏昏，使人昭昭"，为学生答疑解惑呢？正是基于此，孔子在四十三岁之后，教育事业才日益兴旺发达。

《后汉书·邓张徐张胡列传》中提及"臣闻《诗》《书》《礼》《乐》，定自孔子；发明章句，始于子夏"。孔子之后，儒家依然传承着"诗书礼乐"之说。中国古代"士"肩负着独特的担当与使命，北宋五子之一的张载将其概括为"为天地立心，为生民立命，为往圣继绝学，为万世开太平"。这是中国知识分子永恒的追求，而教育工作者的使命与担当就在于"为往圣继绝学"，这里的"往圣绝学"，便是"诗书礼乐"。

三、何谓文章

在《论语·公冶长》中，子贡曾言："夫子之文章，可得而闻也；夫子之言性与天道，不可得而闻也。"孔子所探讨的性与天道问题，颇为深奥，学生们难以理解。实际上，《周易》作为哲学经典，恰恰是阐述"性与天道"的。故而，当学生说出这番话时，想必彼时老师尚未讲解《周易》，而是在讲述"文章"，且"文章"是学生们能够听闻并理解的内容。那么，文章究竟为何物？刘宝楠在《论语正义》中明确指出："据世家诸文，则夫子文章为诗书礼乐也。"钱穆先生在《论语新解》的注解中也表明，文章指的就是"诗书礼乐，孔子常举以教人"。这里的"文"，蕴含着"文化""文采"之意；"章"则代表着文化水准所呈现出的状态。

孔颖达在《周易正义》中注解"观乎人文以化成天下"时提到："言圣人观察人文，则诗书礼乐之谓，当法此教而'化成天下'也。"由此可见，"诗书礼乐"构成了儒家人文教育的重要体系。

《史记·秦本纪》中记载："中国以诗书礼乐法度为政，然尚时乱，今戎夷无此，何以为治，不亦难乎？"这表明中国社会向来以"诗书礼乐"作为教化的根基，而当时的蛮夷之地尚处于未开化的状态。《庄子·徐无鬼》中亦有云："吾所以说吾君者，横说之则以《诗》《书》《礼》《乐》，从说之以《金板》《六弢》。"此处从一文一武两个维度，着重强调了"诗书礼乐"的重要性。

孔子曾总结自身"志于道，据于德，依于仁，游于艺"。这里的"艺"，指的便是"六艺"。从前文可知，诗书礼乐乃是六艺的常识与基础。

"诗书礼乐"无疑是一套完备的教育体系。然而，随着时光的流转与社会的变迁，这套体系逐渐未能得到应有的重视。如今，在中华文化复兴的大背景下，采用何种教育方式来培育青少年，从而更好地传承中华优秀传统文化，成为亟待解决的问题。经过长达十年的深入发掘与整理，我们重新推出"诗书礼乐"教育体系。在笔者看来，《周易》作为群经之首，属于中国古典哲学范畴，对于青少年而言，其年龄尚不足以理解形而上学的哲学内容；《春秋》作为历史典籍，已被中学单独列为一门学科。故而，最适宜大众化人文教育、最有助于青少年健康成长的，当属"诗书礼乐"，这也正是"为往圣继绝学"的体现。当然，我们为这套教育体系赋予了全新的内容，这亦是对传统文化进行创造性转化与创新性发展的积极探索。

四、兴于诗

"诗"最初特指《诗经》，在当下，则涵盖了中国历代的优秀诗词，包括中国古典文学中诸多对青少年有益的励志诗、哲理诗、景物诗、抒情诗等。其中，《诗经》里不乏极为鲜活的佳作。而在《诗经》之外，教育部规定的中小学教材里的古诗部分，历经岁月沉淀与筛选，无疑都是精品。

我们还精选了四类主题的诗。其一为励志诗，古人云"诗言志"，研习诗歌能够激励青少年树立志向、涵养正气。拥有这样的正气，青少年一生的追求便不会偏离正轨，且无须他人时刻督促，自身便充满奋进的动力。孔子当年教学，便注重培养学生励志养气。

其二是哲理诗，优秀的诗作往往蕴含哲理，能够升华为诗意的哲学。当哲学融会贯通，便成为人生的大智慧，这种闪烁着智慧光芒的哲学，亦是诗化的哲学，二者相互交融。

其三为景物诗，我们要甄选那些优美的描写景物的诗作。这类诗往往美得令人沉醉，读者在欣赏之后，会对自然与人生产生更为深沉的热爱。

其四是抒情诗，用于抒发个人的情感、志趣与感悟。

诗的范畴还囊括诗学、诗艺、诗评、诗论、诗教等内容，诸如《毛诗序》《二十四诗品》《诗集传》《人间词话》等。学习这些内容，能避免就诗论诗的狭隘视角。教师在讲解诗词时，最忌讳的便是拿着一首诗，机械地告知学生作者是谁、创作于什么时代、主要思想以及艺术特点是什么，最后逐字逐句直译全诗。对诗进行直译，犹如给美酒兑水，原本精妙的表达，不仅未能得到升华，反而被削弱了韵味。学习诗评诗论，能够有效提升读者的鉴赏水平。

以《江南》一诗为例："江南可采莲，莲叶何田田，鱼戏莲叶间。鱼戏莲叶东，鱼戏莲叶西，鱼戏莲叶南，鱼戏莲叶北。"不懂得诗的人或许会质疑：这不是在重复啰唆吗？直接说鱼戏莲叶东西南北不就好了？然而，若真如此，便失了诗的韵味。正是这种看似单纯的重复，营造出独特的意境。读来仿佛置身于清澈的池塘边，荷叶田田，荷花绽放，鱼儿在荷叶间自在穿梭，忽而游向东，忽而游向西，脑海中由此勾勒出一幅动静相宜的美妙画面，这不正是诗歌之美吗？

单纯本身，便是一种美。

陶渊明的《归园田居·其三》则淋漓尽致地展现了诗的价值："种豆南山下，草盛豆苗稀。晨兴理荒秽，带月荷锄归。"当年笔者初读此诗时，脑海中自行勾勒出这样的画面：在一个春风沉醉的夜晚，诗人扛着小花锄，悠然走在乡间小路上，嘴里哼着小曲，透过繁花簇拥的月亮，感受着生活的惬意。但现实中的农耕生活真的如此吗？仔细思量"草盛豆苗稀"，便能想象出当时的景象。清晨便下地除草，直至夜幕降临才归家，该是何等的疲惫。倘若有过农村生活的经历，便深知这是极为繁重、辛苦的劳作。然而，在诗人的笔下，却丝毫感受不到这份沉重与辛苦。诗，就是将充满琐碎与艰辛的生活，经过心灵的过滤与升华，呈现出纯净如水的境界。

诗是语言的凝练，其语言堪称优美。在中国传统社会，人们常以诗交流。诸侯相聚时，常赋诗言志。两位诸侯见面，一人吟诵两句诗，另一人亦吟诗回应。若双方诗句在思想与精神上契合，便引为同道；若意思相悖，则难以成为志同道合之人。

学好诗，会发现自身气质也会浸染诗意。我们常说的贵族，并非取决于物质生活的贫富，而是能够过着富有诗意的生活，内心优雅，举止从容。这种优雅从容并非靠外在装扮就能伪装出来，它源自强大的内心。在中国，学习诗歌便是达到这种境界的途径之一。

五、习于书

"书"最初指《尚书》，在当今语境下，其涵盖了经典阅读、文章写作以及汉字书写三个方面的内容。

（一）读书

在中国古代，读书即意味着阅读，它不仅包含诗歌，还包括诗歌之外的其他各类经典。善于读书，是获取知识、提升素养的关键。我国有诸多经典著作直接以"书"命名，其中最早的当数《尚书》。《尚书》的文字晦涩难懂，当年韩愈就曾感叹其"周诰殷盘，佶屈聱牙"。尽管阅读难度较大，但其中蕴含着大量对现代生活仍具指导意义的名言警句，而且书中记载的中国早期圣贤人物，更是后世中华民族学习的典范。

继"五经"之后，最为人们所熟知的经典便是"四书"，即《大学》《中庸》《论语》《孟子》。其中，《大学》和《中庸》原本是《礼记》中的两篇文章，而《论语》《孟子》则是两部文集。这些经典蕴含着丰富的人生智慧与道德准则，对塑造人的思想和价值观有着深远影响。

此外，还有一类极具人情味的家书值得一读。比如，中小学课本中所选的诸葛亮的《诫子书》《诫外甥书》，以及康熙教育子女的《庭训格言》，这些家书言辞恳切，充满了谆谆教诲，既有高瞻远瞩的见识，又贴近生活实际。若读一读曾国藩的家书，便能深切感受到大学者对人生的深刻感悟，字里行间皆是生活中至情至理的思想，读来令人动容。在此要特别提醒大家，读书要有选择。有些作者往往自身并不成功，他们的作品与其说能给予读者丰富知识，不如说会对读者的情绪产生负面影响。不少青少年读了此类书籍后，长大后莫名地成为"愤青"。我们应当阅读那些有丰富人生阅历、历经人生磨难却依然具备高端思想之人所著的书。例如，毛泽东极为喜爱的《资治通鉴》，司马光耗费十九年时间，将中国历史中最具价值的内容整理出来，书中不仅有翔实的史料，还有深刻的史论。中国史书正是因为有了这些评论，才具备了更为高远的见识。

（二）作文

"书"也是对文笔的训练，所谓"读书破万卷，下笔如有神"。青少年饱读诗书后，作文时便能引经据典，写出华美的文章。当青少年作文能够引用经典时，其水平会得到提升。笔者上中学时，有一次老师讲授了一篇游记，随后带领大家前往吉林北山游玩。一天的游玩结束后，老师布置了八篇作文，如《松花湖观感》《揽月亭抒怀》等。笔者在写《揽月亭抒怀》时，那个年代提及"揽月"，大家通常会引用毛泽东的"可上九天揽月，可下五洋捉鳖"。笔者觉得大家都这样引用过于俗套，恰巧当时读到李白的"俱怀逸兴壮思飞，欲上青天揽明月"，便将这两句运用到作文中。语文老师在旁边连批三个"好好好"，还写下了比作文字数还多的评语。自那以后，笔者便喜欢上了语文。由此可见，老师的一个小小举动，有时会影响孩子的一生。如今国家强调文旅融合，那么文化如何为旅游赋予灵魂呢？笔者认为，旅游是"曾经的脚印，心灵的满足"，而旅游文化与文学天然融合的典型代表便是游记。通过写作游记，既能记录旅行中的见闻与感悟，又能将文化融入其中，使旅游更具内涵。

（三）写字

在"六艺"中，"书"专门指写字。写字的意义远不止于写出漂亮的字，更在于书写过程中能够培养人的耐性、精确性和认真精神。古人云："书者，如也，如其人，如其面。"《弟子规》中也提到："墨磨偏，心不端；字不敬，心先病。"从书写方块字的过程中，我们能够体会到中国文化艺术的方正之美。在当下，写好规范字是国家对语言文字的基本要求。规范书写汉字，不仅有助于传承和弘扬中华优秀传统文化，还能体现个人的文化素养。

六、立于礼

"礼"最初指"周礼"，在当代语境下，其范畴聚焦于青少年的行为规范以及日常礼仪。中华文明最为显著的特征，便是礼乐文化。《三字经》中提到"我周公，做周礼；著六官，存治体"，《中庸》里也有关于周公制礼作乐的记载，即"礼仪三百，威仪三千"。在传统观念中，君子与淑女皆应举止优雅、彬彬有礼。孔子所憧憬的理想社会，便是一个充满礼乐氛围的国度，因此他大力倡导"克己复礼"。从本质上讲，"礼"犹如一把衡量行为是否适宜、举止是否得当的标尺。"礼者，理也"，它是人们内心准则的外在呈现：在家庭中表现为孝顺父母、敬爱兄长；在交友时体现为诚实守信；对国家秉持忠诚之心；对人民怀有热爱之情。"礼"能够约束人们的行为，我们个人修养的提升，正是一个对内修炼心性、对外规范行为的过程，做到内心有所坚守，外在行为得体，通过内外兼修，实现内在品德高尚与外在事功卓越的境界。

《论语·季氏》中写道："不学诗，无以言；不学礼，无以立。"在当今社会的人际交往中，遵循礼仪往往能发挥意想不到的作用，有时甚至无须言语或行动，便能凭借有礼有节的态度赢得他人的尊重与认同，达成"不战而屈人之兵"的效果。我们从《周礼》《仪礼》《礼记》《大戴礼记》等经典中选取与"礼"相关的内容，并将青少年日常行为规范与中华优秀传统文化中至今仍具活力的行为礼仪相互融合。中国古代礼仪繁杂多样，涵盖生礼、冠礼、婚礼等。如今，我们应当重点铭记"新六礼"。"新六礼"包含一条横线与一条纵线两个维度。纵线维度涵盖一日之礼、一年之礼以及一生之礼。"晨昏定省，出必告，反必面"体现的便是一日之礼，强调子女对父母日常的关怀与尊重。一年之礼则体现在各个民族节日之中，在这些节日里，诸如祭祖、敬老等活动都蕴含着丰富的礼仪内涵。一生之礼包含生礼、冠礼、婚礼、葬礼等人生重要节点的礼仪。从横线维度来看，有关于个人的一身之礼，涉及个人的修身养性，包括言谈举止的规范；有一家之礼，倡导父慈子孝、兄友弟恭、夫妻和睦的家庭关系；还有一国之礼，例如，纪念抗日战争胜利七十周年阅兵、国庆阅兵等重大国家活动所展现的礼仪，彰显着国家的尊严与风范。通过时间（纵线）与空间（横线）这两条线索，我们将传统礼仪融入现代生活应用场景。如此一来，在学校教育场景下，德育老师在讲解这些内容时，学生能够迅速理解并将其应用于实际行动。

对于青少年群体而言，我们可以选用《弟子规》等经典内容以及相关节日礼俗知识，帮助他们更好地理解"礼"的深刻内涵，并以此指导自身的行为。所谓"彬彬有礼"，实则是个人举止仪态经过长期修炼的结果。

七、成于乐

"乐"最初指孔子所倡导的乐教，在当下，其范畴延伸至儿歌、民歌、红歌、励志歌曲以及传统音乐等。乐教具有调和情感、陶冶情操的作用，中国历经五千年沉淀的优秀传统文化，始终重视修身养性，乐教便是其中重要的一环。在《论语·泰伯》里，孔子提出"兴于诗，立于礼，成于乐"，深刻揭示了音乐教育在个人成长过程中的关键地位，它是美育不可或缺的重要组成部分。

《中庸》中讲："喜怒哀乐之未发，谓之中；发而皆中节，谓之和。中也者，天下之大本也；和也者，天下之达道也。致中和，天地位焉，万物育焉。"喜怒哀乐是人类情绪的外在表现，而音乐则堪称情感的独特语言。乐教具备平衡情绪的强大能力，能够引导人们将情绪调适至恰当状态。

性情的调和，最佳途径便是乐教，正如《礼记·经解》中的"广博易良，乐教也"。运用音乐来调节人的心境，是一种极为理想的文明教化手段，尤其对于培养青少年积极向上的阳光心态，发挥着重要的思想品德教育功能。当一个人的情绪得到良好调节，其心智会逐渐走向成熟。孔子所说的"成于乐"，正是强调内心的平和与快乐乃是人格成熟的标志。

在教育过程中，应当引导孩子欣赏诸如《春江花月夜》《梅花三弄》等极具代表性的传统乐曲，让他们领略传统音乐的独特魅力。同时，注重培养孩子们的合唱、唱诵能力，当歌声响起，往往能够震撼人心，使唱者与聆听者皆为之动容。青少年不仅要学会演唱励志歌曲，还要接触并传唱民族风格的歌曲以及红歌等多样化的音乐形式。寓教于"乐"，这里的"乐"本质上是对内心情绪的调适，通过参与音乐活动，进行自我情绪训练，培养健康的自我情感，这无疑是一种极为有效的自我人生修炼方式，助力青少年在音乐的熏陶下实现身心的全面成长与发展。

八、功能

"诗书礼乐"，作为中华传统文化的璀璨瑰宝，在个人成长与社会发展进程中，发挥着不可估量的重要作用，全方位赋能我们多维度能力的提升。2017年，人民网教育频道发布的文章《"诗书礼乐"进校园，大学语文要改变》中提到，"诗是语言的凝练，书是文笔的锤炼，礼是举止的修炼，乐是性情的冶炼"，亦有"诗言志，书启智，礼节行，乐和情"这般深刻洞见，精准概括了它们各自独特的价值与意义。

（一）诗是语言的凝练

《论语·季氏》中那句"不学诗，无以言"，道尽了诗与语言表达之间千丝万缕的联系。《诗经》作为我国诗歌的源头，承载着丰富多样的情感与生动鲜活的生活场景，堪称中国语言艺术的渊薮。诗歌以其凝练的文字、精妙的修辞和深远的意境，成为人们表达内心情感与思想的有力工具。诗言志，当我们在日常交流、演讲致辞或是文学创作中，巧妙引用古诗词时，往往能以寥寥数语，引发聆听者内心深处的强烈共鸣。

（二）书是文笔的锤炼

"腹有诗书气自华"，饱读诗书不仅能丰富我们的知识储备，更能在潜移默化中提升我们的思维能力与文学素养。引经据典绝非简单的堆砌辞藻，而是对所读之书深入理解后的灵活运用，彰显着阅读者对知识的融会贯通。只有当我们积累了深厚的阅读底蕴，才能达到"读书破万卷，下笔如有神"的境界，在写作时文思泉涌、妙笔生花。此外，习字作为"书"的重要组成部分，其意义远超于书写本身。长期坚持练字，不仅能让字体愈发美观大方，更能在一笔一划的磨砺中，培养我们的耐心与专注力。方块字，作为中华文化的独特符号，其横平竖直、间架结构中蕴含着中国人对天地方圆、阴阳和谐的深刻理解，在书写过程中，我们能够深切感受到中国文化艺术的独特魅力与深厚内涵。

（三）礼是举止的修炼

"礼者，理也"，礼，是人们内心道德准则与价值观念的外在表现。它犹如一把无形的尺子，时刻衡量并规范着我们的行为举止，赋予平凡生活以庄重与仪式感。通过学习古代礼仪，我们能够逐步领悟其中所蕴含的人文精神与道德规范，从而在日常生活中做到"从心所欲而不逾矩"。从国家层面来看，礼是治国安邦的重要基石，《孝经》中"安上治民，莫善于礼"深刻揭示了礼在维护社会秩序、促进国家和谐稳定方面的关键作用。在民间，礼同样渗透于人际交往的方方面面，如在社交场合中，见面时真诚的微笑、得体的握手，交谈时礼貌的用语、专注的倾听，这些看似微不足道的礼仪细节，却能充分展现个人的修养与素质，赢得他人的尊重与信任，促进良好人际关系的建立。

（四）乐是性情的冶炼

"乐以和情"，音乐，作为一种跨越语言与文化界限的艺术形式，具有神奇的力量，能够深入人的内心世界，调和人的性情与情绪。与礼从外在行为层面进行约束不同，乐从内在情感层面发挥作用，以旋律、节奏与和声为载体，抚慰人们的心灵，激发积极向上的情感。《孝经》所言"移风易俗，莫善于乐"，生动体现了音乐在社会文化建设中的重要作用。

"诗书礼乐"，相互交融、相辅相成，在培育中华少年健全人格、塑造优雅女性独特气质、营造书香家庭浓厚氛围以及培养优秀国学教师传承文化等诸多方面，发挥着不可或缺的滋养与支撑作用，成为推动个人成长与社会进步的强大精神动力。

文以载道

周敦颐《周子通书》曰："文，所以载道也。轮辕饰而人弗庸，徒饰也，况虚车乎！文辞，艺也；道德，实也。笃其实，而艺者书之，美则爱，爱则传焉，贤者得以学而至之，是为教。故曰：'言之无文，行之不远。'然不贤者，虽父兄临之，师保勉之，不学也；强之，不从也。不知务道德而第以文辞为能者，艺焉而已。噫！弊也，久矣！"

文学总是服务于政治的。无产阶级文学服务于无产阶级政治，传统文学则服务于传统政治。在传统政治体系里，儒家思想占据主体地位，构成了核心价值观念。因此，传统文学着力于解读儒家思想，以生动鲜活的形象与富有感染力的语言诠释儒家理念，践行着"以形传神，以文载道"的创作宗旨。

一、五经四书

儒家经典的核心代表非四书五经莫属。"五经"堪称深奥难懂，其中《周易》蕴含神秘色彩，《诗经》作为文学艺术的源头，研读起来常令人颇感吃力。至于上古之书《尚书》，难度更是不言而喻。当年韩愈研读《尚书》时曾感慨："周诰殷盘，佶屈聱牙。"被合称为三礼的《周礼》《仪礼》《礼记》，详细记载了上古繁复的礼仪规范。若能将《礼》学透彻，无疑堪称国学大家。而《春秋》本身便微言大义，且分一经三传，理解起来极为困难。倘若将"五经"拓展为"九经"，难度更是倍增，要是进一步扩充为洋洋洒洒的"十三经"，莫说普通大众，即便是专业学者，也需花费大量精力去钻研。面对这样的困境，该如何是好？既然"五经"晦涩难读，我们不妨将目光转向"四书"。

相较于"五经"，"四书"简洁许多。实际上，"四书"这一概念的形成，与汉代传播"五经"的过程密切相关。当时，人们发现"五经"传承困难，经唐代韩愈、柳宗元倡导，北宋五子尤其是二程大力推崇，南宋朱熹从《礼记》中选取《大学》《中庸》两篇文章，再加上集中体现孔子思想的语录集《论语》，以及儒家另一位代表人物孟子晚年与学生共同总结的七篇文章（每篇分上下）——《孟子》，合编为"四书"。

"四书"堪称孔孟之道的代表，其内容简洁且思想极具系统性。《大学》被视为入德之门，为我们描绘了格物、致知、诚意、正心、修身、齐家、治国、平天下的人生理想蓝图，堪称人生成功之学。《中庸》倡导执两用中，即把握事物的两端，运用适中的方法，告诫人们行事既不过分，也无不及，这无疑是极具中国特色的成功之道。《论语》与《孟子》所论述的内容，则如同中国文化背景下人生道路上的"交通规则"。

"四书"是对"五经"思想的精妙解读，可谓"五经"思想的精华浓缩。其中，《论语》更有"五经之管辖，六艺之喉衿"的美誉。《史记·孔子世家》记载孔子读《易》时"韦编三绝"。《论语》中对《诗经》亦有诸多考量，如"诗三百，一言以蔽之，曰思无邪"；评价《关雎》"乐而不淫，哀而不伤"；提出"诗可以兴，可以观，可以群，可以怨"的兴观群怨说；还强调"小子何莫学夫诗""不学诗，无以言。不学礼，无以立"。一部《论语》几乎涵盖了"五经"的核心精神。

　　当年朱熹为"四书"作集注，自公元1313年起，"四书"成为当朝指定的青少年科举考试必读书目，在历史上，无数青少年自幼便对其熟读成诵。然而，如今许多专业人士对"四书"也感到陌生。对此，不妨尝试这样的学习路径：若读不懂"五经"，可先从"四书"入手；若"四书"也难以理解，不妨阅读四大名著，从更为通俗的文学作品中感受传统文化的魅力。

二、四大名著

　　四大名著以形象的语言，阐释着儒家思想中的抽象道理。为何如此？这涉及"形而上""形而下"与"形"之间的内在联系。我们常言，文学为政治服务，无产阶级文学服务于无产阶级政治，其实传统文学亦是为传统政治服务。在中国传统社会中，儒家思想作为核心价值观、官方文化与主流意识形态，自董仲舒倡导、汉武帝认可后，便"度越诸子，定于一尊"，中国文化史由此开启"罢黜百家，独尊儒术"的局面。儒家作为中国文化的主干，其传承并非仅依赖自身几部经典，还需借助其他文化形式的助力。就如笔者常提及的《史记》，便体现了经史互证的关系。像左丘明、司马迁、班固、司马光等史学大家，同时也是大儒。"经"以道理阐述观点，"史"则用事实加以论证，正所谓"经者以理言之，史者以事实言之"，二者互为表里，恰似议论文中论点与论据的关系，儒家思想为论点，历史事实为论据。故而，优秀之人常研读历史，这并非单纯出于对古老故事的喜爱，而是因为"前事不忘，后事之师"。当人们对当下问题及未来发展感到困惑迷茫时，不妨回顾历史，因为历史上存在诸多相似、相近甚至相同的事件，能为我们提供充足的借鉴、参考与启迪。所谓"不知来，视诸往"，历史的昨天、现实的今天与未来的明天，如同打枪时三点一线，能让我们把握发展趋向，这也正是当下我们谈创新时，强调温故知新、返本开新、推陈出新的原因。然而，许多人对研读史书感到头疼，此时，文学作品便成为另一个选择。文学以形象化的方式反映各类思想，如我们读过的许多佛禅诗，反映的是佛家思想；众多山水诗则体现了道家精神，展现人与自然的融合。但更多的文学作品，其主体精神反映的仍是儒家思想。

三、《三国演义》

若想深入了解儒家文化的核心理念，研读四大名著不失为一种绝佳途径。那么四大名著之一的《三国演义》究竟讲述了什么？有人说《三国演义》描绘的是三个军事集团在中原大地上攻城略地、争夺天下的故事。然而，解读视角不同，答案也各异。曾有一位企业家别具一格的解读使笔者记忆深刻，他认为《三国演义》宛如三个企业在激烈争夺市场。他的观点有理有据：东吴集团恰似一家百年老店，从孙坚创业，历经孙策的开拓，再到孙权主政，在三任领导的努力下，江东基业根基深厚，外人难以撼动，堪称老字号。曹操所代表的势力则更不简单，犹如国有企业。这是为何？只因曹操行事皆有朝廷背书，

"挟天子以令诸侯"，在政治资源上占尽优势。那刘备呢？刘备的势力属于民营企业。不过，刘备极为聪慧，他深知自身面临的竞争格局：一边是底蕴深厚的老字号东吴，一边是有朝廷支持的国有企业曹操，自己作为民营企业，优势何在？一番思索后，刘备发现了自身得天独厚的优势："我姓刘。"为何姓氏也能成为优势？原来，当朝天子亦姓刘，经族谱考证，刘备竟是汉室宗亲，论起辈分，还是天子的皇叔。于是，刘备无论走到何处，自我介绍时总会说："我乃汉室宗亲刘皇叔。"这种自我介绍，放在现代堪称典型的贴牌战略，巧妙借助名牌效应提升自身影响力。

在中国儒家文化体系中，"正名"是极为重要的理念。《论语·子路》中记载："必也正名乎，名不正则言不顺，言不顺则事不成，事不成则礼乐不兴，礼乐不兴则刑罚不中。"可见，君子对于名分绝不含糊。为何做事需要正名？这种意识源于从小的培养。比如，一群小学生嬉笑打闹、不分彼此，可一旦有个小学生佩戴上"值日生"的牌子，他便有了管理的权力，能够传达老师的指令，督促大家搞好卫生。再看工厂车间，两名工人一同作业，一人认真，一人敷衍，若认真的工人对敷衍的工人说："你干活怎么如此马虎？"敷衍的工人或许会恼怒回应："你凭什么管我，你算老几？"但倘若给认真的工人挂上"质检员"的牌子，他的话便有了分量，对方就得听从。这其中的关键差异，便是名分。中国文化向来极为重视名分，自古便有"名者，命也"的说法。许多人热衷于找人取名，认为好名字能带来好命运。其实，对这句话更准确的理解是：这里的"命"并非宿命，而是使命。身负某种名分，便意味着承担相应的使命，如此才能做到名副其实。在《三国演义》中，刘备以"汉室宗亲刘皇叔"的名分，在乱世中寻求发展，正是儒家"正名"思想的生动体现。他借助这一名分，凝聚人心，师出有名，为自己的事业发展奠定了一定的基础，从文化层面揭示了这部作品与儒家文化的紧密联系。

四、仁义智勇

刘备既以汉室宗亲、刘皇叔自居，其行为便自然背负起"匡扶汉室"的使命。要知道，汉朝以儒家思想作为统治文化，因而刘备的一举一动，皆遵循儒家的理念。

儒家文化的核心思想丰富多元，涵盖"仁、义、智、勇、忠、孝"等诸多方面。其中，"仁"被视为重中之重。所谓"仁者爱人""仁者，人也""博爱之谓仁"，"仁"体现了人的本质属性，其显著特征便是"爱人"。在传统认知里，"仁君"备受推崇，"君仁臣义""君惠臣忠"更是帝王与臣民之间情感维系的重要标志。刘备正是仁厚长者的典型代表，堪称仁君的典范。在与曹操的对抗中，刘备实力不敌，时常被迫转移。但每次转移，他都坚持带领当地百姓一同撤离。这是为何？只因他爱民如子，将天下百姓视为自己的子民，坚信唯有如此，方能成就仁君之名。正如《论语·卫灵公》中所言："志士仁人，无求生以害仁，有杀身以成仁。"刘备以实际行动践行着儒家的"仁"道。

在《三国演义》中，若刘备代表"仁"，那关羽无疑是"义"的化身。关羽在中国文化中被尊称为"义帝"，正是因为他是"义"的绝佳典范。在中国民间文化传播的范畴内，倘若能够深刻理解关羽这一形象，便相当于读懂了中国文化的三分之一。关羽一生重情重义，无论是桃园结义后的不离不弃，还是"身在曹营心在汉"的坚守，都淋漓尽致地展现了"义"的内涵。诸葛亮，则是"智"的代表。他足智多谋，未出茅庐便知天下三分，在辅佐刘备的过程中，凭借过人的智慧，多次出奇谋化解危机，如草船借箭、空城计等，其智慧令人叹为观止，成为智慧的化身。张飞以勇猛著称，在战场上勇往直前，毫无畏惧，是"勇"的象征。黄忠、赵云对刘备忠心耿耿，无论面对何种艰难险阻，始终坚守信念，不离不弃，是"忠"的典范。通过这些鲜明的人物形象，我们能够更加直观、深刻地理解儒家所倡导的"仁、义、智、勇、忠"等理念，《三国演义》宛如一座桥梁，将抽象的儒家思想具象化，生动地呈现于世人眼前。

五、忠义水浒

《水浒传》，原名《忠义水浒传》，其核心思想尽在"忠义"二字。晁盖掌权之时，众人议事之所名为"聚义厅"，彼时整个组织以"义"为核心。待宋江成为第二任首领后，将"聚义厅"改为"忠义堂"。莫小瞧这一改动，它实则改变了组织的发展方向。晁盖秉持"义"字为重，而宋江则"忠"字当头。他的所作所为，皆践行着北宋名臣范仲淹在《岳阳楼记》中的思想——"先天下之忧而忧，后天下之乐而乐"。在这句名言之前，尚有"居庙堂之高则忧其民，处江湖之远则忧其君。是进亦忧，退亦忧。然则何时而乐耶？"的表述。宋江正是典型的"处江湖之远，则忧其君"之人。即便流落为草寇，他仍念念不忘归顺朝廷、替天行道，一心渴望被招安，为朝廷、国家尽忠效力，最终也确实被朝廷招安。

然而，当时朝廷被蔡京、高俅等奸臣把持，黑暗腐败至极。这些奸臣使出"两败俱伤"之计，梁山好汉招安后，先征讨田虎、王庆，最后攻打方腊。待打完方腊后，一百零八位英雄死伤惨重，队伍几近瓦解。朝廷中，蔡京、高俅等人见此情形，认为梁山人马已无太大利用价值，便赐予宋江毒酒。这一情节堪称《水浒传》中最能体现著作主题、展现宋江"杀身成仁，舍生取义"精神的高潮。此时宋江已无利用价值，朝廷赐酒并非单纯担忧其反叛，从政治层面而言，这是一种秋后算账，也是对宋江是否忠诚的考验。朝廷与宋江皆心知肚明，这杯毒酒宋江必须喝。原因在于，在中国社会，被招安之臣若再反叛，便成"贰臣"。如吴三桂，无论功劳多大、对社会影响如何，因其反复无常，在历史上成为典型的贰臣，在中国文化史上"永世不得翻身"。

宋江深知这杯毒酒喝也得喝，不喝也得喝。但临死之际，他唯独放心不下李逵。这是为何？原来李逵本就不愿投降，他觉得在梁山泊逍遥自在，生活惬意，并不想接受招安。于是，宋江将李逵找来，给他也倒上毒酒，并直言自己将死，担心死后李逵闹事，所以让他也喝。李逵虽是粗鲁汉子，面对毒酒时却似瞬间成熟。他说道："哥哥啊，我这辈子能过上好日子，全因认识了你。如今哥哥要我死，那就死吧，不就是一条命吗？给你了。"回到属地后，李逵没再多言便赴死，当时他只说了"罢了，罢了"四个字。在文学艺术中，悲剧便是将美好的事物撕碎给人看。李逵这一粗鲁汉子，在生死抉择面前毫不含糊。在中国文化里，生死乃大事。李逵在生命抉择之际，听从哥哥安排，这正契合中国文化对"义"的解读。孟子曾言："义之实，从兄是也。"又说："鱼，我所欲也；熊掌，亦我所欲也。二者不可得兼，舍鱼而取熊掌者也。生，亦我所欲也；义，亦我所欲也。二者不可得兼，舍生而取义者也。"李逵用生命为我们演绎了中国文化中的舍生取义。

宋江让李逵赴死，其内心更为复杂。他明白，一旦他们再次造反，之前牺牲的战友们便白白牺牲了，这等于给奸臣留下把柄，让他们得以借口"这些人天生反骨，迟早会反，收拾他们是对的"。宋江绝不愿给奸臣这样的机会，所以他与李逵的死，是为了集体的大我，牺牲自己的小我。他俩死后，吴用、花荣闻讯大哭，随后上吊自尽。吴用足智多谋，有经天纬地之才，堪比诸葛亮，然而在这黑暗社会里，却"无用"。花荣箭术高超，百步穿杨，且相貌堂堂，却也无法摆脱命运的无常，青春、人生如繁花易逝。梁山英雄虽走向末路，但他们以生命诠释了舍生取义的精神，在历史长河中留下悲壮而深沉的印记。

六、败家案例

《三国演义》与《水浒传》对儒家文化的核心思想，如仁、义、忠、勇等，进行了生动解读。那么《红楼梦》又蕴含着怎样的深意呢？表面看来，《红楼梦》描绘的是青年男女之间纯洁的爱情，呈现出一个繁华如梦、浮光掠影的世界。然而，从宏观视角深入探究，《红楼梦》实则反映了儒家经典《大学》中的思想理念。

《大学》着重强调修身、齐家、治国、平天下的人生理想与道德准则。在阐述修身与齐家的关系时，提出"身不修不可以齐其家"，而《红楼梦》便是一个因修身不足最终导致家族衰败的经典案例。阅读《红楼梦》须具备一双慧眼，因其多采用正话反说的叙事方式。开篇便有"满纸荒唐言，一把辛酸泪。都云作者痴，谁解其中味？"以及"假作真时真亦假"的表述，书中真真假假，暗藏玄机。故事伊始，出现了甄士隐与贾雨村两个人物。甄士隐，寓意"真事隐去"；贾雨村，即"假语村言"，这是作者运用谐音的巧妙之处。但书中最大的谐音隐喻，实则体现在"家"这个概念上。表面上，书中的荣国府与宁国府呈现出一派繁荣、安宁之象，可实际上，此"贾"府乃虚假繁荣，正如成语"金玉其外，败絮其中"所描述的那般，内里早已腐朽不堪。书中人物柳湘莲曾直言："你们东府里，除了那两个石头狮子干净，只怕连猫儿狗儿都不干净！"家族的衰败，根源在于家中人物修身的缺失。

谈及《红楼梦》中的人物，贾宝玉堪称一号主角。初见之下，或许会误以为作者在夸赞他。书中描写他"鼻如悬胆，面如满月"，又说他"无才可去补苍天，枉入红尘若许年"，看似一块美玉。然而，他真的是宝玉吗？实则为"假宝玉"。从故事开篇，作者便对这个人物给出了盖棺论定式的评价。阅读小说时，人们往往容易忽略章回前面的诗词，殊不知这些诗词常常是该章节的主题概括。在《红楼梦》第三回，贾宝玉刚一登场，作者便借两首《西江月》对其进行了如下评价：

> 无故寻愁觅恨，有时似傻如狂。
>
> 纵然生得好皮囊，腹内原来草莽。
>
> 潦倒不通世务，愚顽怕读文章。
>
> 行为偏僻性乖张，那管世人诽谤！
>
> 富贵不知乐业，贫穷难耐凄凉。
>
> 可怜辜负好韶光，于国于家无望。
>
> 天下无能第一，古今不肖无双。
>
> 寄言纨绔与膏粱：莫效此儿形状！

"无故寻愁觅恨，有时似傻如狂"，若不深谙儒家文化，便难以理解这句话的深意。儒家文化极为重视修身，修身涵盖对外在行为的修行以及对内心世界的修炼。内心的修炼又可细分为心智、心性、心情等多个层面，其中情绪的把控是修养的根基所在。《中庸》有云："喜怒哀乐之未发，谓之中；发而皆中节，谓之和。"《大学》亦指出："身有所忿懥，则不得其正；有所恐惧，则不得其正；有所好乐，则不得其正；有所忧患，则不得其正。"这里的"身"指的便是"心"。《大学》还提到"之其所亲爱而辟焉，之其所贱恶而辟焉，之其所畏敬而辟焉，之其所哀矜而辟焉，之其所敖惰而辟焉"。包括《论语》开篇的三句话："学而时习之，不亦说乎？有朋自远方来，不亦乐乎？人不知而不愠，不亦君子乎？"同样强调的是情绪的调节。只有把控好情绪，个人的修为才能得以提升。情绪把控主要体现在两个方面：一是保持情绪的平衡，二是培养健康的情感。现实生活中，诸多违法案件，如情杀、仇杀等，往往是因当事人情绪偏激、消沉或亢奋，无法保持平和状态，一时冲动而酿成大祸。

《红楼梦》里的贾宝玉之所以问题重重，根源就在于他的情绪与情感存在缺陷。首句"无故寻仇觅恨"，常人连控制情绪都困难，他却主动去寻觅愁和恨；"有时似傻如狂"，更是将其情绪失控的状态刻画得淋漓尽致。"纵然生得好皮囊，腹内原来草莽"，外表看似英俊潇洒，实则内里空空，毫无真才实学。原因在于"潦倒不通世务，愚顽怕读文章"，他对学习与世事全然不感兴趣。"行为偏僻性乖张，那管世人诽谤"，这正是典型的"行辟而坚"。孔子曾言有五种人当杀，其一便是"行辟而坚"，即行为极为另类，听不进他人意见。贾宝玉便有爱吃女孩儿胭脂的怪癖，见到女孩儿便觉清爽，见了男人便觉浊臭逼人。

再看"富贵不知乐业，贫穷难耐凄凉。可怜辜负好韶光，于国于家无望"，如此一来，他的人生已毫无希望可言。"天下无能第一，古今不孝无双"，这般评价将他的无能与不肖展现得淋漓尽致。"寄言纨绔与膏粱：莫效此儿形状！"可见，贾宝玉就是一个纨绔子弟，用当下的话语来说，是典型的垮掉的富二代、败家子。在中国传统观念中，对男儿有着明确的评价标准，好男儿志在四方，正所谓"自古雄才多磨难，从来纨绔少伟男"。真正的优秀青年应当走出家门，在社会生活的风雨中历练，即便遭遇失败，也能重新振作。即便大器晚成，亦不失为一条汉子。但贾宝玉却足不出户，整日周旋于女孩儿堆中，如此这般，又怎能有所作为。

因此，阅读《红楼梦》需洞察全局。贾宝玉的最终结局是出家，从年少时的锦衣玉食，到老年时的青灯孤影，他无家可归。究其根本，是因为他缺乏信仰与正确的人生观，从而失去了精神家园。他既未能坚守儒家所倡导的现实社会家园，也未关注道家所崇尚的自然家园，最终只能寄情于佛教的彼岸世界。所以，阅读书籍时，需深入探究作者的创作意图，方能领悟其中的文化精髓。

七、西游心学

《西游记》究竟蕴含着怎样独特的文化内涵？有时，我们将其视作中国式成功学的集大成之作。谈及"成功"，通常具备几个关键要素：其一，明确的目标。其二，积极的心态。其三，切实的行动。审视《西游记》，我们会发现它完美契合这些要素。论目标，唐僧前往西天取经的信念坚定不移，其目标之明确，鲜有人能及；论心态，孙悟空这一角色堪称心的生动写照；论行动，孙悟空又名孙行者，其行动力可见一斑。从这个角度看，《西游记》的确展现了一种中国式的成功学范式。但实际上，它所诠释的远不止于此，其背后深植着《大学》中"知止而后有定，定而后能静，静而后能安，安而后能虑，虑而后能得"的哲学思想。"止、定、静、安、虑、得"，这些正是通往成功之路不可或缺的要素。

此外，《西游记》堪称中国文化中儒、道、释三教归一的一部形象化《心经》，它聚焦于心的修行，是阳明心学的生动呈现。中国儒家文化发展至北宋、南宋时期，形成了程朱理学，而在南宋陆象山处，心学崭露头角，到了明代，阳明心学正式形成。阳明心学强调，凡事须问心无愧，然而其作为一种唯心主义思想，理论较为艰深，普通百姓难以理解。如何将其阐释清楚？《西游记》给出了答案。倘若能读懂《西游记》，便能对阳明心学有一个形象化的认识。在《西游记》中，唐僧代表修身，孙悟空代表正心，白龙马代表诚意，猪八戒象征戒性，沙和尚则寓意和情，是《大学》中修身等要素的具象表达。

先来看修心，这一过程包含几个关键要素，即修心性与修心情。理解了修心性，便能洞悉中国文化的精髓。在中国文化体系里，道家倡导心斋，《道德经》主张"任性自然"；佛教的经典理念是"明心见性"；儒家强调修身养性或修心养性，孟子更是提出"尽心知性"。不难发现，各家学说都在围绕修心性下功夫。此前我们提到，中国文化的核心在于道与德，道是客观规律，德是主观修养，所以我们要知"道"，更要"养"德。养德的方式，对内是养德性，对外则是养德行。一个人德性良好，自然人格魅力出众，众人皆愿追随。但人性难养、难修且难改，民间常言"江山易改，本性难移"，不仅如此，人性的善恶也难以界定。故而孔子说"性相近，习相远"。即便如此，人们仍需修身养性，那该如何着手呢？中国人找到了一个相对易行的方法——修心，从把控情绪入手。当情绪得以妥善管理，实现稳定状态，性格也会随之发生转变。情绪的把控是一个量变的积累过程，而性格的转变则是质变的飞跃。若要实现化性，就需和情，使真情符合人性，这正是中国文化所推崇的理想人生状态。而达成这一状态的关键，便是一个"诚"字，所以儒家经典《大学》着重强调"诚意"。

《西游记》的思想精髓正聚焦于此。西天取经的队伍看似有多人同行，实则可看作只有一人，那便是唐僧。或许有人会质疑：不对呀，队伍里还有孙悟空、猪八戒、沙和尚以及白龙马呢！实则不然，他们代表着一个人取得成功所必须具备的主观因素。唐僧作为宿主，集心、意、性、情于一身，是"身"的象征；孙悟空是唐僧的心猿，白龙马则是唐僧的意马，合为"心猿意马"；八戒代表着"性"，需要戒性；沙和尚代表"情"，负责和情。《西游记》传达出这样的理念：若想取得成功，不仅要驾驭好"心猿意马"，还需做到"戒性和情"。

白龙马的意象相对易于理解，它原本是龙，龙能呼风唤雨、上天入海，形态变化多端，能力超凡，象征着我们活跃的思想。人们常说让想象如天马行空般驰骋，而《西游记》却告诉我们，若想成功，即便是龙也得盘曲蛰伏，是虎也得卧伏隐忍。所以，龙被变成了一匹马，配上鞍鞯，套上辔头，供人驱使。寓意着唯有能驾驭心猿意马之人，方可踏上成功之路。

孙悟空作为"心猿"，猴子的面容恰似"心"的形状，他学艺的"灵台方寸山，斜月三星洞"，皆为心的隐喻，意味着修行要从"心"开始。那紧箍咒又被称作"定心真言"，一路上，孙悟空的童心、多心、二心等，无不围绕着"心"展开。整部《西游记》，描绘的就是一个从放心到收心，从闹心到定心的全过程修心的心路历程。

猪八戒代表着"食、色，性也"的人性本能，沙和尚则象征着"和情"。一部《西游记》，上承《大学》的思想精髓，中间生动解读阳明心学，最终成为儒家文化的形象化表达。以唐僧为主导——作为宿主，悟空象征心，白马寓意意，八戒代表性，沙僧体现情，形象地展现了身、心、意、性、情的关系。

《西游记》通过对修身、正心、诚意、戒性、和情的解读，深入思考君子与小人的区别和取舍。它以生动的形象传递深刻的精神内涵，以文学作品承载文化之道，成为中华文化传承的重要载体，为后人源源不断地输送着智慧与启示。

先王之道

　　孔子被誉为中华文化的"集大成者"，一生教学，培养出大批优秀的学生，研读《论语》，我们可知"子以四教：文、行、忠、信"，还设有"孔门四科：德行、政事、言语、文学"。在教学内容上，涵盖"六艺"，即礼、乐、射、御、书、数；整理编订了"六经"，包含《诗》《书》《礼》《乐》《易》《春秋》。

　　孔子教学成效斐然，原因在于他并非单纯讲述道理，还善于运用故事以及历史人物事件来辅助教学。司马迁在《史记》中记载，孔子曾言："吾欲托之空言，不如载之行事而深切著明也。"《春秋》是孔子晚年周游列国返回鲁国后整理而成。那么，在著《春秋》之前，孔子是如何在教学中讲述历史的呢？孔子以《尚书》中的人物为蓝本，勾勒出儒家文化所尊崇的人格理想，汇聚先王之品格，构建起儒家道德体系。他以历史人物为榜样，推举出一系列令后人景仰的先王。我们若想全面了解中华优秀传统文化，就必须对这些人物有所认识。通过以史证经的方式，才能更深入地理解儒家文化。

尧、舜、禹是中国文化中带有传说色彩的早期领袖和英雄人物。从文献角度而言，能够证明他们存在的便是作为儒家文化经典的上古之书《尚书》。

一、帝尧放勋

在诸多先王之中，帝尧占据着独特而重要的地位。《尚书·帝典》开篇便介绍尧和舜，分为《尧典》《舜典》两部分。若从传统文献中探寻尧的事迹，作为带有传说性质的人物，《尧典》以"曰若稽古"开篇。此语如同佛教里的"如是我闻"，又似民间故事中"据说在很久很久以前"，作为这类根据传说整理文献的起始之词，其中内容有时真伪难辨。然而，通读《尧典》后不难发现，尧给中国人留下的最大文化成就，便是引导人们对一年四季、春夏秋冬形成认识与划分，这深刻体现了中华民族古老智慧中对时空认知的关键。

从时空维度看，中华民族的古老智慧体现在对三维空间的认知上，而尧所带来的中华文化智慧遗产，聚焦于对时间的认知。《尚书·尧典》记载："帝尧曰放勋。钦明文思安安。允恭克让，光被四表，格于上下。克明俊，以亲九族。九族既睦，平章百姓。百姓昭明，协和万邦，黎民于变时雍。"诸多赞美之词中，"黎民于变时雍"尤为关键，其表明尧能让百姓认知并运用四时变化。身为部落首领，尧安排属下研究四季变化，"乃命羲和，钦若昊天，历象日月星辰"，通过区分天象，让百姓依据天象、气候进行农业耕作，不违农时。依据东南西北的气候特点划分出春夏秋冬，最终确定一年为三百六十六日，这与现今一年三百六十五天相差无几，且采用闰月定四时，这些创举皆始于尧帝时代。从中华文明史的宏观视角考量，帝尧的最大功绩在于对中华民族年月日时间的梳理与划分，堪称中华文明史的"创世纪"，且比《圣经》创世纪早了一千五百多年。这一功绩意义重大，它与后文《禹贡》中大禹治水勘定中华大地空间形成鲜明对比，共同构建起早期中华文明对时空的基本认知框架。

此外，尧帝禅让之事也备受关注。大众熟知的尧舜帝位禅让，看似如同当今西方的民主选举，实则不然。从研究领域专业术语来讲，这属于"改铸古人"之说。事实上，尧帝自身作为部落首领极为出色且能力超群，但其培养的儿子丹朱却不成器。《尚书·益稷》记载："无若丹朱傲，惟慢游是好，傲虐是作，罔昼夜额额。"丹朱沉湎游乐，孟子也曾对此予以批评。由于丹朱不争气，致使尧帝的权力难以父子相传，故而需另选贤能。从当时的社会环境看，政治管理远不如现今严密，若部落首领后代无能，而身边又有从苦难民众中拼搏崛起且具影响力之人，权力交接若无法和平过渡，极有可能引发血腥争杀。例如，在《竹书纪年》中，对尧帝禅让就有着截然不同的记载："昔尧德衰，为舜所囚也""舜囚尧于平阳，取之帝位""舜放尧于平阳。舜囚尧，复偃塞丹朱，使不与父相见也"。

然而，孔子在教学中却有不同的阐述。孔子秉持"攻乎异端，斯害也已"的理念，依据《尚书》教导学生。在《尚书》的记载里，帝尧政治清明，发现了后继者舜，并经过一段时间的考核与试用，最终实现了尧舜之间权力的和平交接与过渡。从这一角度而言，尧为中华民族在政治智慧以及生活常识认知层面，树立了榜样与典范，这也成为孔子教学中传递给学生的重要历史文化内涵，深刻融入儒家文化体系之中，影响着后世对上古政治与道德理想的认知。

二、舜治之道

在中国文化的宏大版图中，舜所立下的功绩熠熠生辉，意义非凡。其贡献远非仅以"孝道"为后世树立典范那般简单，更为关键的是，他精心构建起一套影响深远的国家治理体系，其中"巡守"制度堪称浓墨重彩的一笔。

回溯历史，尧帝考察舜时，鉴于农业于当时社会的根基性地位，欲检验舜在农业生产与生活方面经验的丰富程度，故而将其"纳于大麓"。面对山林中变幻莫测的恶劣环境，舜展现出超凡的能力与定力，即便遭遇"烈风雷雨"，亦未曾迷失方向，足见其沉稳坚毅。随后，舜在"宾于四门"的政务处理中，使得"四门穆穆"，秩序井然，卓越的行政才能展露无遗。不仅如此，尧帝将娥皇、女英两位女儿许配给舜，舜用心经营家庭，营造出和美顺遂的家庭氛围，尽显齐家之能。

登上领导之位后，舜勤勉于政事，秉持"五载一巡守"的工作体例，频繁前往属地巡察。其足迹遍布四方，一心致力于了解民情、整顿吏治、推动发展，最终因过度操劳，以身殉职，逝于九嶷山下。这份敬业精神与为民奉献的情怀，着实令人动容。

舜的治国方略，不仅体现在勤于巡守，更在于创立了一套完备且极具前瞻性的刑罚制度。据《尚书·舜典》记载，"象以典刑，流宥五刑，鞭作官刑，扑作教刑，金作赎刑，眚灾肆赦，怙终贼刑"。此制度以德为基、以法为用，刚柔并济。一方面，它弥补了帝尧时期治理过于宽柔的不足，使国家治理有章可循、赏罚分明。另一方面，面对朝中奸佞之臣，舜果断依法处置。《尚书·舜典》记载，"流共工于幽州，放驩兜于崇山，窜三苗于三危，殛鲧于羽山"，经此"四罪"之举，天下皆服，彰显出其治国理政的果敢与公正。可以说，舜为中华文化在法治建设领域留下了宝贵财富，奠定了官员制度与事务处理规则的雏形。

儒家对舜推崇备至，其根源在于舜"为政以德，譬如北辰，居其所而众星共之"的执政理念。此语出自《论语·为政》，孔子还在《论语·卫灵公》中盛赞"无为而治者，其舜也与？夫何为哉？恭己正南面而已矣"，强调舜凭借自身德行的示范引领，达成无为而治的理想境界。同时，舜"举皋陶，不仁者远矣"，凭借用人得当，使社会风气清正，尽显非凡的用人智慧与治理才能。

在国家治理架构方面，舜设立"四岳，十二牧"，明确各方官员的职责分工，构建起一套行之有效的领导制度。这套制度在漫长的中国历史进程中，虽历经传统社会的变迁与更迭，却始终保持着强大的生命力，不断被完善与优化，为中华民族的绵延发展提供了坚实的制度保障。

此外，舜极为重视文化的力量，堪称文化治理的先驱。如今常说的"诗言志，歌咏言"，便源自舜的治国思想。在《尚书·尧典》中，舜帝对夔说："夔！命汝典乐，教胄子，直而温，宽而栗，刚而无虐，简而无傲，诗言志，歌永言，声依永，律和声。八音克谐，无相夺伦，神人以和。"由此可见，舜深知文化在塑造人性、和谐社会、沟通神人等方面的独特价值。通过音乐、诗歌等文化形式，实现对民众的教化与引导，使社会达到和谐有序的理想状态。从这一维度审视，舜的文化治理思想已然成熟，无疑是中华民族智慧宝库中熠熠生辉的瑰宝，值得后世不断传承与弘扬。

三、大禹治水

在中华文化的悠久历史中，禹堪称农耕社会帝王的典范。提及大禹治水，众人耳熟能详。大禹治水时"随山刊木""随山浚川"，其治水之法极具智慧与魄力。大禹的父亲鲧，身为治水官员，却采用堵塞之法治理水患，历经九年仍未成功，最终被舜帝惩处。舜帝秉持奖惩分明的原则，用人不避亲仇，惩处了鲧之后，又大胆起用鲧的儿子禹。大禹汲取父亲治水的经验教训，改以疏通之策，成功平息水患。在治水过程中，大禹为中华民族留下诸多动人故事，成为后世学习的典范。其中，"大禹治水，三过家门而不入"的故事流传至今，充分彰显出他勤劳奉公、公而忘私的高尚品质。

研读《尚书·禹贡》，仿若得以一窥早期中华民族的帝国版图。

从这部经典中，我们知晓了中华大地被称为九州的缘由。古代帝王留给我们的这份宝贵家业，地大物博、丰饶富足。若说尧帝为百姓生活确立了时间制度，那么大禹则为中华民族划定了空间领域。正因有了时间与空间的奠基，中华民族方能在欧亚大陆的东方持续发展，无论是物质生活，还是文化生活，都让我们产生强烈的获得感、满足感与幸福感。

大禹还促成了中华民族历史上一个极为重要的政治变革——结束了尧舜时期的禅让制。前文提及，尧帝因儿子丹朱品行不佳，未能实现父传子的权力交接。而大禹在权力交接之际，本欲将帝位传给臣子益，然而下属各部官员却不去朝拜益，转而朝拜大禹的儿子启，认为启更为优秀。于是，启自取帝位，并由此开启了中华民族历史上的第一个朝代——夏朝。人们常说的夏商周，夏朝的开端便始于夏启。实际上，这是大禹开启了中国政治父子相传的先河。

若要深入了解中华文化史，就必须研习这几位帝王的卓越贡献。他们的功绩涵盖时间、制度、空间等多个层面。袁行霈等人所著的《中华文明史》，正是基于这样的维度进行划分。这些帝王的贡献为中国文化在精神、物质、制度等全领域提供了根源与起始点，让中华文化得以源远流长。

四、伊皋经济

皋陶身为舜的大臣，与禹一同构成舜政府的核心内阁，地位与禹不相上下，其主要功绩体现在制度管理建设方面。皋陶开创了中国法治文化制度，同时也是让贤的典范。作为舜核心领导团队的成员之一，舜在选定下一代接班人时，却选择了大禹，而非皋陶。尽管如此，他们同朝为官，在当时皆具有广泛影响力。从朝臣辅政的角度来看，皋陶为后世树立了典范，开启了朝臣辅政的先河。

《论语·颜渊》记载，孔子说："举直错诸枉，能使枉者直。"子夏感慨道："富哉言乎！舜有天下，选于众，举皋陶，不仁者远矣；汤有天下，选于众，举伊尹，不仁者远矣。"此语深刻体现了皋陶等贤能之士在政治清明中的关键作用。

在《尚书·舜典》中，皋陶首次登场。帝舜说道："皋陶，蛮夷猾夏，寇贼奸宄。汝作士，五刑有服，五服三就；五流有宅，五宅三居。惟明克允！"皋陶担任"士"这一官职，能够公正无私地处理政务。彼时的"士"，职责类似主掌刑罚的法官，与稍晚出现的"士师"职能相近。值得注意的是，"士"这一概念的内涵此后发生了转变，逐渐成为担当社会责任的中国知识分子的代表，正如"士不可不弘毅，任重而道远"所描述的那般。皋陶堪称首开中国"士"人风气者，在其后的春秋战国时代，"士"阶层崛起，他们游说诸侯，或凭借道德理念，或依靠法治主张，百家争鸣。追根溯源，皋陶便是这些谋士的鼻祖。此后，中国出现了义士、志士、文士、雅士、壮士、烈士等称谓。乃至在不同文化交流中，日本有武士，西班牙有斗牛士，英国有绅士，美国有嬉皮士，"士"逐渐演变为一种具有特定身份或偏好特征的标识。

皋陶的事迹主要记载于《尚书·皋陶谟》。"谟"意即"谋"，也就是谋划治国方略。皋陶主张：真诚公正地推行德政，审慎制定决策，协同各方辅政，谨慎修身养性，思想始终积极向上，亲族之间和睦相亲，贤能之士相互扶持，无论远近皆能和谐共处。同时，要知人善任，实现国家安定、百姓安乐。具体而言，须具备"宽而栗，柔而立，……直而温，简而廉，刚而塞，强而义"等诸多优秀品德。

皋陶强调，要奖励表彰那些始终向善之人，弘扬光明正大的品德，促使各行各业齐心协力。选拔任用那些心怀家国、愿为政府效力之人，使上下一心，兢兢业业，杜绝消极怠工的现象。做到协同恭谨，秉持中和之道，重视品德修养，施行宽厚礼仪，赏罚分明，从而实现政治清明、国家繁荣昌盛。

皋陶最终提出理想的政治生态在《尚书·益稷》中有所记载："元首明哉，股肱良哉，庶士康哉。"意即君主英明，大臣贤良，百姓安康。反之，如果君主不能率先垂范、振兴事业，不能谨慎遵循法度，那么就会出现"元首丛脞哉，股肱惰哉，万物堕哉"的局面，即君主琐碎无方，大臣懈怠懒惰，万事万物皆会衰败。

皋陶为中华民族后世的政治生活树立了大臣作为国家栋梁的光辉榜样，开创了后世公侯宰相贤能辅政的先河，其思想与功绩对中国政治文化的发展产生了深远影响。

五、汤王革命

《三字经》有云："四百载，迁夏社，汤伐夏，国号商。"所谓汤之革命，即商汤王推翻夏桀统治，建立商朝之举。《孟子·滕文公下》记载："汤居亳，与葛为邻，葛伯放而不祀。汤使人问之曰：'何为不祀？'曰：'无以供牺牲也。'汤使遗之牛羊。葛伯食之，又不以祀。汤又使人问之曰：'何为不祀？'曰：'无以供粢盛也。'汤使亳众往为之耕，老弱馈食。葛伯率其民，要其有酒食黍稻者夺之，不授者杀之。有童子以黍肉饷，杀而夺之。《书》曰：'葛伯仇饷。'此之谓也。""葛伯仇饷"一事，颇具警示意义。社会中不乏此类人，主动给予时拒不接受，一旦不予，却强行抢夺。本可通过正当途径谋求幸福生活，偏要行歪门邪道，触犯法律。葛伯便是典型，人家好心送物，他竟杀害送东西的童子，抢夺物品。

葛伯这一形象，反映出何种问题？若仅施以救助，却不改变其愚昧与野蛮，往往会适得其反，出现难以扶持之人与事。老子在《道德经》中提到："善人者，不善人之师；不善人者，善人之资。"葛伯无疑是反面典型。这也为汤征伐四方、拓展领地提供了理由，汤借此壮大自身，最终推翻夏王朝，建立商政权。

商汤王能够取胜，还得益于其诚恳招揽人才。如"三顾茅庐"请伊尹之事，刘备的"三顾茅庐"实则是效仿先贤之举。伊尹本为有莘氏的媵臣，背负鼎俎，以烹饪滋味之理劝说汤推行王道。《史记·殷本纪》记载："伊尹处士，汤使人聘迎之，五反然后肯往从汤。"如此看来，并非"三顾茅庐"，而是"五顾"。但商汤王对伊尹极为信任，"任以国政"。当时，"夏桀为虐政淫荒，而诸侯昆吾氏为乱"，汤遂开始兴兵征伐。

六、贤相伊尹

伊尹，身为商汤王的贤相，是中国古代明确以诰命大臣或辅政大臣身份留名青史的代表人物。欲深入了解伊尹事迹，可参考《尚书·伊训》《商书·太甲》以及《史记·殷本纪》，不过这几部典籍中对相关内容的记载存在些许差异。儒家四书之一的《孟子》里，孟子对伊尹也有着精准且独到的评价。

据《孟子·万章上》记载，"伊尹耕于有莘之野，而乐尧舜之道焉。非其义也，非其道也，禄之以天下，弗顾也；系马千驷，弗视也。非其义也，非其道也，一介不以与人，一介不以取诸人。"伊尹一心向往尧舜之道，在他看来，若所得非基于道义，即便以天下之利禄相赠，他也不屑一顾。

伊尹又称阿衡，起初，他对商汤王心存疑虑。商汤王派人携聘礼前去聘请，伊尹却言辞坚决地拒绝道：我怎能因商汤王的礼物就去为他效力？我在乡野之中自得其乐岂不是更好。关于商汤王聘请伊尹的次数，有"三使往聘"即"三顾茅庐"之说，也有"五聘"的说法。这便是笔者认为刘备"三顾茅庐"请诸葛亮之举有古例可循的缘由。在商汤王多次聘请后，伊尹的思想态度发生了根本性转变。他幡然醒悟：我与其在田间耕种，空怀尧舜之道，为何不助力汤王成为如尧舜般的君主，让当下民众过上如尧舜时代的生活，凭借自身努力实现尧舜盛世呢？所谓"天之生此民也，使先知觉后知，使先觉觉后觉也"，我自当为天地立心，以斯道觉斯民。若我不承担起这份责任，致使天下百姓无法享受尧舜时代的福祉，岂不是如同将他们推向深渊？于是，伊尹决定出山，"故就汤，而说之以伐夏救民"。《尚书·伊训》中的这段经典表述，清晰展现了伊尹出山前后的心路历程。

伊尹留下诸多至今仍具警示意义的言论。商汤王逝世后，伊尹在祭祀时强调"百官总己以听冢宰"，"伊尹乃明言烈祖之成德，以训于王"，旨在告诫继任者太甲如何治理国家，并向其讲述成汤的伟大德行。他指出夏王朝因失政德，"皇天降灾"，而商汤王的革命是"假手于我"，"造攻自鸣条，朕哉自亳"。商汤王推翻夏王朝，建立新政权，"惟我商王布昭圣武，代虐以宽，兆民允怀"。伊尹还着重强调"今王嗣厥德，罔不在初"，提醒太甲要不忘初心、慎始慎终。其中，"立爱惟亲，立敬惟长，始于家邦，终于四海"尤为经典。细究之下，儒家文化中齐家、治国、平天下的理念，正源于此。"立爱惟亲"体现的是由亲及仁的"亲亲之杀"思想，"立敬惟长"则从兄友弟恭出发，强调尊贤，分别关乎孝道与悌道。伊尹还告诫说："居上克明，为下克忠；与人不求备，检身若不及。"身处上位者应明事理，在下位者要忠于职守，对人不求全责备，对己严格要求，也就是"严于律己，宽以待人""躬自厚而薄责于人"，如此方能远离怨恨。

伊尹要求帝王务必尊重人才，并警示太甲，即便身处权力巅峰，也应"战战兢兢，如临深渊，如履薄冰"。否则，一旦放纵自己，就容易陷入荒淫无道的境地："敢于恒舞于宫、酣歌于室"，此为"巫风"；"敢于殉于货色、恒于游畋"，称作"淫风"；"敢有侮圣言、逆忠直、远耆德、比顽童"，便是"乱风"。若这几种风气盛行，必然导致世风日下。正如《尚书·伊训》所言："卿士有一于身，家必丧；邦君有一于身，国必亡。臣下不匡，其刑墨。具训于蒙士。"无论是卿士之家，还是邦君之国，都需谨慎行事，戒骄戒躁。正因有伊尹这般古圣先贤的教诲，《论语·颜渊》中才有"君子之德风，小人之德草，草上之风，必偃"的说法，强调要用良好风气改造社会不良之风。伊尹在《尚书·伊训》中强调："圣谟洋洋，嘉言孔彰！惟上帝不常，作善，降之百祥；作不善，降之百殃。而惟德罔小，万邦惟庆；而惟不德罔大，坠厥宗。"这是他对太甲的训诫。据《尚书·伊训》记载，太甲继位初期，不懂治国之道，行事暴虐，不遵守商汤王的法度，德行有亏。伊尹遂将其放逐至桐宫。帝王被顾命大臣放逐，足见伊尹当时权力之大。但正如孟子所说，行此类事，需有伊尹、周公那般心怀仁德的志向，否则便是犯上作乱。

但《汲冢书》的记载则与众不同，认为伊尹曾篡位，后被太甲反攻诛杀。

在太甲被放逐于桐宫的三年间，伊尹摄政，处理政务，接受诸侯朝拜。太甲在桐宫的三年里，悔过自新。之后，伊尹将太甲迎回宫中。太甲修养德行，诸侯再度归心，百姓生活安宁。为此，伊尹作《商书·太甲》三篇。《中庸》中的"顾諟天之明命"，《诗经》中的"靡不有初，鲜克有终"等诸多格言警句，皆与伊尹的思想有所关联。百姓熟知的孔子所言"少成若天性，习惯如自然"，实则源自伊尹的"习与性成"。《尚书·太甲》中的"天作孽，犹可违；自作孽，不可逭""视远惟明，听德惟聪""德惟治，否德乱。与治同道，罔不兴；与乱同事，罔不亡""若升高，必自下；若陟遐，必自迩"等语句，具有永恒价值，且与老子《道德经》中的言论相互呼应，不过关于二者出现的先后顺序，学术上存在争议，此处我们聚焦于其蕴含的智慧，暂不考究先后。还有"有言逆于汝心，必求诸道；有言逊于汝志，必求诸非道"，总之，都是在强调如何以德行立身于世。《尚书·伊训》和《商书·太甲》上中下集中展现了伊尹的思想与言论，《孟子》中对伊尹事迹的记录也颇为精彩。在《孟子·万章上》中，有专门一段记载伊尹对太甲的处置："伊尹相汤以王于天下。汤崩，太丁未立，外丙二年，仲壬四年。太甲颠覆汤之典刑，伊尹放之于桐。三年，太甲悔过，自怨自艾，于桐处仁迁义；三年，以听伊尹之训己也，复归于亳。周公之不有天下，犹益之于夏，伊尹之于殷也。孔子曰：'唐虞禅，夏后、殷、周继，其义一也。'"

伊尹"辅佐幼主"的事迹极具代表性。后来周公辅佐成王，诸葛亮辅佐刘禅，众多顾命大臣皆以伊尹为榜样。秉持伊尹、周公之志者，便是中国古代的贤相；反之，背叛伊尹、周公之道者，就会沦为王莽、袁世凯这样在中国政治道德层面的反面角色。实际上，在中国传统社会中，借王命征伐，趁机壮大自身，甚至最终推翻政权的事例屡见不鲜。商汤王、周文王、齐桓公、齐田常、赵匡胤皆如此，这也是宋高宗忌惮岳飞的原因所在。彭玉麟曾试探曾国藩，同样是想探寻曾国藩是否有此野心。王命派遣你去平定叛乱，而在平乱过程中，若将自身势力做大，并意图自立为王，汤伐夏、周伐殷便是此类典型。

七、傅说传奇

在辅佐大臣的行列中，"傅说"的事迹值得深入探究。欲了解傅说之事，可先研读《史记·殷本纪》，司马迁依据《尚书·说命》记载如下："帝武丁即位，思复兴殷，而未得其佐。三年不言，政事决定于冢宰，以观国风。武丁夜梦得圣人，名曰说。以梦所见视群臣百吏，皆非也。于是乃使百工营求之野，得说于傅险中。是时说为胥靡，筑于傅险。见于武丁，武丁曰是也。得而与之语，果圣人，举以为相，殷国大治。故遂以傅险姓之，号曰傅说。"

这段关于傅说出山的记载充满传奇色彩。商王武丁守丧期满后临朝却不言语，大臣们进谏道："知之曰明哲，明哲实作则。"意思是您身为君主，若不发号施令，臣等难以执行任务、开展工作。武丁回应称，自己担忧德行和才能不足，因而不敢轻易开口，一直在"恭默思道"，还表示曾梦见上天赐予一位贤能的辅佐之人，可作为自己的代言人。武丁心思颇为巧妙，我们如今知晓其妻子"妇好"乃中华奇女子，在此又上演了这般独特的"托梦"故事。

从种种迹象推测，君臣之间早有谋划。傅说可能出身低微，武丁担心骤然提拔他会引发群臣不满，于是假托上天托梦，再依梦中形象寻觅到傅说，让傅说代言自己的某些观点，类似于现在的新闻发言人。

武丁任用傅说时，言辞恳切且明确："命之曰：朝夕纳诲，以辅台德。若金，用汝作砺；若济巨川，用汝作舟楫；若岁大旱，用汝作霖雨。"连续三个精妙比喻，将傅说的重要性强调得淋漓尽致。武丁不愧是一代杰出商王，思路清晰，言辞有力。他还进一步要求傅说："启乃心，沃朕心，若药弗瞑眩，厥疾弗瘳；若跣弗视地，厥足用伤。"寓意良药苦口利于病，光着脚走路若不留意地面，便容易受伤。

傅说的回应同样精彩："惟木从绳则正，后从谏则圣。后克圣，臣不命其承，畴敢不祗若王之休命？"木材依照墨绳加工方能笔直，君王听从谏言才可圣明。君王若能圣明，臣下无需命令也会积极响应，谁敢不恭敬地执行君王的美好指令？

傅说辅佐朝政后，果然不负所望。他总理百官，协助武丁建邦设都，其思考在今日看来依旧复杂且缜密："不惟逸豫，惟以乱民。惟天聪明，惟圣时宪，惟臣钦若，惟民从乂。惟口起羞，惟甲胄起戎，惟衣裳在笥，惟干戈省厥躬。王惟戒兹，允兹克明，乃罔不休。惟治乱在庶官。官不及私昵，惟其能；爵罔及恶德，惟其贤。虑善以动，动惟厥时。有其善，丧厥善；矜其能，丧厥功。惟事事，乃其有备，有备无患。无启宠纳侮，无耻过作非。惟厥攸居，政事惟醇。黩于祭祀，时谓弗钦。礼烦则乱，事神则难。"

这段文字为后人留下诸多警世格言。诸如"惟口起羞"，对当下规范网络语言仍具借鉴意义；而最后两句，在孔子的言论中亦能找到化用的痕迹。

武丁听完傅说这一大篇政论后，表态称：甚好，若你不说这些，我又怎能将其付诸实践？傅说则进一步叮嘱："非知之艰，行之惟艰。"我所言皆为先王美德之总结，我若不说，是我的过错；您若不践行，我便会持续提醒。

武丁或许极为擅长运用比喻，他时常要求傅说："尔惟训于朕志，若作酒醴，尔惟曲糵；若作和羹，尔惟盐梅。尔交修予，罔予弃；予惟克迈乃训。"就如同酿制美酒需要酒曲，烹制和汤离不开盐梅，有你匡正我，我的统治才能清明。

傅说回应道："王！人求多闻，时惟建事。学于古训乃有获。事不师古，以克永世，匪说攸闻。惟学逊志，务时敏，厥修乃来。允怀于兹，道积于厥躬。惟教学半，念终始典于学，厥德修罔觉。监于先王成宪，其永无愆。惟说式克钦承，旁招俊乂，列于庶位。"

武丁将傅说视为股肱之臣，期望他能像伊尹那般，助力商王朝代代昌盛，使商王的圣明堪比尧舜。应当说，武丁能成为商朝的中兴之君，傅说功不可没。

笔者在本章介绍了尧、舜、禹、汤，皋陶、伊尹、傅说等数位君臣，从中可见中国早期传统政治中君臣共治的理想模式。儒家将这些杰出人物视为榜样，在其后数千年的"思政"教育中，他们成为典范，为后人所效仿。孔子的政治崇拜对象，不仅包括上述君臣，还有更为亲近的周家父子三人，即文王、武王与周公。有关周家的事迹，可查阅《史记·周本纪》及《鲁世家》。由于儒家思想本质上是对周礼的传承与发扬，此处不再专门论述。

儒商子贡

　　儒家的代表人物众多，若从"内圣外王"这一视角考量，有一位长期被历代学术界忽视，却在商界和民间备受推崇的人物，他便是孔子的学生端木赐，即子贡。

　　子贡在孔子在世时，全力支持孔子周游列国、四处游学，助力孔子完成其社会使命，堪称孔子最为理想的工作助手。并且，在孔子逝世后，子贡还是将孔子推向神坛的关键人物。通常研读《论语》的人，大多认为孔子最为喜爱的弟子是颜回。颜回德行高尚，且聪慧过人。《论语》中就有相关记载，有一次孔子与子贡一同探讨颜回。孔子问子贡："你与颜回相比，谁更聪慧？"子贡极为谦逊，回答道："赐也何敢望回？回也闻一以知十，赐也闻一以知二。"意思是自己怎敢与颜回相比，颜回能够"闻一知十"，而自己仅仅"闻一知二"罢了。孔子听闻后十分欣喜，一方面认可颜回确实聪慧。另一方面，也感慨于子贡的谦和，于是附和道："弗如也，吾与女弗如也。"即表示自己与子贡都比不上颜回。

子贡所展现出的商业精神，董仲舒的政治思想，韩愈的尊儒排佛主张，朱熹的兴办教育之举，王阳明的学说及事功，曾国藩的平乱才能与个人修养，皆为儒家历代践行内修外用于世、追求内圣外王境界的典范。

一、君子不器

在孔子的一众重要弟子中，通常认为颜回是"仁"的典型代表，子路是"勇"的化身，曾参为"孝"的楷模，而子贡则堪称"智"的象征。子贡在孔门弟子里略显特别。研读《论语》时不难发现，孔子常常夸赞颜回，却时常批评子贡。乍看之下，似乎会让人觉得老师更偏爱颜回，而对子贡有所不满。然而，若有过为师经历，便会有这样的心理体会：老师频繁夸赞的学生，往往是需要鼓励之人。颜回便是如此，其生活极为清贫，在《论语·雍也》中记载孔子赞颜回："一箪食，一瓢饮，在陋巷，人不堪其忧，回也不改其乐。"面对这般清贫却好学不倦的学生，老师自然要不吝鼓励与夸赞。

反观子贡，他自信满满，子路则稍显狂傲。对于这类学生，老师需要时常予以批评和引导，抑制其过度的自满情绪。这正是孔子因材施教的体现，既秉持着有教无类的理念，又根据学生的不同特质进行教育。实际上，孔子内心对这些学生都疼爱有加，子贡亦是如此。孔子提出"君子不器"，却称子贡是个"器物"。子贡因此感到有些尴尬，便问："那我是什么'器'呢？"孔子答曰："瑚琏也。"意思是，子贡乃廊庙之器，是能担当大任的"大器"。

子贡有个特点，喜欢评议社会中的人。他见到他人的优点，总会不吝夸奖，积极"扬人之善"；可一旦碰到他人的缺点，也会直言不讳地指出，毫不掩饰。正因如此，孔子评价他："你好方人啊！"确实，真正有修养的君子往往无暇于这类品评之事。

不过，孔子与子贡之间心有灵犀，感情深厚，他们曾探讨过许多贴近生活的问题。子贡在孔门弟子中，凭借自身努力从贫困走向富裕，成为一名富商。他就这一经历与孔子展开讨论，问道："贫而无谄，富而无骄，何如？"即表示自己贫穷时不谄媚他人，富贵后也不骄横，这种状态如何？孔子回应："这种态度固然不错，但仍不及'贫而乐道，富而好礼'。"孔子对子贡有着更高的期望。子贡听后，联想到《诗经》中的"如切如磋，如琢如磨，其斯之谓与？"他认为，《诗经》中所讲的"切磋琢磨"，不正如同师生间这般深入探讨的情境吗？子贡对《诗经》的此番解读，瞬间点燃了孔子的兴致，孔子称赞道："赐也，始可与言《诗》已矣，告诸往而知来者。"意思是，子贡如今已具备深入探讨《诗经》的能力，能做到举一反三，将所学知识灵活运用于实际之中。

二、智者不惑

子贡善于将所学知识切实应用于实践。在孔子周游列国期间，每逢遭遇困难，尤其是经济拮据之时，子贡总是毫不犹豫地慷慨解囊，伸出援手。

由于子贡常在外经商，无法时刻陪伴在老师身边。孔子去世后，其他弟子守孝三年，期满便各自散去。而子贡觉得自己陪伴老师的时间有限，心中满是遗憾，于是又额外守孝三年，总共守孝六年。他在孔子墓旁搭建庐舍，这份举动充分彰显了他对老师的深厚情感。而且，在探究孔子思想方面，子贡总能提出一些他人未曾留意的深刻问题。例如，在《论语》中，子贡曾说："夫子之文章，可得而闻也；夫子之言性与天道，不可得而闻也。"意思是，老师知识渊博，言辞优美，这些大家都有目共睹；然而，老师关于天道、性命这类抽象的思想，大家听闻甚少，理解也不够深入。也正是因为"夫子之言性与天道，不可得而闻也"，这一观点成为孔子教学思想的一个重要命题，促使孔子的孙子孔伋借此对孔子思想进行了集中阐释，进而形成了著名的《中庸》。《中庸》开篇便论述"性与天道"："天命之谓性，率性之谓道，修道之谓教。"

子贡还有一个极为出色之处，他通过与老师的深入探讨，清晰地揭示了孔子思想最为关注的核心理念，即孔子常说的"一以贯之"的"道"。孔子曾两次提及"吾道一以贯之"，一次是与曾参交流时，孔子说出此话，曾参心领神会，回应道："是啊，是这样。"其他学生对此感到困惑，便询问曾参："老师说他的思想一以贯之，你只说'是这样的'，那老师的思想究竟是什么呢？"曾参解释道："夫子的道就是忠恕而已。"这已然将孔子的思想核心初步确定为"忠恕"，但毕竟这是曾子的转述，是否真的契合老师的本意，还需向老师求证。于是，子贡就此问题与老师展开了深入探讨，他问道："有一言而可以终身行之者乎？"意即有没有一句话、一个词，甚至一个字，能够作为人们一生行事的准则。孔子回答："要说一个字的话，那就是'恕'吧。""其恕乎？"那么"恕"又是什么意思呢？它就是"己所不欲，勿施于人"的思想。

实际上，这些深刻的思想都是子贡与老师共同探讨得出的。子贡对老师的博学极为钦佩，甚至视老师为圣人，常常满怀赞美之情夸赞老师。而孔子作为老师，始终保持谦虚的态度，称自己不过是"一以贯之"，力求精益求精，将事情做到极致。这种思想对子贡产生了深远影响，使得子贡在内心深处能够与老师实现心灵对话。

《论语》中记载了一个极为感人的场景。孔子晚年，生命即将走到尽头，他心爱的弟子颜回、子路，以及儿子孔鲤都已先他而去。此时的孔子，孤独无助，深知自己的理想已然破灭，生命也即将终结。然而，他的内心依然渴望能有一位知音与他交流，似乎一直在等待着什么。就在这时，子贡结束游历归来，前来拜见老师。孔子年事已高，如同老小孩一般，略带委屈地说："你怎么才来呢？我都要死了。"子贡连忙安慰老师："您不要多想，好好养着，我们都会照顾您的。"但在这次见面之后不久，孔子便与世长辞。中国民间有这样一种说法：老人临终前最挂念的那个人，往往是他心中情感最为深厚之人。由此可见，孔子临终前念念不忘、满心期盼的人正是子贡。

三、学以致用

子贡在孔门弟子中，事功极为显著。这一点，在司马迁的《史记·仲尼弟子列传》中有详细记载。司马迁对孔子及其师门弟子满怀尊崇之情。在撰写诸侯传记时，他记述了二十八家诸侯后，又将陈涉与孔子列入"世家"，由此构成《史记》的"三十世家"。在"列传"部分，他也对孔门弟子加以介绍。孔门弟子多达三千余人，其中贤能者七十二人。司马迁以极为简略的笔触，对七十二贤中的七十一人进行了简要介绍，有些人只是一笔带过，甚至还有人未被提及。然而，他却花费大量篇幅，几乎用了三分之二的笔墨，专门记述子贡一人，足见司马迁对子贡的钦佩之情。

司马迁在《史记》中记载了这样一件事，充分展现了子贡经世致用的卓越才能，将所学知识巧妙转化为实际能力。

齐国贵族田常野心勃勃，妄图扰乱齐国国政，却又忌惮其他贵族的干涉与牵制，妨碍自己专权。中国文化中有"战时看将，和平看相"的说法，太平时期，文臣备受重视；一旦爆发战争，能征善战的武将便会得到朝廷倚重。田常为揽权或提升自身社会地位，便借口兴兵攻打鲁国。

田常率军兵临鲁国城下。此时，孔子正在鲁国，他说道："鲁国是我们祖宗坟墓所在的地方，是我们出生的国家。如今我们的祖国危险到这种地步，诸位为什么不挺身而出呢？"孔门弟子纷纷请缨，都想承担起孔子交付的这一重任。但孔子对他们都不太认可，即便是子路、子张这般有能力的弟子，也未能入孔子的眼。于是，孔子将目光投向子贡，期望他能完成此项任务。孔子深知子贡四处经商，对当时各诸侯国的局势了如指掌，此处也可看出孔子不愧是知人之明的师长。

子贡果然不负所望，以副使身份来到齐鲁边界，面见田常。他说出一番看似矛盾且另类的话："鲁国，城墙既薄又矮，地域狭小且狭窄，国君不够聪明仁厚，大臣们也都尸位素餐，国民皆不愿打仗，攻打鲁国绝非易事。若您想打仗，倒不如去攻打吴国。吴国城墙高大坚固，地域宽广且纵深，兵器锋利，铠甲结实，士兵善战，国君英明，大臣尽责，攻打吴国才是易事。"田常听后，满脸疑惑："这叫什么话？为何我觉得你说好打的地方不好打，不好打的地方反倒好打呢？你为何这般对我讲？"这时，子贡抛出一句至今在国际外交领域仍颇具影响力的话："忧在内者攻强，忧在外者攻弱。"意思是，若国内矛盾尖锐，就应攻打强国；若外部矛盾突出，便选择攻打弱国。因为国内矛盾大时，与强国交战，大家都会担忧战败，从而将注意力集中到外部，国内矛盾得以缓解；若外部矛盾严重，攻打弱国，一旦取胜，国民信心大增，其他诸侯也不敢轻视。子贡接着对田常说："您看，您实则担忧国内局势，妄图扰乱齐国国政，这是众人皆知之事。可您如今攻打鲁国，能达成目的吗？战胜鲁国后回国，国君必定会奖赏您。但您如今已位极人臣，再无更高奖赏可享。不仅如此，您还会功高震主。名声虽高，可打仗会损耗军队实力，您便会陷入虚名高、实力弱的困境，如此一来，必定会出事。"田常听后，恍然大悟，忙问该如何是好。子贡说："您去攻打强国，打不过的话，国家便会紧张，那时国家就得依靠您：'将军啊，千万不能打败仗，只要您不打败仗，要什么给您什么。要人给人，要钱给钱，要武器给武器。'最后您说'我要您那个位置，您那把椅子'，不就成了吗？"田常明白了其中的道理，又说："好，那我去打吴国。可现在我已带兵前来攻打鲁国，总不能只因你这番话，就转而攻打吴国吧？我拿什么理由去打吴国呢？"子贡说："您不必直接去打吴国，我会让吴国来攻打您，您在此等候便是。"田常听后，喜出望外："哦，这可太好了！"

　　于是，子贡前往吴国，见到吴王夫差后，又是另外一番说辞。他说："吴王啊！我知道您刚打败越国，但以您的英明，打败越国绝非终极目标，您的志向应是称霸中原。如今，机会来了。"吴王夫差一听有机会称霸中原，顿时来了精神。子贡接着说："如今齐国欲攻打鲁国，若齐国真将鲁国打败，掠夺了鲁国的战略物资，那齐国必将成为您称霸中原的头号强敌！"吴王听后，神色紧张，忙问："那该如何是好？这可真是个大问题。"子贡说："趁齐国还未发动进攻，您先出兵攻打它。"吴王问："我攻打齐国，总得有个理由吧？"子贡说："理由自然有！鲁国是弱国，齐国是强国，齐国欺负鲁国，您出兵攻打齐国，这叫锄强扶弱。如此一来，在诸侯中，您便能树立主持正义的形象，称霸也就指日可待了。而且，您还能借此削弱齐国的战斗力，既能赢得好名声，又能获取实际利益，何乐而不为呢？"吴王说："这确实不错，可您有所不知，我虽刚打败越王，但越王并未死心，他一直在暗中养精蓄锐，有报复我的心思。我实在放心不下。"子贡说："哦，原来您担心越国。您身为战胜国国君，却整日担忧战败国国君，这不是本末倒置了吗？越国对您的威胁，实则远不及齐国。您若担心越国抄您后路，我去一趟越国，让越王出兵帮您攻打齐国。如此，您便能一箭双雕，既削弱了越国的军事力量，又能集中精力对付齐国。"吴王听后，大喜："这可太棒了！您真能办到？"子贡说："我一定能办到。"

　　于是，子贡又前往越国。越王知晓子贡四处奔走，定有目的，心中不免担忧，便亲自清扫道路，到郊外迎接子贡，问道："这是蛮夷之国，大夫为何屈尊前来？"子贡说："我听说吴王对您心存疑虑，担心您会报复他。"越王说："哪有此事？我如今都已沦为他的奴隶，为他喂马，根本没有复仇之心。"子贡说："您这般说无济于事。不管您是否真有复仇之心，如今都已陷入危险境地。"越王一听，焦急地问："这可如何是好？"子贡这才说出自己的计划："吴王打算攻打齐国，他怕您抄他后路，对您有所防备。您只需应付他一下，就说：'听说您要攻打齐国，我愿率领三千精兵，为您冲锋陷阵。'如此，吴王定会高兴。"越王说："他高兴了，我不就遭殃了吗？"子贡说："您说带三千精兵，实际派三千老弱病残去，不就能麻痹他了吗？吴王见越国所谓的'三千精兵'不过是老弱病残，自然会对您放松警惕。"越王听后，觉得有些道理，但仍有顾虑，说："我带三千老弱病残去，万一战死沙场怎么办？"子贡说："您放心，您只需这么说，我不会让您真去的。"越王说："那您可千万别骗我。"

于是，子贡从越国返回，面见吴王，说："大王，事情办妥了。"吴王听后，十分高兴，说："先生，您真有本事，真能做到吗？"子贡让他耐心等待。五天后，越王派文种出使吴国，说："听说大王要锄强扶弱，我们大王愿率领三千精兵，披坚执锐，为您冲锋陷阵。"同时，他还送上许多精良兵器，吴王大喜。子贡却说："您别让越王亲自来，他若来了，这三千精兵便听他指挥；他不来，这三千精兵就归您调遣。"吴王觉得有理，果然没让越王前来。待三千精兵抵达后，吴王一看全是老弱病残，便不再把越国放在心上。

子贡转了一圈后，仍觉不够，又前往晋国，对晋国君王说："如今齐国和吴国即将开战，晋国与它们相邻，这场战争必定会波及晋国。"晋王起初不信，可听子贡一番分析后，着实吓了一跳，忙问该如何应对。子贡说："您得提前做好准备，早早筹备。"晋王说："您真是我的好朋友，有这等事还来告知我。"

结果，子贡这一圈奔走之后，事情完全按照他的预想发展。吴王与齐人在艾陵交战，"大破齐师，获七将军之兵而不归，果以兵临晋"。晋国早有防备，吴国未能取胜。吴王虽未战胜晋国，但已在与齐国的战斗中获胜，便觉得也无妨，打算班师休整，来年再战。可此时，越王已渡江袭击吴国，一举攻占吴国国都，"去城七里而军"。吴王得知后，急忙从晋国撤兵回援，与越军在五湖交战。三战皆败，城门失守，越军围困王官，杀死夫差，并处死其相国。三年后，越国向东称霸。

所以，司马迁最后评价子贡："子贡一出，存鲁，乱齐，破吴，强晋而霸越。子贡一使，使势相破，十年之中五国各有变。"原本鲁国即将遭受侵扰，结果却安然无恙，子贡出色地完成了孔子赋予的任务。齐国因战败而陷入恐慌，将所有希望都寄托在田常身上。田常借此机会，夺取了齐国的优势资源，顺势篡夺了齐国君位，此为"乱齐"。吴国打了一场胜仗、一场平局、一场败仗，最终走向灭亡。越国则借此契机称霸。晋国与强敌交锋并获胜，全国上下欢欣鼓舞，从此国力强盛，即"强晋而霸越"。

当然，这段传奇事迹出自《史记》中司马迁的记载。有人认为这段内容带有纵横家、术士的风格，对此表示怀疑。在此，我们只是依据《史记》记载进行转述，不就其真伪进行过多讨论。子贡深谙商品流通之道，用现代的话来说，他懂得贸易，擅长进行物资交流，维持贸易平衡。正因如此，他"与时转货赀"，最终富可敌国。他曾担任鲁卫之相，积累了千金财富，最后在齐国寿终正寝。

子贡在儒家被尊为"儒商"的代表，被中国儒家知识分子视为"商业之神"。他既能大力宣传孔子思想，又是经济领域难得的奇才，堪称"内圣而外王"之人。在当今市场经济环境下，子贡这样的人物尤其值得我们重视。实际上，孔子在后世能拥有如此巨大的影响力，子贡等弟子的不断推举与宣扬功不可没。正所谓师以弟子显，他们将孔子树立为中国文化的代表人物，成为后人敬仰的至圣先师，在这方面，子贡的功绩不可磨灭。

后　记

　　不久前的一次聚会，邴正老师的话语令我印象深刻：书绝非文字的简单堆砌，而是成体系的文章集合。一篇上乘的文章，需蕴含深刻思想、独到见识、新颖知识与斐然文采，且论据充分、论证合理，如此方能成章。其光彩不仅体现在外在的文采，更在于内在严谨的逻辑架构。聆听这番见解时，我心中略有忐忑。毕竟这本书是由不同场合讲座内容合编而成，本质上不过是诸多"话头儿"的汇聚，与专家所期望的水准相比，尚有较大差距。

　　儒家思想历经数千年传承，构建起自身完备的逻辑体系。我所做的，不过是秉持"为往圣继绝学"的信念，努力将其传承并展现出来。

　　既然聚焦于儒家文化，自然要从探讨"儒家"概念、阐释"文化"内涵开篇。"天地"作为其宏大语境，恰似绘画需先打好底色、布置场景一般。儒家文化谈天说地，其高远之处在于"志道据德"，显著特色在于"成仁取义"。"仁义"广泛体现在社会之中，"孝悌"则充盈于家庭之内，而追根溯源，皆源于内心的"忠恕"之道。忠，即尽心竭力；恕，即推己及人。心统领"性情"，由此，平衡情绪、培育健康情感这一修养要点，成为儒、道、释三家共通的修行法门。其目的在于使真情契合人性，秉持"存天理，灭人欲"的理念，追求天理与人欲的和谐共生，把握事物两端，取其中道。在道德规范的前提下，不偏不倚、平和中正，这便是成为中华文化长河中流砥柱的"中庸之道"。书中前十节内容，正是基于这样的思考展开的。

"志气"，是成就事业的核心内生动力，而"学习"则是这动力的源泉。好学趋近智慧，力行趋近仁德，知耻趋近勇敢，具备"智勇"，并将其付诸实践，因而强调"知行合一"。内心真诚，外在守信，落实到个人，以真诚为根本；体现在国家层面，则是无信不立。

传承儒家文化，需引经据典，实现"子曰诗云"的创造性转化与创新性发展，从而充分发挥"诗书礼乐"在现代社会的传播功能。以儒家思想审视文学，文学是以形象传递精神、承载道义；以儒家思想洞察历史，历史是前车之鉴、后事之师，学习"先王之道"。在市场经济环境中，借鉴"儒商榜样"，最终落实到经世致用，这便是本书题目排列的依据以及内在逻辑关系，在此特别说明。

这本小书得以问世，离不开我的团队辛勤付出。刘金桥、张广影、王菲、邬震男、王春清、邹迪、金鼎、程实、刘丽，他们不辞辛劳，从众多讲座录音录像中为我整理文稿，耗费了大量精力。刘金桥更是承担起统稿重任，一遍又一遍精心调整，着实辛苦。

尤其要感谢我的妻子周海涛。每一次讲座中，我偶有新的思考，她都会迅速用录音设备或纸笔记录下来，让那些稍纵即逝的灵感得以留存，使我兴之所至的感悟有机会反思修正。回首往昔，自2002年开启讲座生涯以来，她始终默默陪伴在我身旁。后来孩子住校，她便与我一同四处奔波。几十年间，我在全国各地、社会各界讲学，其中的辛劳与甘苦唯有自己深知。忆起从台湾省归来后，径直飞往拉萨，致使她身体脱水、皮肤过敏；还有多次因飞机延误，我们如同"神漂侠侣"般在机场无奈"流浪"，心中不禁泛起酸涩。所幸，我们有着共同的信念支撑，秉持一致的理想，方能坚持不懈，勇往直前，面向未来。正如《诗经》所言："何其处也，必有与也；何其久也，必有以也。"大概就是这个意思吧。以此为记。